長谷川逸子の思考　1

アーキペラゴ・システム
新潟りゅーとぴあ（1993-2016）

長谷川逸子

ARCHIPELAGO system
Niigata Civic Art and Culture Center
Itsuko Hasegawa

左右社

持続するプレイスをつくること

ロイヤルアカデミー賞委員会の皆さま、ご列席の皆さま。世界中に素晴らしい建築家がいるなかで第一回のロイヤルアカデミー建築賞を、私がいただくことは大変な光栄であり、驚きとともに大変嬉しく思っております。ありがとうございます。I would like to send my special regards to all jury members.

菊竹清訓と篠原一男

私は日本で菊竹清訓と篠原一男の二人の建築家を先生に持ちましたことを話させていただきます。

菊竹事務所（一九六三―六八年）では主に大規模公共建築に関わっていました。大学二年後期の初めての課題だった住宅の模型を、担当教授が早稲田大学の学生作品展に出したのです。その展覧会で作品を見た菊竹さんから連絡があり、大学三年生のとき、日本では有名な京都国際会館のコンペ作業に参加したのが、菊竹さんとの出会いでした。その後、コンペ協力のお礼にと菊竹さんのご自宅〈スカイハウス〉にお招きをいただき、設計コンセプトや設計プロセスを伺いました。〈スカイハウス〉のスケールは菊竹さんの実家の人の集まる冠婚葬祭など多目的に使用する「広間」の寸法であって、日本の伝統的な民家のスケールを導入しているという話を伺いました。

それ以来、伝統住宅に興味を持って、そしていつか住宅設計をしたいと考えていましたが、当時の菊竹事務所は大規模な公共建築が中心で、なかなか住宅の仕事をする機会はありませんでした。そんなときに篠原一男先生の〈白の家〉の雑誌発表を見て、〈スカイハウス〉に通じる民家の先にあるものとして輝かしく見え、篠原先生のもとで住宅建築の研究を始めたいと考えるようになったのです。


リアリティの持てる仕事を求めて、生活する人の見えるスケールを求めて篠原先生の研究室へ（一九六九年）、そして研究室のはじめの二年間は、私が惚れた篠原先生の言葉「民家はきのこ」に導かれて、東北地方から沖縄まで旅行を繰り返して民家を見歩き続けていました。その民家探訪から得たのは、菊竹先生の〈スカイハウス〉に見られるような多機能を備えた空間の体験でした。民家の内部はヴォイド、つまりガランドウで、空間は時間の変化に耐えうる質をはらんでいるものだと思いました。

ゼミで民家研究の報告をした際に、篠原先生から「民家はきのこ」はもう卒業した、と言われてしまいました。当時、篠原先生は書院や民家など日本の伝統建築との向き合いから、より抽象的なキューブを模索し始めていました。それでも私は、先生の〈土間の家〉〈地の家〉〈から傘の家〉、そして〈白の家〉に惹かれているといい続けていました。

そして谷川俊太郎さんの〈軽井沢の別荘〉で篠原先生と激しく議論したとき、私は先生の住宅作品のなかに新しい自然を発見してきたことに思い至りました。この作品のなかで土の斜面を取り入れた建築ができたとき、先生がめざしていた、象徴とか抽象としての自然を超えた、リアリティのある「新しい自然」というテーマが私のなかにできました。「きのこ」としての民家のような「地域に根ざしてある建築」、そして、そこに生活し活動している人たちのリアリティを受容できる「新しい自然としての建築」をテーマとして建築設計をスタートさせたといえるでしょう。そして、それが、今日にいたるまでずっと追い求め、考え続けることになったテーマです。

伝統をベースに住宅建築を考える菊竹さんは〈スカイハウス〉に見られるように、「空間は機能を捨てる」、つまり、空間は機能を捨てることによって自由を獲得する、という考えを持っていました。自由な空間とは、多様なものを、変化することを包み込むインクルーシブな空間であると。

それに対して、篠原先生は、もともとおなじように伝統をテーマにして来たのに、強く反論をされ、空間などというのは抽象的なもので、初原的空間であればあるほど機能はしっかりと結びつけられている、と自分が見出しつつある新しい「機能的なる空間」について常に熱弁していました。

篠原先生は当時、意識的に機能について追求しており、「機能空間」を強調し、「象徴空間」、「装飾空間」と併せて建築の三つの原空間があるといい続けていました。伝統を捨てた後、篠原先生は、閉鎖性、抽象性、象徴性を持たせたコンクリートボックスの無機的な殻のなかに葛藤を繰り返しながら、亀裂や連続、空間機械、野生の機械、モダンネクストへと言葉を探し、展開して行ったのを長いこと見てきました。

篠原研究室でのはじめての仕事は実現しなかった〈箱根の別荘〉で、敷地は広いはらっぱ、横にはせせらぎが流れるという場所でした。そのころ、民家を見歩き、土間とか馬小屋とか外での活動も内包している住宅建築の豊かさを知ったことから、私は「虚の空間」について考えていました。

私は、具体的生活の場を「実」の領域、軽いフレームと屋根ではらっぱを包み込んだ場を「虚」の領域として定義し、二つの領域を横並びに配置した「虚と実の共生」を建築模型で示しました。当時考えていた「虚」の領域とは、外のような活動をすることができ、かつ、変化する生活をその時々に導入することができる内部化した「はらっぱ」、あるいは「ガランドウ」でもありました。

つまり、民家的空間から出発した「虚の領域」は、長い距離や長い空洞をつくること、そのなかに斜めの壁を入れることによって、シンプルでありながら多様なものを発生させ受容する空間、「ガランドウ」や「はらっぱ」空間をつくることへと展開していったといえます。その後の仕事でも外のリビング、「外室」、空中庭園などと名付けて、外気のなかで生活する領域を導入したりしながら住宅設計を考えてきました。

公共建築を設計するようになると、「第二の自然としての建築」と言い、はらっぱ建築、丘を立ち上げる、公園のような建築、「ランドスケープ・アーキテクチャー」をめざすようになりましたが、民家の豊かな空間に触れた出発点から、住宅であろうと公共建築であろうとずっと持続しているテーマは、インクルーシブで生き生きとした「ガランドウ」です。

フランス・パリの都市開発のコンペティションで示した施設を「都市のきのこ」と考え、環境との連続性や地域の固有の文化と芸術をリフレッシュして私たちの身体や感性に持続していくことを設計したいと考えたことも、その延長にあるものです。

二人の建築家のなかに私が見出してきたことは、今日を生きる私たちにとっての新しい自然としての場を出現させることをめざすことだったといえます。

持続するプレイスをつくること

設計にあたっては、まず地域の環境のなかに潜在している持続性をつかまえることから始めます。人びとの生活、伝統芸能、ものづくりなど、地域に持続している価値と建築を結びつけていく過程を通して、「人と人」、「人とまち」が自然につながるまちづくりにもなっていくのです。

それは「第2の自然」としての場づくり、環境としての建築をつくることです。地域固有の文化は、他の文化の影響を受け、常に変動するダイナミックなものです。そのダイナミズムは、地域のアイデンティティを成熟させ、洗練させていくものでもあります。

今日のグローバルな時代にあって、都市の設計に向き合うとき、リージョナルな文化や芸術をリフレッシュし、現在を生きる私たちの身体や感性に持続させていく必要を強く感じています。

ご静聴ありがとうございました。

（二〇一八年七月四日、英国ロイヤルアカデミーにて）

第一回ロイヤルアカデミー建築賞受賞に寄せて

今村創平

本日、長谷川逸子さんの、ロイヤル・アカデミー・アーキテクチュア・プライズの受賞と喜寿をお祝いするパーティーが開かれ、五十名近くの長谷川逸子建築計画工房のＯＢＯＧが集まりました（本日十二月一日は、長谷川逸子さんの誕生日です）。このような素晴らしい建築家のもとで二十代を過ごせたことに、感謝の念を新たにしました。以下、私のお祝いの言葉です。

長谷川さん、本日は、ロイヤル・アカデミー・オブ・アーツのアーキテクチュア・アワーズ受賞と、喜寿のお祝いということで、誠におめでとうございます。

私は話をするのが苦手ではないのですが、無駄に長くなる傾向があるので、今日は原稿を読ませていただきます。

私は、一九九三年に長谷川さんの事務所に入所させていただきました。その年の長谷川アトリエは、〈新潟市民芸術文化会館〉のコンペに勝ち、〈すみだ生涯学習センター〉や、〈山梨フルーツミュージアム〉が現場で実現のときを待っているという状況で、とても活気に満ちていました。

同年、私は〈カーディフベイ・オペラハウス〉のコンペチームに入れていただきました。このコンペは惜しくも二位に終わりましたが、その後も長谷川さんは、同じくカーディフのウェールズ州議事堂、ロンドンサウスバンクセンター、ロンドン塔ヴィジターセンターと、次々とイギリスの国際コンペに招待をされました。いまから振り返ると、いずれもイギリスにおける重要な施設ばかりであり、当時、長谷川さんがどれほどこの国から期待されていたかが窺われます。残念ながら、どのプロジェクトも実現にはいたりませんでしたが、今回の受賞の知らせは、四半世紀越しの英国からのラブコールではないでしょうか。また、長谷川さんも、ご友人のサー・ピーター・クック氏がおられるなどイギリスという国に好印象を持たれて来たでしょうから、今回の受賞は、格別なものではないかと思います。

ロイヤル・アカデミー・オブ・アーツというのは、ロンドンの中心部のピカデリー・サーカスのすぐ西側に位置し、南に向かって十分ほど歩くとバッキンガム宮殿という、ロンドンでも中枢といえる場所にあります。ロイヤル・アカデミー・オブ・アーツ、英国王立美術院は、一七六八年の国王ジョージ三世による認証を起源とする、イギリスにおける最も権威と伝統を誇る芸術機関です。今年は創立二百五十年目の節目にあたり、新しく建築の賞が設けられました。「ロイヤル・アカデミーは、世界的な建築の擁護者としての自らの役割を示し高めるために、国際的建築賞を創設した（The RA has launched two new international architecture awards that demonstrate and heighten the RA's role as a global champion of architecture.）」。かように、今回のアーキテクチュア・アワードは、ロイヤル・アカデミー・オブ・アーツやイギリスの芸術界において格別な重みをもつ賞といえます。長谷川さんはその第一回目の受賞者となりました。

当然ながらあらゆる賞において、最初の受賞者というのは特別な意味をもちます。賞を出す側からすれば、その賞の今後の位置づけや重要性をかなりのところ決めてしまうからです。今回の選考においては、並み並みならぬ慎重な審査がなされたはずです。

ちなみに、今日最も権威のある世界的な建築賞といえば、プリツカー賞ですが、約四十年前の初回の受賞者は誰だったか、みなさんご存知でしょうか。フィリップ・ジョンソンです。フィリップ・ジョンソンは、ポストモダン以降その評判を落としたところがありますが、当時の世界の建築界において、もっとも存在感のある建築家であったといっても過言ではありません。

一方で、今回の受賞に際して審査員長のルイーザ・ハットンさんは、長谷川さんが建築の設計を通じて果たしてきたことがその重要性に見合うだけ十分には世界に知られていないことを受賞理由に挙げています。「長谷川逸子さんの建築について、私たちが最も興味を惹かれるのは、革新の精神です。このたびの受賞を通じて、その業績からして受けてしかるべき彼女への認識が、さらに高まることを祈っています。（'What I find most interesting about the architecture of Itsuko Hasegawa is the spirit of invention. Through this prize we hope to bring her the much-needed recognition she deserves.' Louisa Hutton RA, chair of the jury）」ここには、賞というものが、すでに定まった評価の追認ではなく、本来的に受賞に相応しい人に与えられるべきであるという、審査員の自負が認められます。

また審査員の一人、ハーバード大学グラジュエート・スクール・オブ・デザインのディーンであるモーセン・モスタファヴィ氏は「長谷川逸子は、第二次世界大戦以降の日本人建築家で最も重要な一人」だと評し、同じく審査員のリチャード・ロジャースは、「建築とは、まさにパブリック・スペースとしての建築やパブリック・スペースの自由さが重要であり、彼女はそれらをともに素晴らしい方法で手掛けている」と述べています。

長谷川さん、このたびのロイヤル・アカデミー・オブ・アーツのアーキテクチュア・アワーズ受賞、本当におめでとうございます。

（二〇一八年十二月一日）

長谷川逸子の思考①

目次

第一部

アーキペラゴ・システム——新潟りゅーとぴあ（1993-2016）

第七章　続いてきたものから

凡例

各章冒頭に記しているとおり、本著作集収録にあたってそれぞれのテキストのタイトルは適宜改題し、初出は文頭下段に記し、巻末に一覧とした。また、若干の注を付記した。

建築作品は「〈作品名〉（竣工年）」または「〈略称〉」などとし、そのほか表記の統一を行った。

長谷川逸子の思考①

アーキペラゴ・システム　新潟りゅーとぴあ（1993-2016）

第一部「アーキペラゴ・システム」（群島システム）には、〈新潟〉をめぐるテキストと、〈新潟〉の延長にある思考が反映されたテキストをほぼ年代順に収録した。新潟市民芸術文化会館コンペは、一九九二年九月応募登録締切、一九九三年二月十五日提出締切、三月十一、十二日第一次審査、三月二十日優秀三案設計者面接、三月二十二日審査結果発表というスケジュールであった。その後、基本設計は一九九三年七月から一九九四年六月、実施設計は一九九四年八月から一九九五年二月、建築本体工事が一九九五年七月から一九九八年五月に行われた。

いわゆるバブル経済後の「失われた十年間」で、公共建築のコンペがデザインコンペから、現在主流となっているプロポーザルコンペへと転換する直前でもあった。アトリエ建築家や若手建築家がコンペの勝者となるチャンスがまだあった時期に書かれたコンペへの提言を第一章「プログラムとコンペ」に集めた。プログラムに問題のあるコンペに対する提言はいまもなお説得力を持つ。

一方で公共建築への市民参加の方法論はまだなかった。そんなときに情報公開、意見交換、ワークショップ、運営プログラム、人材育成といった市民参加のさまざまな手法が〈新潟〉において統合された形で実現する。第二章「建築がつくる公共性」では、公共建築がつくられるプロセスを開くことの意味を訴えるテキストを、第三章「市民参加ワークショップ」では、N-PAC（Niigata Performing Arts Center）ワークショップの概要がわかるテキストを集めた。当時の模様は『スーパースタッフ1』（長谷川逸子・建築計画工房、一九九五年）にまとめられている。

〈新潟〉竣工後は、中洲が浮かぶ信濃川の考古学的風景と結びついたローカルな「アーキペラゴ」が、理念的にも公共空間のモデルに昇華されていく。第四章「アーキペラゴ・システム」には、〈新潟〉の作品解説と、〈塩竈ふれあいセンター〉の作品解説を収めた。

二〇〇〇年代に入ると〈湘南台〉以降の経験が「つくる側／使う側」という言葉に集約されていく。「つくる側」である建築家や行政の論理だけではなく、実際にその場／建築を使う市民、すなわち「使う側」の論理を建築のプロセスに組み込んでいく必要性に触れたテキストを第五章に集めた。

二〇〇〇年代後半グローバリズムの拡大を背景に、ローカリティに根ざした建築への言及が増える。長谷川が「ランドスケープ・アーキテクチャー」と呼ぶ、人びとの身体や生活に潜在し、地域性を継承していく建築のあり方を論じたテキストを第六章に集めた。

第七章には長谷川のライフヒストリーを丁寧にヒアリングした古谷誠章によるロングインタビューを配した。市民参加へ、使う側の論理へと踏み出していく足跡が読み取れる。

序章

「新潟市民芸術文化会館とその後」

新潟市民芸術文化会館のコンペから竣工までを語った「アーキペラゴ・システム」は、「ディテール」誌別冊『特集長谷川逸子　ガランドウと原っぱのディテール』（二〇〇三年七月）第三章後半部分である。インタビュアーの比嘉武彦は、一九八六年から一九九九年まで長谷川逸子・建築計画工房に在籍し、〈新潟〉をはじめ多くのプロジェクトに携わり、長谷川の思考と実践を最もよく知る一人である。今回の再録にあたって、すでにインタビューから十五年以上の年月を経ている（二〇一九年現在）ため、文末にコンペを始めた頃の最初のイメージについての長谷川の書き下ろしの自註を置いた。

〈新潟〉は延べ床面積約二・五万平方メートル、敷地面積約一四万平方メートル（白山公園も含む）、長谷川にとって事務所創設以来最も大きなプロジェクトであった。埋め立てによってできた敷地の地盤の軟弱さと植物が育たない土壌の質、既存建物や周辺との関係、要求される駐車場台数の多さなどの課題はあった。それでも〈新潟〉は、都市的な規模での動線計画、敷地全体を包み込むように施された植栽、太陽光に反応して作動する二重のアルミパンチングメタル・オーニングで外周部を包んだ建築本体、空間のヴォリューム全体のあり方から手摺りなどのディテールにいたるまでさまざまな工夫を詰め込んだコンサートホール、外構から家具まで、技術的にも空間的にも、それまでの長谷川建築の頂点をなすプロジェクトになった。

一方で、〈湘南台文化センター〉以来、長谷川は各公共建築で市民参加ワークショップと運営プログラムの作成（長谷川はそれを統括して「ソフトづくり」と呼ぶ）に取り組んできたが、それぞれの自治体の方針もあり、必ずしも理想的な形で実施できたわけではなかった。〈新潟〉は、N-PACワークショップという形で、市民との意見交換、人材育成、運営プログラムの作成までひと通りの手法が洗練され統合されたプロジェクトでもあった。ここに収録した「アーキペラゴ・システム」は〈新潟〉という稀有なプロジェクトの概要を語った対談である。

「継承されてきたものを未来に引き継いでいく建築」は〈新潟〉以降の思考をまとめた二〇一八年書き下ろしの論考である。〈新潟〉以後、特に二〇〇〇年代の建築とコンペティションのあり方は変質した。長谷川の仕事も二〇一〇年代以降は中国など海外に重心が移っていく。インターネットの普及によって、建築はアイコニックな図像性が重視されるようになり、総じてコンペは実績重視になり、「市民参加」は形式化してしまう。そのなかで、建築はもっと柔らかく軽やかに、より地域や生活者に近くインクルーシブな存在でありたいという主張である。

・・・対談

アーキペラゴ・システム

比嘉武彦×長谷川逸子

『特集長谷川逸子　ガランドウと原っぱのディテール』第三章「原っぱ」後半「ディテール」二〇〇三年七月別冊に加筆修正

〈新潟市民芸術文化会館〉——ランドスケープとしてデザインする

比嘉武彦　〈新潟市民芸術文化会館〉は僕自身メインで担当していたので相対化し難いのですが、規模が大きいこともあって新潟という都市の時間軸を取り込んだ考えがありますね。新潟の歴史を時系列でスキャンして未来を描いていくような手法でデザインされています。もうひとつはあえて場を分散化させていくことでこの建築を都市的な環境に流出させていくことを試みていますね。その結果、通常は設計者が制御できないものまでここでは取り込んでいくことになりました。

長谷川　信濃川から古町[1]までさまざまな行政のハードルを越えてつなぎましたからね。七百台の駐車場や埋め立て地という与条件に加え、三種類のホールを内包する本体は、運営のことも考えて、ロビーを既存の施設と同じ地上六メートルレベルに設けるのが望ましい。それでその高さでブリッジを渡しました。全部で九ヘクタールある広がりをランドスケープとしてデザインすることになりますが、建物だけでなく、その周辺も含めてつないでいくということに力を注ぎました。コンペが始まったとき、複数の専門ホールを抱えたこの建築を、ランドスケープ・アーキテクチャーとしてとらえてデザインしていきたいと考えていました。これは〈湘南台文化センター〉以降、はらっぱのような外部空間にこそ公共性が生まれやすいという経験からも来ています。

▼1…新潟市最大の繁華街。江戸期より日本有数の花街として栄えた

一般的にホール建築は遮音のために非常に大きな壁をつくらざるをえないわけですが、都市のなかにそうした大きな壁を露出している建築を、私はよいものとは思えませんでした。菊竹先生のところで公共ホールを担当したときも、その大きな壁が嫌だった覚えがあります。〈湘南台〉の宇宙儀と名づけたホールでは、円形ドームにして巨大な壁が立ち上がることを避けていますが、この劇場は専門ホールというより市民が使うシビックホールなので、演劇が生まれる初源的な屋外の空間を連想させるような雰囲気にしたかった。〈新潟市民芸術文化会館〉では〈湘南台〉みたいな特別な劇場ではなくて、きびしい性能が要求される専門ホールなので、どうやって独自性を出すかということを大きな問題にしながら、市民活動にも利用してもらえるものにしたいと考えていました。

そこでそうした壁が外部に露出しないよう、三つのホールを隣り合わせて中心に据え、周辺に開いたロビーをもつ楕円形を選びました。それは結果的にはひとつの楕円というシンプルな形態をつくることになります。ホールを取り巻くロビーは、ガラス張りの浮島のようなイメージとして実現しています。

形態を消して状態だけをつくる

比嘉　〈湘南台〉では装置の集合によって気象を反映させる、いわば外部的な多様性が実現され、そこに「第2の自然」といっていいような環境が形成されています。〈新潟〉ではそうした造形的要素が〈すみだ生涯学習センター〉よりももっと徹底して消されていますね。

長谷川　建物のロビーを空中庭園と見立てるためガラス張りにするのですが、寒冷地に求められる性能を確保するためにテクニカルな装置の導入を考えたわけです。それがガラスの

〈新潟市民芸術文化会館〉コンペ提出前のスケッチ。信濃川から白山公園、市役所までをブリッジでつないでいる

ダブルスキンの間に入れたパンチングメタルのオーニングです。これは〈山梨フルーツミュージアム〉の「くだもの広場」で試みた考え方の応用です。〈山梨〉では、できるだけ省エネルギーで室内環境を成立させるために、ガラスドームにつけたルーバーを多くのセンサーで開閉して太陽光を利用する方法を考案しました。〈新潟〉ではオーニングを導入した結果、大きな空間を確保しながらも省エネ化に成功しています。そういうかたちのない装置が実現すれば、プレーンなヴォイドというか公共的な場だけが浮かび上がってくるのではないかという狙いがありました。

比嘉 パブリックな場に状態のゆらぎ、状態の多様性や変化をつくるために、〈湘南台〉の頃は建築を複雑に装置化することを試みる。しかしもっと単純なものでもそれができるだろうということを見出していく。建築の装置化に伴う形態を消して、状態だけが欲しい、そのためのオーニングの導入ですね。

長谷川 そうです。〈新潟市民芸術文化会館〉のオーニングは、二枚の開口がまるで皮膚や汗腺のメカニズムのように五段階で開閉し、そのうえ二メートルごとに服を脱ぐがごとく上下する。コンピュータが空調や照明、換気のコストを計算して一時間に一度調整します。ですから外部から見れば巨大な生物のようですし、内部にいると時間によってまったく異なる雰囲気が見られます。

実は〈湘南台〉でも、気象の変化のような細かなゆらぎのある快適な場をつくっていたのですが、主に形態的なところだけが話題にされた。一方で〈山梨フルーツミュージアム〉では目立たない仕掛けによって室内環境が快適になっています。そうした経験から、形態を伴わないほうが快適な状態をつくりやすいだろうと考えたのです。

比嘉 その頃の〈湘南台〉の語り口は風景をつくるという比喩的なものでしたが、むしろめ

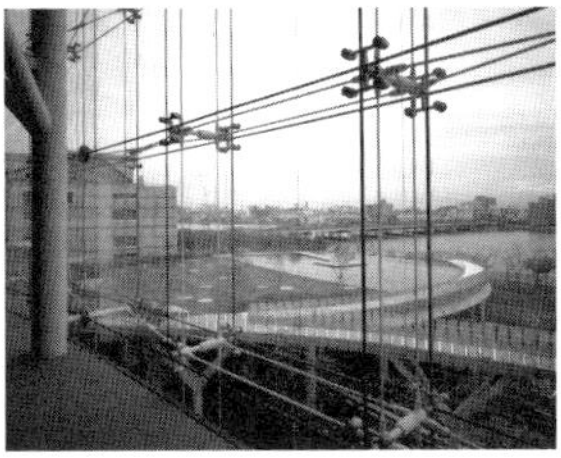

左:〈新潟市民芸術文化会館〉DPG工法のダブルスキン　右:〈山梨フルーツミュージアム〉ガラスドームのルーバー

ざしていたのは環境とか状態であると。

長谷川 人に伝えやすいことばで説明しなければいけないということもあってそうしていたのですが、いまになってみると、形態や光や風、何もかも全部ひっくるめてオーケストラのように状態ができる。そういうふうに認識するまでになり「第2の自然」というテーマが改めて見えてきています。

比嘉 〈湘南台〉以降、〈すみだ〉や〈絵本館〉、〈新潟〉とシンプルなものになっていきますが、やはり〈湘南台〉でしか実現し得なかった心地よさはありませんか。〈湘南台〉の複雑さに比べると〈新潟〉はシンプル過ぎませんか。

長谷川 もっと大きくなったら、もっとシンプルにつくりますよ（笑）。建築が消えてしまうほどのものになるような、おおらかなガランドウをつくりたい。〈新潟〉のダブルスキンは動的なオーニングによって変化するので、この建物は単にシンプルな建築とは違います。三三〇メートルの円周をプレーンにつくるのは実は簡単なことではなくて、実験を重ねて実現したのです。そのプレーンな面は、全周がその日の空や川面や庭園の様子などの現象を映し出す都市的な装置になっています。

群島をブリッジでつなぐ

長谷川 それから〈新潟〉は、やはりブリッジが大変面白い効果を生んでいます。子どもを乗せて自転車で走っているお母さんなどを見ていると、まるでサーカスのようで楽しそうです。空中を自転車で走るという積極的な行為がつくる風景は、都市にまったく新しい一場面をつくっていると思います。

いままで話してきた、建築が人のつながりをつくるというレベルで見れば、〈新潟市民

〈新潟市民芸術文化会館〉
コンピュータ制御のオーニング

芸術文化会館〉ではそれが大変効果的に立ち上がっていると思います。ここでは広場だけでなく、車と人が分離する「交通としての空間」が都市レベルで実現しました。こういう考え方は、始まりは〈茨城県営滑川アパート〉や〈長野市今井ニュータウン〉のような集合住宅をつくるなかで出てきたのです。集合住宅について考えることは本当に難しいのですが、人が自然に出会えるようなスロープやブリッジをつくることによって、よりしなやかなコミュニケーション環境が生み出されるような気がしています。

その延長で、ここではいくつかの空中庭園や既存施設を島とみなしてすべてをつなぐ「アーキペラゴ・システム」（群島システム）を提案したのです。新潟ではかつて信濃川の浮島が華やかな伝統芸の場であり、群島としてネットワーク化されていたのです。

遊歩道としてのブリッジは、町の中心街からウォーターフロントまで、さらに既存の音楽文化会館、県民会館、体育館などをつないでいます。つなぐことで相互の活動にコラボレーションが起こっています。

比嘉 それぞれ実現にこぎつけるのはすごい葛藤でした。ふたつの道を横断する川べりの空中庭園は、市と県と国の領域を横断していて、それが実現したのは新潟県にも前例のない画期的なことでした。

長谷川 信濃川の護岸に柱を立てる際に、国にお願いしたら護岸の砂利埃を抑える緑化も実現してくれるなど、実現の過程で行政も変わり出しているとは感じました。環境的にも物理的にも異なる領域をつないでいくブリッジは、関係性の触手みたいなものなので、これに影響されて県でも市でも同じようなブリッジをつくり、すでに延長しています。つなぐことは人が動くことだけではなく、活動のプログラムが動き出して、ネットワークとして拡張することに結びつく。非常に面白いですね。

駐車場のうえに設けられた
「群島」をブリッジがつなぐ

比嘉　やはりこの計画に内在する流出性というか拡張性が連鎖を生み出すのでしょうね。あえて「空中庭園」を分散させてブリッジでつなぐことによって、駐車場や既存建物という異質なものを取り込みながら、都市空間にからみあっていく。〈絵本館〉でも、丘をつないでいるブリッジは当然敷地内で収まっていますが、〈湘南台〉でも〈新潟〉のブリッジは敷地外にまで延長していって道路も横断していきます。もはやどこからがこの施設なのかもわからない。境界があいまいです。こうして都市的な規模での関係性を構築していったわけですね。

ソフトプログラムの展開

比嘉　この時期の建築は、〈湘南台〉のときの市民参加のような方法が認められたこともあって、より深くプログラムに関与するようになりますね。

長谷川　普通コンペは行政がいろいろな実例を調査して建築の条件をつくり、それにもとづいて建築家が公共建築を設計するということになるわけですが、そうしたプログラムは、あまり生き生きとしたものにはならない場合が多い。そうしたなかで、〈大島絵本館〉では建築ができる前に、〈湘南台〉の子ども館をベースに事務所で作成したプログラムを町に提案しました。〈湘南台〉の子ども館は参加型で、楽器を弾いたり衣装を着たりする民族誌的なミュージアムです。子どもたちが、展示された遊具でとても楽しそうに遊んでいるのを見た町の方々が、プログラム作成を依頼してくださったのです。私たちは〈湘南台〉での経験を元に、一冊の絵本をつくる工房を中心に、作家の原画ギャラリーや絵本を公募して出版する機能、絵本の国際会議を開くなどのプログラムを盛り込んで冊子にまとめました。その後、実際に建築も設計することになったわけですが、オープン後も運営の方々がすばらしく、いまでもそういったプログラムが現実に行われていて、公共建築賞までいただきました。

多彩な活動を引き受ける空間を提案し、どのような活動をするかを利用者とともに考えることは建築をつくることと同じです。こうしてソフトプログラムと建築空間を絡ませて構成していくことは、思いがけず建築を相対化して、新しい文化を開いていくことだと、〈絵本館〉をやってみて確信しました。

比嘉 コンペよりもより深く関われると。

長谷川 そうです。しかしコンペのときでも設計条件に書いてあることだけにふりまわされるのではなくて、ソフトあるいは人びとの活動の枠組みを新しく展開することで、新鮮なイメージが沸きあがってくるような提案をしたいといつも考えています。そうやってできたコンペ案は行政の期待を超えてしまうことが多いですね。

〈新潟市民芸術文化会館〉でも、音楽ホールと劇場と能舞台を三つ複合して横断的に運営するということや、駐車場のうえに空中庭園をつくって、そのはらっぱを伝統的な芸能をはじめ、いくつものパフォーマンスの庭とするといったようなことは、最初に提示された枠組みを大きく超えるものでした。〈新潟〉では、プリミティブな次元にさかのぼって再編集された空間を重ね合わせることができたように思います。

コンペのあとも、展示場が欲しいという市民の意見がきっかけとなって、市民ギャラリーという新しい機能が加わって、パフォーマンスとアートのクロスオーバーを仕掛けることが可能になったり、私たちもそうした意見に随分苦労させられるのだけれど、どんどん引き受けていくのは、それがあると多様性が生まれると思ったからです。オペラの衣装を展示したり、写真を展示する場は、私自身が望んでいたことでもありました。私の要望

オープニングの日。ロビーコンサートにも人があふれた

だけでは行政のつくったプログラムを変えることは難しいのですが、市民と共同して要望すれば変えられるのです。

この建物は公園のあずま屋のような機能を果たしていて、朝から晩までさまざまな人が集まってきます。屋上庭園の展望台はラウンジとして市民が自由にミーティングしたりしています。これまで、管理する、管理されるという関係が公共施設の利用を大きく妨げていましたが、〈新潟〉ではいろいろな場所が開放されて、さまざまな使い方が生まれています。

ここでは、〈湘南台〉よりも踏み込んで、一年近くの意見交換を終えてさらに、市民レベルでのスタッフ養成のワークショップを三年間行いました。新潟市民だけでなく全国から参加者を募集しました。公共施設のネットワークをつくりたいと思っていたからです。伝統芸能である「綾子舞」[2]を受け継ぐ地元の人たちと町のアマチュアの団体、そしてプロの人たちの三つのグループで創作物を立ち上げたり、歌舞伎を立ち上げ、これは私自身も演じたりしました。他にもクラシックバレエ、市民オペラなども実施してきました。いまでもそのときのネットワークは生きていて、このホールでオリジナルに企画した催しを全国に巡回したり、ワークショップなどでの施設利用も多く、チケットもよく売れるので、年間のホール利用率は九〇%もあるそうです。しかもそのうち四五%がオリジナル企画というのには驚きます。

ホールをばらばらに配置することが意図されたようなコンペの条件下で、あえて三つのホールを一体化させることで、運営や企画に新しいイメージを提示し、市民を巻き込んでいくような方向性を打ち出す。それだけでなく、空中庭園の利用、ウォーターフロントの利用、屋上庭園の利用と、私は勝手につぎつぎと物語をふくらませていって、同時にそれ

▼2…国指定重要無形民俗文化財（一九七六）。「ユライ」と呼ばれる赤布を頭にかぶった少女たちによる舞踏を含む。初期歌舞伎踊を知るうえで重要とされる

綾子舞を楽しむ人びと

らを運営してくれる人を組織したくなっていったのです。そしてそのためのワークショップを立ち上げてみると、今度はソフトプログラムをもっともっと拡大したくなる。こうして建築がソフト的なプログラムと一体化するだけでなく、それを動かす人づくりまで含んだものになっていったわけです。建物が竣工したときに、市長さんからは「建築家というのは単に設計するだけではなくて、社会システムまでつくっていく人だったんですね」というようなことを言われました。新潟の社会が変わったような気がすると。全部できあがるまで、行政の人もどうなっていくのか読み切れなかったけれども、完成して初めてわかったと言うのです。

比嘉 長谷川さんとしては、そういう、建築を社会化するというプロセスがないと、建築は無意味なものというわけですね。それがないと建築が立ち上がらない。そしてあえて建築を完成したものとして求めない。

長谷川 竣工して使用されても、建築は変化を引き受けながら長く存続します。〈新潟〉では竣工後も継続的に音響調査を実施して、経年変化を追跡チェックしていくといったプログラムも組んでいます。こうしたことに付き合えるのは建築家としてうれしいことです。そんなふうに建築はずっと未完のプロセスのなかにあるべきだと思います。そのゆらぎのなかで建築やその物語はつぎつぎに書き加えられていくのだと思います。そのためにも建築を、それが建つ地域や利用する人びとに、多面的なかたちで接続させたいと思っているのです。たとえば〈湘南台〉であれば、敷地が空き地であった頃のようにはらっぱのように使える外部空間をグラウンドレベルに広く残すことで、まったく違うかたちながら地元に親しまれていた場を継続していく。〈新潟〉であれば芸能が栄えていた頃の風景である浮島を空中庭園で再構成することで、ロングスパンの時空に接続する。そういったことを実現させたいと思うのです。最初にイメージした物語と、さらにワークショップで付け加わる物語をクロスさせながら、生き生きとした場を立ち上げたいのです。

規模の大きな公共施設の設計はひとりの人間の手に負えるものではないし、むしろそうしない方がいい。さまざまな立場の意見、対立し変化する意見の複合が、建築のありようを決めていくのです。これまで建築家がつくったものは、その時代の社会のひとつのシンボルにはなっても、本当の意味で使用する側のものにはなっていない。モダニズム建築以来ずっとそうです。建築をつくる論理だけでは、公共建築は行政または建築家の権威へと結びつく。そこから抜け出て、利用する側の論理を組み込んだ建築をめざすべきだと考えます。少しずつ変わりだしていますが、まだまだけわしい道のりです。

三年前〈新潟〉でオペラ「魔笛」(二〇〇〇)を、一昨年イギリスでオペラ「curlew river」(二〇〇二)のトータルデザインを担当して、比嘉さんにも手伝っていただきました。そこで、パフォーミング・アーツの分野で専門家がぶつかり合うコラボレーションの凄さを体験したわけです。そしてそれを通して素晴らしい作品が生み出され、とても高い評価が得られました。これからの新しい建築づくりでも、お互いの考えをぶつけ合うコラボレーションという行為をもっとちゃんとこなさなければならないのではないかと、つくづく思いました。メンバーの優れた個性を引っ込めることなく共同作業をすることの可能性を開くのは、コミュニケーションの手法次第でしょう。どうステップアップさせるか、事務所を実験場にしてやろうと考えて、群馬県太田市や石川県珠洲市の町づくりプロジェクト、静岡県のプロジェクトの設計に取り組みだしています。二〇〇二年の夏を使って比嘉さんと長いディスカッションをしたことは、これまでの仕事をまとめ、つぎのステップに進むのに、とてもよいチャンスだったのです。ありがとうございました。

〈新潟市民芸術文化会館〉のコンペについて

公共建築のファーストイメージはどのようにして生まれるのか、とよく聞かれる。たいていのコンペでは、作業を始める前に敷地のあるまちへ行き、まちの歴史や特徴から気象、特産品、植生まで調べる。敷地に立って歩き回り、近隣の方や地域の方とお話をしている内にイメージが浮かんでくる。〈新潟市民芸術文化会館〉のコンペでは、美しい潟でさまざまな芸能を楽しむ人びとの絵、多くの中洲を埋め立てながら現在に至る信濃川の歴史を知り、かつての信濃川の風景を連想させる福島潟の風景などから多島海のイメージが浮かんできた。

実は若い頃から民家やお祭りを見るために全国を歩いていたので、コンペ前から、新潟には、能をはじめとする日本屈指の伝統芸能の歴史があり、優れた市民フィルハーモニーがあること、東京でのコンサートに大勢の新潟市民が来ていることなども知っていた。だからコンペで二千席のコンサートホールという大きな数字が示されていても、なんとかなるだろうと感じていた。

コンペの下見のために敷地を訪れたのは、冬の寒い日であった。信濃川を渡ってくる冷たい風のなか、県民ホールの高い階段で市民が開場を待っていた。こんなに寒い日でも定刻まで開場しない。その日は雪こそ降っていなかったが、雪国で二千人の人たちが寒さに震えながら開場を待つ様子が思い浮かび、もっと市民に開かれた、使う側の気持ちも取り入れた楽しい場所にしなければと強く思いながら帰宅した。そして、コンサートホール、劇場、能舞台という性格の違う三つのホールをひとつにまとめ、自由に出入りのできる大きなロビーを取れるようにした。

自然から身体性、生活や習俗上の要素までが渾然一体となって技術的な問題や法的な制約などまでも含めてひとつの建築イメージに収斂する。その過程はひとつずつ分離できないので、聞かれてもなかなかうまく説明できないが、感覚的な次元から技術的な次元までが繋がっているからこそ、ひとつのイメージが立ち上がってくるのだと考えている。

（二〇一八年）

対談以後

継承されてきたものを未来に引き継いでいく建築

新潟の仕事が終わった頃から、急激に経済活動が活発になったイラク、ドバイ、クエート、バーレーンなど、中近東の発展段階にある国々から仕事やシンポジウムの話がたくさん入ってきたが、どうも私のなかに経済活動として建築をつくることに拒否感があり、結局でかけなかった。私はグローバルな経済活動に参加するような仕事をしばらく避けていた時期があった。グローバリズムには功罪あるが、暗い面をみれば、加速した資本主義の高度化が世界を単一化と寡占化に向かわせ、巨大な資本と高度に組織された産業を美しく飾り、伝統的なものや地域的なものを貧しくみすぼらしく見せているように思えた。

二〇〇〇年以降はとくに、グローバル建築が叫ばれるようになってきたのに違和感があり、むしろ、意識的に、地域のなかに「継承されてきたもの」を顕在化させ、リフレッシュすることで、いまを生きる人びとの身体や感性に接続していきたいと強く思うようになった。

町にはその地方の気候と歴史がつくるさまざまな細部がある。寒冷地では屋根の傾斜が、海辺の町には松林が似合うというように、建物やランドスケープはその場所の風景をつくり、人びとの記憶を形成し、心を豊かにするものである。以前は自分の家の延長のように道を掃除し、打ち水をしたり、生垣を美しく管理して、各人が美しさを演出してきた。こうした歴史や伝統は、消えていこうとしている。長いあいだ、人びとの集うコミュニティ

書き下ろし、二〇一八年四月二十六日

空間としての役割を果たしてきた各地の商店街や中心市街地が空洞化していく。町の活力が減少すれば、お祭りをはじめとした四季折々の行事が減り、子育ても難しく、地方に残る高齢者の生活も豊かさを失ってしまう。

それでも、人びとの生活や身体のなかに引き継がれているリージョナルな価値が、お祭りなどの行事や、子どもたちの歓声のなかに顕在化する地域がまだあった。能登半島の先端にある珠洲市では、ワークショップや市民との交流を通じて地域の風景や村ごとに固有の音色を持つ笛や子どもたちの独特な色彩感覚、美しく変化に富んだ自然景観、特産品である珪藻土などの「継承されてきたもの」を汲み上げることができた。[1] 普段は目に見えなくなっている「継承されてきたもの」、すなわち地域的なるものを顕在化した建築が、これからもその価値を再生し、未来に継続していくための基点になる。

その一方で、「継承されてきたもの」がほとんど見えてこない地域もある。〈新潟〉以降、そうした地域ごとの分裂が明白になっているのかもしれない。分裂のなかで、「継承されてきたもの」をつないでいくこと、「新しく継承されていくもの」が生まれていくような場をつくっていくことが課題になった。そうしたまちでは市民との交流で、若い人たちから「自由な空間」を求められたりする。路上や駅前に中高生がたむろしているのは、行き場がないからであった。そこで、中高生たちも自由に勉強できる開かれた場として「市民ロビー」[2]を設けた。すると、本当に毎日ロビーが開いている時間は子どもたちが集まって勉強するようになる。大事にマナーを守って使っていくので、当初心配されたような運営や管理も問題がない。そうして、新しいまちの公共空間がつくられ、引き継がれていくのだと思う。

これまでの公共空間への取り組みでは、使う人の立場というより建築家や行政などのつ

▼1…珠洲多目的ホール。第六章「ポピュラーミュージックのように」参照

▼2…太田市宮本陣団地・太田地区行政センター（二〇〇五）

くる側、管理する側の論理が優先されてきた。彼らにとっては、町の生活者である市民は抽象化された概念でしかなかった。そうしたなかで、その地域の具体的な市民の要望を公共の場に反映する手法として、市民との対話や具体的なプログラムをつくるためのワークショップを行う。生活者の生の言葉で町を読み直し、使う側の論理で公共建築を組み立て直してみるという作業をしてきた。それは、専門家の閉じた思考に生活者という主体を導入し直す手法でもある。

建築がつくりだすコモンズは、古いものを受け継ぎながら、同時に外部にも開かれていて多様なものを受容するインクルーシブな場で、常に新しい生活や文化を生み出すダイナミックな場でありたい。だからこそ、公共建築をつくるときには、誰でもが快適に過ごせる場となるように敷地全体を開き、市民と議論し、運営プログラムをつくり、可能な場合には運営スタッフの育成もしてきた。グローバリズムの掛け声のもと、市場の寡占化が進み、排他的な政治が世界を席巻しつつある現在、ますますダイバーシティを許容するインクルーシブな建築を思考する必要が高まっていると考えている。

世界中に広まったモダニズムは、各々の地域性・生活様式や文化、各地で継承されてきた伝統との矛盾を孕みながら、ときには両者の相克から新しい価値を生み出しもした。しかし、地域的なるもの、継承されてきたものを圧倒し、覆い隠してしまうような形で戦後の建築を支配してきたというほうが実態に近いように思う。珠洲市のような幸福な例はすでにまだらにしか残っておらず、建築産業の工業化や住宅の商品化などによって、多くの地域的なるものが失われている。地域の生態系や歴史文化、人びととの感性にまでつながりながら、同時に地域に新しい情報をもたらし、地域の新しい生活文化や風景をつくり出すような建築を、ランドスケープ・アーキテクチャーと呼び、めざすべき建築の在り方だと考えてきた。人びとの生活や身体性、各地の大工や職人が引き継いできた地域的なるものが不可視化・消去されていく流れは、グローバルな時代にあって、さらに加速しているように見える。いま、改めて、歴史や伝統と一緒に地域性について考えるべきときだと思っている。

第一章

「プログラムとコンペ」

本章には、新潟市民芸術文化会館設計競技を経て、基本設計がほぼ終わり、実施設計に進む一九九四年から九五年のテキストから、コンペのあり方を問うたテキストを集めた。

〈新潟〉の設計競技で示されたプログラムは五十万人都市（現在は市町村合併を経て八十万人の政令指定都市になっている）でいかにして二千席規模のコンサートホールを運営していくのかといった具体性を欠いていた。コンペ結果の公開後、そもそもこんな大規模文化施設が新潟市に必要なのかという議論が巻き起こるなど、市民から強い反発を受けた。国内で二千席規模の専門ホールはサントリーホールだけという当時、非現実的なハコモノだと受けとられたのである。

長谷川はコンペ案の公開後、意見交換などを通して市民との距離を縮め、N-PACワークショップを起こして抽象的だったプログラムを一つずつ具体化していく。その過程で公共建築のプログラムがどうあるべきか、コンペにおいて建築家はどのように関わるべきかといった問題に向き合わざるを得なかった。「『公園があればいい、建築はいらない』という、ある学生の言葉が最初にあった」と長谷川は振り返る。

「新潟市公開コンペへの挑戦」（一九九四年）は、基本設計が終わったタイミングで書かれた。コンペのプログラムを読んだときから、N-PACワークショップの実施が決まるまでを振り返る。掲載時「N市公開コンペへの挑戦」。本文中の「N市」も含め「新潟市」とした。

「公共建築とコンペティション」（一九九五年）は実施設計完了時に書かれた、プログラムのあり方とコンペ、建築家のあり方を問う論考である。このなかでカーディフベイ・オペラハウス・コンペ（一九九四）をはじめとする海外コンペと、審査員としての経験についても触れている。

「建築としてのソフトを立ち上げる」（一九九五年）は、運営スタッフの養成講座であるN-PACワークショップが一九九四年九月に開講し、ほぼ一年経った頃に、〈湘南台文化センター〉と〈新潟市民芸術文化会館〉に通じる創造的なプログラムづくりについて書かれたものである。

「プログラムのコンペへ向けて」（一九九五年）は、右記のテキストの内容を概ね含んだ総括的な内容のテキストである。ただし、インタビューの抄録という性格上、説明不足な部分や誤字があり、適宜語句を補うなど修正を加えた。

・・・新潟市公開コンペへの挑戦

原題「N市公開コンペへの挑戦」
「公共建築」一九九四年七月号

公開コンペの要項は深く読み込み、自分が考える公共建築を実現できるまちなのかどうか、私なりに検討する。トップの意識から行政全体が向かう姿勢までコンペの要項から読み取り、ぜひこのまちの建築を設計してみたいと思ったとき、参加した。それが藤沢市の文化センターと新潟市の市民文化会館であり、最優秀賞を二回ともいただいた。今回の新潟市の市民文化会館の要項にあった市長のメッセージを要約すると、「快適なる環境づくりをすすめながら、並行して環太平洋の拠点都市にふさわしい文化施設をつくりたい」というもので、その次なる新しい都市のイメージに共感し、魅きつけられるものがあって、コンペへの挑戦を決めた。

しかしいざとりかかると設計条件に次々に疑問が湧いてきた。なぜこのまちに二千人のアリーナホールが必要なのか。なぜあまり利用されない回り舞台をシアターに導入するのか。利用する市民のアマチュア団体がいるのだろうか。知りたいことだらけになって新潟市に出かけて調べてみたがわからない。そこで別の角度からパブリックホールとしてのアリーナとはどういう意味を持つのかを探るために、ロンドンにでかけたついでに〈ベルリンフィル〉(一九六三)をはじめいくつものホールを見学した。アメリカのホールもいくつか訪れ、帰っても東京のコンサートホールに通い詰め、シューボックスホールとアリーナホールを比べながら体験してみた。シューボックス形式は演奏者と鑑賞者が対面している緊張感と集中力があるのに対して、アリーナ形式は祝祭的で社交的な空間である。また人びとが挨拶を交わしながら過ごすコミュニケーション空間でもあることを知る。お気に入りの演奏者を間近に見たりコンダクターを正面から見る等、いろいろな位置での鑑賞を体験してみる。

そうした自分の行為を通して、コミュニケーションの場であるパブリックホールにアリーナ形式はふさわしいものなのかも知れないと考える。ホールのプランを片手に、いろいろなホールでのオーケストラのテープを聴いて音色の違いを感じ取り、プランニングに生かしてみる。また能楽堂を考えるために能を何度も見た。かがり火のもとで見ると能面が幽霊のごとく魅力的で、能舞台は屋外に開けてあるべきではないかと考えるようになった。またその頃ハーバード大学に客員教授として月の半分を通っていたので、周辺整備のためランドスケープの本を大学の図書館で改めて読み、学ぶ時間を持った。

また建築空間にあっては、日本海側の町の公共建築を見学するにつけ、開口部が狭く内部が暗いことが以前から気になっており、もっと四季の変化を持ち込めるような開放空間をつくりたいと考えていた。寒冷地でガラス面にどのように断熱性能を持たせられるか、テーマとして掲げてきた省エネルギー化への対応について、これまで考えてきたことをエンジニアにいろいろと提案をしてみる。このようなチェックをいろいろしているうちに時間が迫ってきて、敷地に立ったときのイメージスケッチをスタートラインに置き、ドローイングを始めた。スタッフと議論をしてＣＡＤで図面を書き、並行して私たちのアトリエ内でスタッフが模型づくりも行った。かつて流れのなかにあった水の都の原風景を取り戻すというランドスケープのイメージをダイレクトに出すために、透明アクリルを使用してつくる。

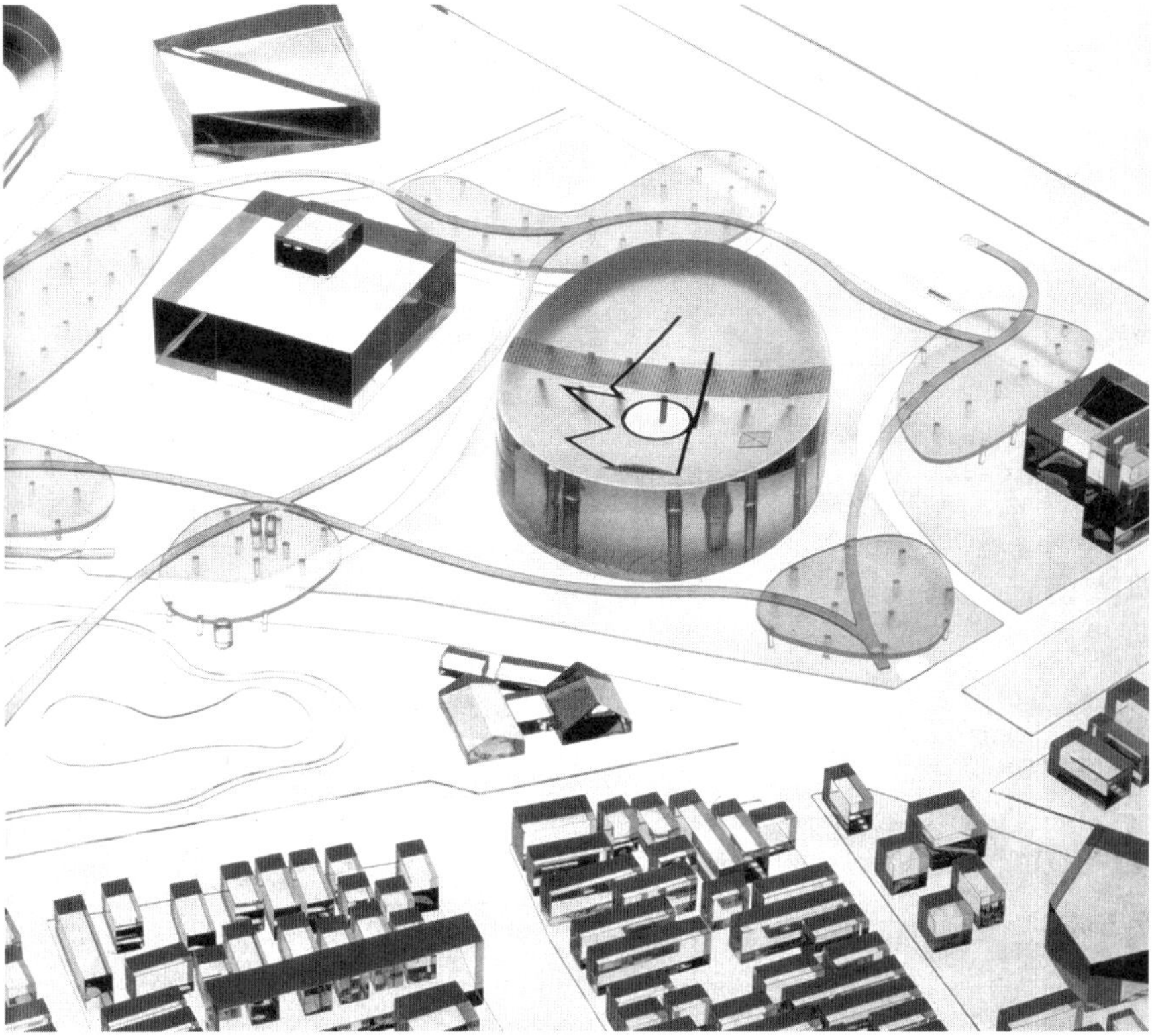

〈新潟市民芸術文化会館〉第二次審査のためのコンセプト模型。透明アクリル製

いつものことだが考えることに時間を使い、図面、模型、パース等の表現はシンプルにまとめた。考えたことを全部盛り込むのではなく、つくりたいと考えていることをクリアに表現する。コンペの参加者のなかには、アイデアをより多く提出し、よく書き込んだリアルな図面や模型を提出したものが選ばれるべきだと考えている人が多いように思う。そうした人びとによって私の余白を残したシンプルな表現は批判される。このコンペでの事業スケジュールはコンペ後基本設計一年、実施設計一年、工事二年と長期にわたるものであるということから、今日、変化しつつ進んでいる劇場機能やテクノロジーを考えるとき、完璧な表現をしてしまうことに私は抵抗を感じた。設計にこれから二年も費やすということは、要項の設計条件はまだまだ検討の余地があるとも解釈することができ、まったく変更不可能のごとく完成品を求めているとそこから読み取ることはできなかった。

私が予測したとおり、企画内容はコンペの発表と同時に市民に届き、多くの意見が活発に浮上してきた。コンペ後市民の利用団体等と、なぜアリーナ形式なのか、収容人数をどのように決定したのか、というようなことから、この頃は舞台装置についてまで、幾度も意見交換の場が持たれている。基本設計は利用団体の人びとの意見を聞き入れながら、改めて多くの専門家にも加わっていただき、開かれたコミュニケーションのなかで進められた。この三月に基本設計を納入し、これから実施設計に入る。

この建築はコンサートホール、シアター、能シアターの複合施設であり、これら複数のジャンルの人びとの参加を活かして、いろいろな分野のジョイントを企画し、新しい創作芸術を生み出していきたいという考えから、三つのホールが一緒に入った一つの大きな建築を提案した。また、周辺整備にあっては、広い駐車場の必要性から失われる広場にかわって、その駐車場上部の空中に、木々の緑に囲まれた七つの浮島のような空中庭園をつくる提案をした。そこにはさまざまな、舞台、アート、はらっぱが用意され、新しい芸術、新しい才能がデビューする場としたいと考えた。

このような建築空間にこれからはユニークな企画が待たれる。私はこの建築を進め、運営についても考えていくなかで、パブリックホールのスタッフづくりのための講座を持つ学校[1]を設立し、完成までの四年間で人づくりをしたいという提案をしたところ了解が得られ、この八月から開校の運びとなった。建築づくりと並行して中身づくりまで行なうことができるのは、公開コンペで選ばれた案であるからだと思う。だからこそより大きな期待に応えなければいけない仕事でもあると考えて設計をしている。

▼1…NPACワークショップのこと。

・・・ 公共建築とコンペティション

「JA」一九九五年三月号

東京

私たちの最近の仕事は、コンペによって得られた公共建築が多くなってきている。また私自身は国内外の公共建築のコンペに審査員として参加することも多い。それらの経験を通して共通に感じることは、コンペにおける審査のシステムと要項の重要性である。

審査員にとってもコンペは試練である。選ばれた案は応募者と審査員の共同作品である。百や二百を越える多数の応募案は単純に物理量としての大きさで迫ってくるわけで、審査員はこのなかを自らの立場を明らかにしながら泳ぎ切らなくてはならない。その結果、コンペは好むと好まざるとにかかわらず審査員の価値観の表明となってしまう。いつも感じることは、当選案以外の無数の案の示す多様な解釈の存在であり、可能的世界とでもいうべきこれらのものをもっと利用できる方法はないかと考えてしまう。

コンペは異なる価値観が最終的にはひとつの実施案へ収斂するために、コンペのあとにはさまざまな軋轢が生じやすい。幸いに私たちはクライアントである行政側とのコミュニケーションは比較的良好で、よい状態で設計することができたと思うが、一般的には案そのものを変更することになったり、コンペ時にはなかった大きな要素が加わったりすることは珍しいことではない。

コンペにおける最大の問題はその要項づくりにある。コンペ後、実際の設計に入ってから、建築を構成するベーシックな企画すなわちソフトの不十分さや使用する側の姿が見えないといったこと、あるいは専門家の十分な協力が得られたものではないことが徐々に問題となってくることは多い。反対意見も聞こえてくる。そのなかで私たちはソフトの修正と見直しをハード、つまり建築の設計と同時進行して進めざるを得ないことになる。

私たちはこれまでかかわってきたいくつかの公共建築について、建築を設計するだけでなく、中身の問題、すなわちソフトも同時に手がけている。ひとことでいえばそれは、誰がこの建築を使用し、どのように使用するのかを明らかにしていく過程でさまざまな提案を行い、ハードとソフトを含めた総体としての建築をクリエイティブでアクティブなものとし、人びとの生活にとって意味あるものにしていこうという試みでもある。現在着工間近の新潟のプロジェクトにおいては、ついに施設のためのスタッフ養成講座まで事務所主導で行っている。

しかしながら、このようなソフトの見直し作業も、一番最初のコンペの要項の内谷を根本的に変えられるわけではない。残響二秒のクラシック専用ホールを、より創造的なマルチホールに変えることはとても困難である。よい要項はどのようにしてつくられるのか。立案のプロセスについては誰がこの仕事を担えばよいのか。これは政治と行政のシステムの問題でもあるが、本気で考えて変えていかなければならないことである。コンペをやる前に要項づくりのコンペをやるべきで、その段階で異なるアプローチをする多くの人の意見をたたかわせるというのがひとつの理想である。

カーディフ

私たちは昨年はじめて海外のコンペ、カーディフベイ・オペラハウスのインターナショ

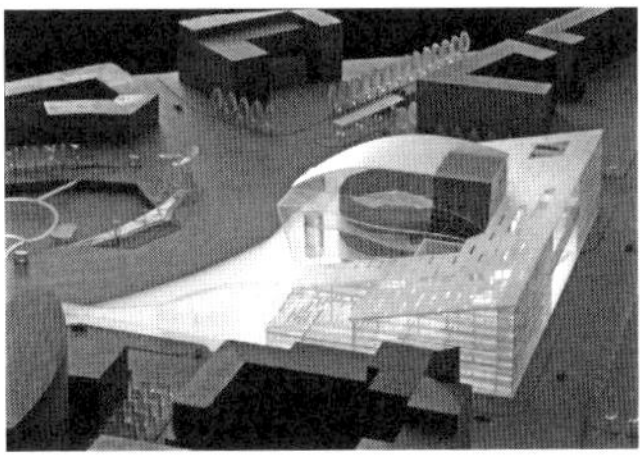

〈カーディフベイ・オペラハウス〉
コンペ模型

ナルコンペティション（一九九四）に参加した。長い歴史をもつウェールズ国立オペラの本拠地をつくるというコンペのためのプログラムは、細部に至るまでガッチリでき上がっていた。それゆえ、基本的には与えられた条件を大切にとらえながら建築を立ち上げていくということを行い、日本のようにプログラムそのものを批判するというようなこともなく取り組んだ。私たちは西欧の閉じた都市に対して開かれた新しい環境にすべく、広くランドスケープ的にカーディフ湾全体をイメージするという手法を取った。チャールズ効果[1]の影響が深いと思われるウェールズにおいては建築のコンサーバティズムの深まりが予想されたが、建築のデザインそのものは、ヨーロッパの伝統建築の埋まる都市のコンテクストにとっては新しい刺激となるような、異なるものを提案した。

このコンペは第一ステージがオープンコンペで、第二ステージのあとで、ウェールズの人たちから二度も招待を受け、レクチャーとプロポーザルを行うチャンスがあった。出かけてわかったことは、カーディフの人びとはコンペそのものとその作品に対して多大な関心を寄せ、さまざまな興味のもち方をしている人たちが数多くいるということであった。カーディフの大がかりな開発の目玉になるオペラハウスをめぐって異なる思惑が交錯し、ある種の熱気を生み出していた。作品を選ぶべきなのに人を選んでいる、という地元の人たちのコンペの審査に対する批判も根強いものがあったが、審査の紆余曲折を経て最後には、ファーイースト（極東）の建築家にオペラハウスはわからないだろうという建築家たちの批評に集約されるように、次点に終わった。

東京

公共建築は非常に多くの人びとが参加する、より大きな対話の結果でできるのでなけれ

▼1…英国のチャールズ皇太子がＲＩＢＡ百五十周年記念パーティ（一九八四年）で伝統的な景観を破壊する現代建築を批判し議論を招いた

ばならず、単に行政や建築家の考えだけでできるわけではない。少数の専門家だけでなく、幅広い人びとの参加が重要であり、それらの重なり合うヴィジョンが創造的な建築を可能にする。しかしそのためには単に多数決や代表制による同意のやり方ではなくもっと別の方法が見い出されなければならない。

公共とは何かということが求められているのではない。公共という概念のなかに何か新しい原則をつくり上げることが重要なわけではない。こういってよければ、私たちにとって必要なのは大文字の公共概念の提出ではなく、具体的な小文字の公共をいろいろなアイディアを試みながら実践していくことではないか。一口に公共といっても八千人の公共と六万人の公共と五十万人の公共と一千万人の公共は異なるし、それとは逆にふたりいれば、そこにはすでに公共空間の基本問題が現れているともいえるだろう。民主主義が社会を構成するひとりひとりの意見を総合することにあるとしたら、そのためのテクノロジーはいまだに不十分であり、仮にそれが達成されたとしても、民意というものは常に流動する川の流れのようなとりとめのないものになる可能性も高い。

このような状況のなかで有効なのは、公共というものを常に具体的な活動のなかへ投げ入れていくことである。よく考えられたひとつのアイディア＝計画を提示して、これをコアとした開かれた意見交換の場で変更が次々と行われ、プロジェクト＝建築が立ち上がっていくような場をきわめて具体的につくり上げることである。そのためには提案される計画そのものが人びとの想像力を喚起するものでなければならない。そして何よりも計画は開かれたものでなければならない。現在の行政のシステムにおいてはこのやり方は多くの困難を伴うが、これからの公共建築のもつ価値は、それがつくられるプロセスのなかにこそあるのだといえるだろう。私たちはこのような場のことを「宴」と呼んだり、「共生

(Conviviality)」の空間といってみたり、「コミュニケーションが開く建築シーン」と名づけたりしているが、コンペによって得られたアイディアをもう一度開かれた対話の場へと戻し、建築がつくられるプロセスをクリエイティブにしていくことこそが重要だという主張を込めている。そしてそのためには、ハードとソフトの間に立つ建築家の果たす役割は非常に大きいと考えている。

エジンバラ

ここしばらくスコットランド建築デザインセンター(Scottish Architecture & Design Centre)国際コンペの審査員としてエジンバラに滞在している。二百点を超す応募案のうち十七点が日本からの作品だと聞いているが、オフィスビルを高層化している案と、建物をすべて地下に埋めてグランドレベルをガラスのフラットな床として開放している案のふたつは、たぶん日本人の作品であろうと思った。

私は、このコンペは二段階方式なので第一段階目は抽象的な案でもよく、古い建築の建ち並ぶこのエジンバラのコンテクストを尊重しながらも新しい都市環境を導入できるような建築を選んだほうが、この都市の将来にとってもよい、ということを提案している。しかしそのような可能性を感じさせる作品は、なぜかほとんどが要項で示された開発の方法(建築デザインセンターとオフィスビルを分割して施工すること)に違反する複合的なものが多い。実際のところ、建物を用途別に分離させるのは必ずしも得策ではなく、管理体制を工夫することによって、もっと複合的かつ立体的に考えられ、開放的でフレキシビリティのある建築となる可能性があると、私個人は考える。しかしこうした解釈も他の審査員からは認められにくく、結果としては条件を無難に守っている作品が入賞することになりそうである。

こうした結果を招くのは、クライアントが条件として提示したことを引き受けようとせずに、自らがつくり上げている建築のイメージを無理やり敷地に押し込めるといった作品主義によるところも大きい。そのような作品は具体的な環境への呼びかけもなくモノローグ的であるが、建築は美学の問題としてのみあるわけではない。

一方で「企画＝要項」の問題もある。特にこうした国際コンペともなれば、多くの応募者はその建築のよって立つ背景をよく知らない。コンペは、その文脈をよく理解すべきであり、一方で広くさまざまな立場に立つ提案を募り、その両立は時として非常に困難である。そのために、コンペ企画者には都市の既存のコンテクストを具体的に解説し、新たな環境形成のためのヴィジョンを積極的に表明する義務があると考える。こうしたお膳立てがきちんとできていなくては、応募者はその提案に具体性を欠き、コンペは焦点を失った密度の低いものになりがちである。

このコンペの行われたエジンバラは、既存の都市のうえに現代の都市が重層するという特異な都市環境をもっており、こうした構成のなかには都市に対する新しいプログラムをつくり出すような創造性が秘められている。このコンペはこの都市の新しいあり方を提示する大きなチャンスであったが、この豊かな文脈を現代のものとして翻案するといった大きな構想力をもったものはほぼ皆無であり、残念であった。

東京

「建築」イコール「場」と考えるとき、私は建築自体の形式をイメージしていない。可能性をたくさん残している「未来」のありさまを描いている。「場」ということばは、変化に対応できるフレキシビリティをもっている場所や空間という意味で使っている。建築を社会的なオブジェとしてのレベルに同定してしまうのではなく、いろいろな人びとがかかわりをもつことによって立ち上がってくる空間として機能することを考えている。住宅のベースを「ガランドウ」としてつくったことと同じように、公共建築の理念は「はらっぱ」ではないかと考えている。あらゆる人たちに開かれているコミュニケーション空間。いろいろな活動を引き受けられる自由な場。皆が自由に集まって、盆踊りもできれば芸術も立ち上がる積極的なヴォイド空間。建築は形態を伴い、結果としていつも空間が立ち上がり、空間は意味を発生するが、建築以前に思考した人びとのパフォーミングプレイスとしての場をつくり上げたい。絶えず与え、更新する開かれた「共生（Conviviality）空間」。それは野外に開かれたやわらかな幔幕による花見の「宴」でもある。そこでは風が吹き、木々がざわめくなか、突然の通過者も加わることで、地域を越えた結びつきとプログラムの拡張が行われる。多様な出会いのなかでコミュニケーションが開かれる。

新潟

〈新潟市民芸術文化会館〉についてコンペ時に考えたことは、幔幕のようなやわらかな素材で三つのホールをできるだけ大きくゆるやかに取り囲んで、オープンでテクノロジカルな幕を張りたいということである。公共と芸術という大きな課題のなかで、専用ホールの単体を並列させる配置ではなく、それぞれ異なる三つのホールをひとつのおおらかな空間のなかに取り込み、そのゆるやかな関係を融合によって多様なるものを引き受け、プログラム上のさまざまな要求と活動に対応できる場としたいと考えた。複数のジャンルの人びととの参加を促し、いろいろな分野がクロスする新しい企画を発生させ、自主事業として新しい芸術を生み出していく場所となり得ることを可能としたい。西洋と東洋、伝統と現代、

〈新潟市民芸術文化会館〉
人びとのパフォーミング
プレイスとなる場

芸術家と市民のクロスオーバーが生み出す新しい芸術をこの場から発信させたい。大都市から流されてくるものを引き受ける通過空間ではなく、この場所のもつ固有の場所性を中心に据えながらも、異なる文化のジョイントを引き受け、新しい環境、テクノロジーの変化に対して十分に開かれ、人びとの生活をゆっくりと優雅なものに変えていくような拠点づくりをめざしたい。

〈新潟市民芸術文化会館〉
幔幕の表情

建築としてのソフトを立ち上げる

日本建築学会劇場小委員会「劇場・ホール設計におけるコンサルタントの役割」一九九五年十月

湘南台シビックシアター[1]の舞台に、人間が小さく見えるほどのクレーン車を持ち込みたいと、構造チェックを依頼されたことからはじまった田中泯[2]さんの「春の祭典」湘南台版。そのチラシに、球儀のシアターの黒い室内空間が建築写真ともいえるように大きく印刷されているのを見て、空間への挑戦を試みようとしている、すさまじいまでもの意気込みを読み取った。

コンペ時（一九八六年）に、内部がプラネタリウムの球儀を地球儀、大気観測所になっている球儀を月球儀、そしてこのホールを宇宙儀と名付けた。そんな経過があるので、私は泯さんが本気で宇宙へ向けて踊るのではないかと思い込み、前々から決まっていたデンマーク行きのスケジュールを変更してまで、その公演を見に出かけた。ここで創られたいくつもの作品、例えばMODEの「わたしたちが子どもだったころ」、勅使河原三郎[3]さんの「ダーダスコ・ダーダ」などは、それぞれ湘南台版と名付けられている。それはこの球儀の劇場のためのオリジナルの演出を施されていて、ここでしかできないディレクションになっているということである。

美術評論家の木幡和枝さんが、この「春の祭典」のいくつもの批評のなかから佐藤正敏さんの文面をFAXして下さった。「白州の地で野外では何度も見ているが、劇場では初めてである。そこは風通しの良い密室だった。そこは、光に満ちた闇であり、軽やかな濃

▼1…湘南台文化センター内劇場

▼2…（一九四五－）舞踊家

▼3…（一九五三－）ダンサー、コリオグラファー

密さがあった。――映画を連想させる偶然性、つまり白州の野外ではまったく感じられない新しい見え方が生じたことは劇場という密室性、しかも天井の高いスリ鉢の底が舞台という劇場空間にあらかじめ田中泯がチラシで指摘していた通り、広大な宇宙を感じた彼の感性がそのスペースの固有性に応えたからだ」。

〈湘南台〉の球儀の劇場は、公開コンペでのプロポーザルの際、審査員全員から「なぜ球儀か」「プロセニアムアーチはつけるつもりがあるか」などと集中して質問された。その後のまちの人たちとの意見交換でも、全国を巡回する興業的観劇に即座に対応できる箱型の劇場への変更をせまられた。〈湘南台〉の敷地は長いこと空き地で、農業をしているこの地域の人たちの豊作祭や盆踊りなどの会場になっていた。そうしたいろいろな活動を延長できるような場所にしたいと考えて設計に向かった。

特にホールの原風景ともいえる「はらっぱ空間」のような場所をめざした。この天空下での初源的な演劇空間と現代のテクノロジーの融合した球儀をシアターとし、初源的生命力をもって創造される文化を生み出したい。そうした考えを貫き通すためには、いくつものハードルを越える必要があった。企画運営、市民参加のためのワークショップからプログラムづくりまで、対話を相当数繰り返していくなかで球儀のホールは認められて実現した。

市が市民ホールと名付けていた多目的ホールを、シアターとしての十分の装置も持たないにもかかわらず、人間の生命を感じ取れる場としてシアターとするよう私は市に要望し、一期工事のサインを手直ししてまで改名してもらった。市民ホールからシビックシアターに名前を変えることによってまちの演劇関係者も急に動きだし、さらに芸術監督のようなリーダーがほしくなり、と段々と活動が活発化して我ながら驚くほどであった。球儀とい

〈湘南台文化センター〉
球形の劇場内観

う建築の形そのものをソフトプログラムとしているといえるこのシアター。もしコンペ前にコンサルタントに相談していたら、この劇場は出現していただろうか。

〈新潟市民文化会館〉のコンペ要項を初めて読んだとき、自治体にこのような内容を持つ施設を企画運営する力があるのかどうか疑問に思った。だが、友人から新潟にはクラシック鑑賞者が大勢いることを聞いて、コンペに参加することを決めた。それでもエスキースを進めるうちに、残響二秒のヨーロッパの伝統的クラシック音楽専用コンサートホールをどう立ち上げるべきか考え込んでしまった。要項をそのまま読み込むと、この頃よくつくられているようにホールを別々に並列させる建築がイメージできた。しかしそうではなく、三つのホールが関係をもって活動するあり方を追求していった結果、異なる三つのホールを、ひとつのおおらかな空間のなかに取り込み、その緩やかな関係の融合によってさまざまなるものを引き受け、新しい企画に対応できるものとしたいと考え、コンペ案をつくった。

複数のジャンルの人びとの参加を促し、いろいろな分野がクロスする企画を発生させるプログラムをもって、新しい芸術を生み出していく建築を可能にしたい。西洋と東洋、伝統と現代、芸術家と市民といったさまざまなクロスオーバーがつくりだす芸術を新潟から発信させたい。コンペ後、この施設が持つ機能を十分に活かした運営をするため、運営スタッフをめざす若い人たち、行政の人たちと、私のスタッフ参加のもと、三年間で約六十回の講座N-PACワークショップを設立して学習している。ここでも建築は常に、その形態のなかにソフトプログラムを内蔵している。公共建築は生活者の視点に立って、芸術と社会、教育やセラピー、メディアなど横断的な思考を導入し、芸術の環境をつくりあげていかなければならない。こういう大きな問題をコミュニケートできるコンサルタントという人材はどこにいるかと考えると、私にはいまのところごく小人数の人しか思い当たらない。運営スタッフの人材づくりからはじめなければならないことだけが問題なのではない。

・・・プログラムのコンペへ向けて

「建築とまちづくり」一九九五年十月号

公共建築とコンペ

いままで相当数のコンペの審査をさせていただいたり、いくつかの公共建築の最優秀賞を獲得した。そのスタートが藤沢市の〈湘南台文化センター〉だった。それまでにも多くの公開コンペはあったが、要綱を読んでも部屋名だけが書いてあって、クライアント側がどういう目的で、どういう運営方針でやろうとしているのかという理念みたいなものが読み込めなかったが、〈湘南台〉では地域性に根ざしながらも世界に開く建築を求めている姿勢をはっきり捉えていた。何をつくるかということが、時間をかけて考えられていると感じた。つまりコンペ参加の理由は、最初のプログラムとしてのコンペ要綱、基本構想ができていると思えたからだ。

通常コンペ要綱は、一度コンペが終わると議会や市民の了承を得たものとして、設計者では変えられないほどの手続きを経たものになっている。例えば〈新潟市民芸術文化会館〉のコンサートホールの客席は、できるだけ安く大勢の人に見てもらう方針から二千人と決められていた。実際に設計していくなかで、音響のこととステージが見えることを重視すると二千人は無理ということになっても、また千人のシアターにおいてステージがよく見えるように収容数を変えたいという要望が問題になっても、一度議会に通したことだとか市民に公開したということで変更は難しい、となる。

〈湘南台〉で大きく変更したことはそうした規模的なことだった。市民と意見交換したなかで、プラネタリウムとシアターの直径が広がった。プラネタリウムに車椅子席と学校教育で利用するための席を増設し、そして子ども劇場の運営者の考えでシアターの客席数を増やすためだった。そのプログラムをつくった市の人がはっきりしていたので、例えば子ども館が科学館じみているけれど、本当に横浜の科学館のようなものをつくることが良いのだろうか、というような議論をしていく相手が見えていた。私にとって初めての公共建築であり、しかも地域のこともあまりよくわからないままにドローイングを描いていたので、ぜひ市民に公開して、とお願いした。意見交換をはじめてみると、「地形としての建築」あるいは「第2の自然としての建築」、という私たちのコンセプトは時代の反映としてみんなに共有されたが、そのなかの活動の企画運営が人びとの議論の焦点になっていった。建築の形式はソフトプログラムについての提案でもある。ひとつの批評としての内容が、私たちのコンペ案に盛り込まれていた。

例えば多目的ホールへの疑問。東京から巡回してくる芸能を上演する公共ホールではなく、ここで新しい芸術をつくり、発信していくようなところにしたい。ここが野原だったころに持っていた多機能性は、ホールの原器となるのではないかと考えた。まちの人たちの要望に応え、新しくディレクションしていくホールであるべきだという考えから、提案したのが球儀のホールだった。私の提案する球儀という形式については運営企画のレベルで大いに議論が必要だった。利用者と一緒に具体的な利用法をチェックしながら運営企画の対話的プログラムづくりを実践していき、クライアント側にぶつけていくことをハードの設計と平行してやってきた。

そういうことをやって、建築そのものの見直しであるよりは中身の運営の仕方を見直し

〈湘南台文化センター〉
プラネタリウムの地球儀と
市民シアターの宇宙儀（左）

ていった。レストランについてお母さんたちから、駅近くでレストランがあることと、店舗入居者も公募で抽選という藤沢式選定は子どもの入れるものになるかわからないからやめて、遅くまで使えるロビーのようなものをつくってほしいと要望された。夫婦げんかをしたとき行ける場所だったり、子どもが勉強する場所だったり、青少年が集まることができる場所がほしいと言う。こうしたとき、プログラムをつくった人と、建築がつくられていくなかで具体的な意見を言う人が双方ともはっきり見えていたので、コンペの後、もう一度プログラムをつくり直すという形をとる方法が取られた。しかし、本来はそういったプログラムづくりもひっくるめたうえで、コンペ概要をつくる研究をしていく必要があると考える。

公共建築とソフトプログラム

そう考えると、コンペ概要というものは一体どうやってつくり、誰がその責任を引き受けるのかという問題に辿り着く。日本ではそのプログラムをどこでどうやって、誰が責任を持ってつくっているのだろう。大学の先生か関わりのある設計事務所に、短期間のうちに調査不足のなかで概要とスケッチをおこしてもらい、それをまとめているのがたぶん現実ではないかと思う。ソフトの基本であるコンペのプログラムは、時間をかけて丁寧につくるべきである。利用者にもインタビューしたり事業者側にも方針を聞いたりして、設計時間を十分取るというようなタイムスケジュールから、運営の手法や経費まで盛り込むべきだと思う。何をつくるべきかについていろいろと調査して、さまざまに意見調整する方法をもってしてディベロップメントする根拠をつけていくということが、本当は必要だろう。それはソフトに関わる人も参加できるとよいのかもしれないが、そのプログラムは建築を一番リードするソフトなのだから、コンペ概要こそコンペをやったらよいのではないだろうか。

いくつかの外国でのコンペに参加したり審査して言えるのは、こうしたことが日本だけの問題ではないということである。もっとインターナショナルな問題として、建築のディベロップメントの手法をひっくるめた、最初のプログラムをつくる担い手はどこにいるのだろうか。クライアントである行政も日本と同じで、ひとつのことにずっと関わることなく行政の担当者は次々に変わっていく。これでは実績は積み上がっていかない。

ソフトプログラムをコンペする

コンペというのは、一等に入った案だけが意見を持つわけではない。いろんな人の考えがものすごいエネルギーを伴って全部集積されて、共に考えたというところに大きな力がある。それはすごいソフトプログラムの集積である。審査員はそのいろんなことが語られているなかで、その語られているものをどう立ち上げたらいいのかで選んでいるのだから、コンペというのはまさに、プログラムそのものを選んでいることになる。プログラムをつくるのに集まった知識を集積して、もう一度行政やプランナーが組み直したりもできる。そのなかでそれに一番適した人を選んで、他の資料も参考にしていく。本当の意味でコンペとはそのようなことで、共に生きていくための知識を得て、そのなかでできるだけ最高のものをつくっていくということだろう。

建築家が提案する、形式と一緒に立ち上がるソフトは特に強いものとなる。ソフトは専門家の扱うべきもので建築家は参加すべきでない、という考えをよく聞くが、そこには建築のハードが優先し、ソフトを平行して考えないでつくってしまうということへの批判が来る。ただ建築の形態を重視してオブジェを問題にしても、利用者が活動をはじめることで機能するような公共建築はつくれない。具体的利用形態を収集する手法も加えていかなければならない。

コミュニケーションを通して開く建築のシーン

公共建築を設計していく過程を公開したり、意見交換することをいつもクライアントに希望してやってきた。日本だけでなく外国でも、「開かれた建築」とか「建築と社会」「建築と芸術」というテーマが建築家によって掲げられてきた。そのことの実施のためにコミュニケーションを行うことはとても重要なのに、なかなか実行されていないのではないだろうか。それは批評を受けることを当然とする姿勢、批評にたいしてオープンになる勇気といったものをまったく失っているからではないだろうか。非常に閉鎖的な状況のなかで物事が決まっていく。オブジェとしてではなく、社会的に有用なものとして建築をつくるためなら、早い段階からいろんな意見交換を持つということが必要だろう。

いろんな意見を聞いていると何もできなくなるというのは、一般解で答えようとするからで、具体例のなかに入ってやっていけばよい。具体例に基づいた「共生のための」コミュニケーションが求められる。コンペで決まってから具体的なドローイングを見ながら議論することは有効だが、それでは遅すぎる内容もある。もっとゆるやかな段階、変更できる時期にディスカッションしていくべきだろう。建築家は特にディスカッションが苦手だが、そうしたコミュニケーションの技術を職能に付加していくことが必要である。

役所も建築家の職能にコミュニケーションを求めていない。だから建築家側もいつでも行政の代行であって、行政がすべきものと考えていて実行しない。あらゆる場面、あらゆる人に開かれた建築、開くという努力が求められるが、そのことでプログラムの段階から建築家の倫理性、思想性を明確にしていくことになる。つまり、プログラムの成り立ちを見直すために、社会的実践が建築家の役割として求められる。建築の自律性を問題にするだけではなく、社会的なる存在であるという視線を持たなければ、プログラムコンペを開催して建築家に期待しても成功しないだろう。いろんな人たちとコミュニケーションを繰り返し、異質なるものを含む多様性と向き合う意識がなければこのソフトのコンペは成立しない。建築家は、現状を打開するために建築の社会性を意識していく態度が重要になるだろう。

批評に開かれた建築

一般の人たちにはいろんな考え方がある。建築家とは違った考えがあるということをわかったうえでぶつかっていく。そういう批評を引き受ける精神がなくなってきているのではないだろうか。批評家も少ない。それが、コミュニケーションのできない建築家を生み出している。

プログラムコンペをするということは、批評を表現し、批評的にプログラムを見直すきっかけになる。そうすれば、建築だけでなくそのプログラムが批評を受けることになるだろう。だからこそ優れた建築が生まれる。コールハースの建築のなかには批評精神がある。彼の建築の魅力はそこにある。「批評に開く」という建築のつくられ方とコンペのあり方とは相似形であり、それは設計者選定の問題にも通底するものだろう。

第二章

「建築がつくる公共性」

解説

本章には、新潟市民芸術文化会館実施設計中に発行された「SD」誌（一九九五年十一月号）の長谷川逸子特集に掲載されたテキストから、プログラムのあり方を論じた三編を選んだ。

長谷川のコンペ案で大きな焦点となったのは、コンサートホールと劇場と能楽堂を一棟のなかに収める提案であった。当初のプログラムでは、これら三つのホールは、三棟の建築物となることが期待されていたからである。しかし、音楽と演劇、伝統芸能と現代などがコラボレーションする場、ロビーや楽屋やリハーサル室などを共有する効率の良い利用、運営主体が統合された柔軟な運営、雪国でもある新潟の気候に合った建築の形態をめざす、一棟案が選ばれた。

もうひとつの焦点は、市民自身が活動する場としての多目的性を与えていく提案であった。当初のプログラムでは超一流のオーケストラや伝統芸能者が上演するための極めて高い専門性が各ホールに設定され、市民が活動する場というより、市民を啓蒙するための場として企図されていた。こうした当初のプログラムの読み替えを通じて、建築の形式とプログラムの不可分な関係、建築が社会、都市、世界へと開かれた公共性を形成していく過程がこの三編のテキストから読み取れる。

「形式としての建築から公共としての建築へ」（一九九五年）では「SD」誌による十年ぶり二回目の長谷川逸子特集のために、再び多木浩二氏との対談が企画された。建築を「孤立した「形式」として極限的に追求」した作家の一人である篠原一男の存在を暗に対置しつつ、〈湘南台〉から〈新潟〉までの十年間を振り返る対談である。文中に今日では社会通念上不適切とみなされる表現があるが、差別的な意図ではないことに鑑み、そのままとした。

「真のローカリティはグローバルに開く」（発表年不明）は長谷川逸子・建築計画工房所蔵の原稿であるが、発表経歴も不明である。しかし、前出の多木浩二氏との対談後記というべき内容であるため、ここに収録した。

「世界に開く建築を求めて」（一九九五年）は、住宅建築の「ガランドウ」の延長上に公共建築の「はらっぱ」があると主張、〈湘南台〉以降の公共建築との関わりを通じて、公共空間には具体的なリアリティが必要であるとした論考である。

小嶋一浩「アクティビティを喚起する等身大の公共建築」（一九九五年）は、〈大島絵本館〉が人びとの活動の場として生き生きと使われており、そのありようが新しい公共建築像を生み出していることを指摘した批評である。

・・・対談

形式としての建築から公共としての建築へ

多木浩二×長谷川逸子

「SD」一九九五年十一月号。一九九五年八月十日、長谷川逸子・建築計画工房にて

形式とプログラム

多木浩二 「SD」では十年前に一度、僕は長谷川さんにインタビューしていますね[1]。この間に長谷川さんの仕事も、随分、変化しました。単純化していうと、個人住宅を設計することから、社会的な公共建築に移行された過程です。その結果、建築についての思考も当時とはかなり違ったと思います。それに僕の方も変わりました。僕は建築家じゃないし、いまでも興味は失っていませんが、もはや建築の内部にいません。僕の仕事のひろがりが必然的にそうさせたのですが、意識的に外部から観ています。だから旨く話しが合うか心配ですが、まあやってみましょう。

僕は長谷川さんの建築を非常に社会的な建築だと思っています。建築は本来そうではないかと言われるでしょうが、ある時期には、むしろ優れた建築家たちは意識的に「形式」を外側の世界とは切り離し、孤立した「形式」として極限的に追求した時代がかなり長く続いたと思います。特に七〇年代から八〇年代の半ば頃までは、そういう傾向が非常に強かった。その思想からいうと、建築というのは竣工した瞬間が最高の状態にあり、そこから後は死んでいくものだということになります。これは建築の形式についての考察を進めたとは思います。しかしそれである限り、絶対に社会性というのは獲得しないわけですね。建築というのは、ひとつのものが物体として、あるいは空間としてつくられるけれども、

▼1…「建築のフェミニズム」「SD」一九八五年四月号掲載。第三部第一章収録

動いていく社会のなかで、何かをそのなかに取り込み、またそこから何かを社会に向けて発信します。それは意味の場合もあるだろうし、具体的な出来事の場合もあるでしょう。建築家が社会とか歴史とかいうようなものと本当に向かい合って考え始めた、この十年ぐらいの期間が僕の以前のインタビューからの時間です。その発端になったのが、多分〈湘南台文化センター〉だったのでしょう。〈湘南台〉のときから話題が変わりました。建築と社会の関係、市民と文化施設など、そういうことはいままで語られなかった形で建築が語られるようになってきました。

まず最初に伺いたいのは、ある建築を建てるにあたって、社会についてのどんなイメージを長谷川さんが持っていらっしゃるかということです。もっともそれは今日のインタビューの全体を通して浮かび上がる主題かもしれません。いくら行政の側でのプログラムができていても、それに建築家として関わる以上は、どんな社会をそこへ出現させたいかが一番肝心なことだと思うんですね。ところが、いままで建築家というのはそういう議論をしたことがほとんどないわけなんです。いかなる社会が望ましいか。それは理想の社会をめざすとか、ユートピア的な志向をするとかいうことではない。現実の社会での可能性の探求です。社会についての思想を模索することですし、あるいは歴史についての何らかの認識を持ち、あるいは人間とか人類とかいうところまでおよぶかもしれない認識を探すことと重なっています。

長谷川　以前の「SD」八五年四月号のときにも、多木さんにインタビューを受けてその整理をしたことがありましたが、住宅建築をつくることを通して作品をつくるような立場がなかなか私にはなかったということが、ある意味で建築の周辺を含むものとなりました。そのインタビュー記事のタイトルを当時の伊藤編集長に「建築のフェミニズム」と名付けられたように、クライアントとの対話的プログラムづくりを通して設計を進めてゆく建築、日常的行為とともにある、広い世界と一体になってある建築を考えてきたといえます。それは複数の具体的出来事と引き受けざるを得ない流動性をどこに着地するかということでもあり、そこに形式の問題が関わってきます。結果的にはいつも非常に強い形式というものを残すけれども。住宅の設計で重要だったことは、友だちをクライアントにしたことで、とことん議論することになったことです。そのコミュニケーションのなかに、人の生き方から社会の問題まで入ってきて、そのときに、住宅建築をつくるということは自分の考えで作品性を求めるより、本来共同作業であるべきものだろうということを知るに至ったわけですね。住宅設計のときは、自分の考えたことを、ねじ伏せてもつくれるという状況が私にはそれほど開けてなかったというか。それでも片方で、住宅というものを作品化するというスタンスも取っていたので、形式というものをつくることが建築を動かすことと思っている部分と両方あったと思います。結局、最後に積極的に私が残せるのは「形式」としてのガランドウしかないかもしれない。中身はつくれないと思ったのです。

住宅設計を進めるなかですでに、そうした対話のプロセスをまとめるだけで建築になるかもしれないということは感じていたように思います。ガランドウというのは、そのような考えから生まれたものです。

それで公共建築のコンペ［湘南台文化センターコンペ］に八六年五月頃に一等に入ったんですね。「SD」での特集号が出版されるとすぐに。初めてのコンペ参加という意識から、イメージ性の強いドローイングでした。床面積の七〇％を占める地下空間は単純なラーメン構造の空間であるのに対し、地上部分は小屋根群と三つの球儀と空中庭園、せせらぎなどの集合体です。すごく強いものだったと思います。フォルムが強いというか……。

例えば球儀の劇場を立ち上げるというのも、結果的にはそれは「形式」というより、後から考えると、プログラムそのものだったという言い方もできるかなと思うくらい、それは後々の使われ方に影響するほどのものだったと思います。それは球儀であって、そのなかに〈アンフィシアター〉[2]（一九七二）みたいな急な段状の客席が入っているために、勅使川原三郎さんのように、面白いからといって挑戦してくれた人もいるわけですね。そういう意味では、強い形式そのものが新しい演劇を誘導する力を持ったために、そのことからアフターケアもしなければいけなくなったと思います。

また、使われる建築にしたいという意識も強くて、それで市民と対話しながらプログラムを見直し組み立ててきた。人びとの活動のきっかけをつくりたいと、このようないろいろな使い方もできるので使ってみてください、という感じでやってきたような気がします。そうしたふたつのことは、どうも住宅をやっていた建築家のやり方だったと思います。

多木 そのプロセスの理解、住宅の方法が公共建築のなかに入り込んでいたということには僕も賛成ですね。

長谷川 〈湘南台文化センター〉では、住宅が持っていた手法を延長してやる以外になかったけれど、その手法をその後もずっと持続するということでは、なかなかいかない。

多木 〈湘南台〉は、公共建築とはいえ、わりと狭い地域の公民館的なものですね。その点では〈すみだ生涯学習センター〉も似ているところがあるかもしれない。ですから公共性についても、一様に考えないで、もう少し分類していかなければならないと思います。そのことは当然、あとで問題になるでしょうが、〈湘南台〉は私的な生活が営まれる地域性を持っています。だからいま、長谷川さんの言われた住宅の手法を転用することが比較的可能だったのでしょうね。

▼2…ギブソン・アンフィシアター、野外劇場。一九八二年に屋内化された。アメリカ・カリフォルニア州

だけど、いまおっしゃったような住宅ではあまり必要ではないプログラムという問題、あるいは人びとの生活様式との関係が、コミュニティのなかでは当然、集合を対象にしたプログラムになる。そのとき、形式がすでにプログラムを内包しているという自覚が、〈湘南台〉の場合には極めて強くあったと思うんです。そのような建築の形式とプログラムについての考え方を、いまに至るまでずっと引きずっていらっしゃると思いますね。いろいろ変化があったにしても。

クロスオーバー・アートをめぐって

多木 プログラムというのは、本来ならば、社会でどのような人間の生き方の可能性があるかという問題を、当然未知の部分を含んでいることを承知のうえで、とりあえずダイヤグラム化することですね。

例えば〈山梨フルーツミュージアム〉の場合、籠というのがあるイメージから出発した強い形式性を持っていますが、籠を三つ建ち上げてその地下をつなぐことで、ひとつのミュージアムとしてのプログラムをつくり出したわけですね。建築家の場合には、空間の形式とプログラムというのはそんなに分離できるものではないと思います。プログラムはこうです、それに対して建築の形式はこうですというような進み方ではなく、建築家の思考のなかでは、プログラムは形式という言語によって分節され、統合されていくのだと思います。この方法のなかに建築家の社会的な認識を含んでいるのではないかという気がしています。その辺はどうでしょうか。

長谷川 そう言えるでしょう。建築の形式はあらゆることをインクルーシブに思考した結果としてあると捉えています。新潟のコンペでは、要項の時点ではいくつかの専用ホールを

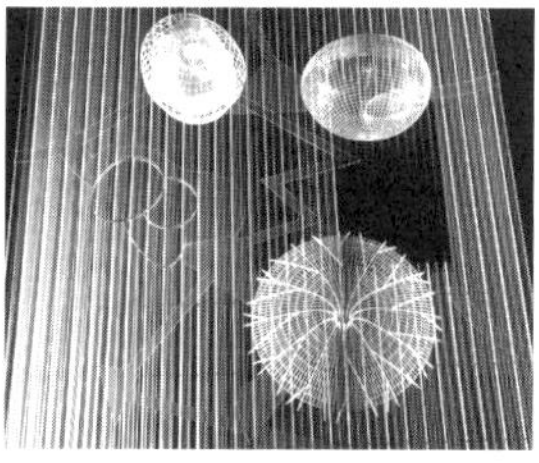

〈山梨フルーツミュージアム〉
左：池のほとりから工房（左）と温室（右）を見上げる　右：模型。丘のうえに籠を3つ建ち上げる

並べて配置するという最近の方法を踏襲して、ホールの在り方そのものの提案をする余地はなかったわけです。

私には、どうも西欧の古典音楽のための大コンサートホールというものを専用ホールとしてつくる公共の在り方、というのがイメージできなかったんですね。だから私は音楽、演劇、能という三つの専用ホールを複合させて新しい活動の場として機能させようと考え、全体をひとつにして幔幕を張るように、楕円の建築を提示したわけです。私はクラシック音楽が好きですからいいのですが、西洋の音楽のためにこれほど大きな公共のホールをつくるということはどういうことか。能楽堂という伝統形式のなかにある芸術も、ある限られた人びとしか関われないものだとしたら、つまり、公共でつくるべきかどうかということになります。公共でつくるということはどういうことか。

劇場は〈湘南台〉でシビックシアターとしてつくりましたから、コンサートホールも市民の日常生活のなかにどう位置付けるかというときに、私の理解している劇場なるものとコンプレックスしたくなったんですね。つまり、コンサートホールと劇場をセットにして、もう少しわかりやすい、音だけではなく視覚的な部分をコンサートホールに持ち込む。クラシック音楽と能もミックスして。そのために三つのホールがクロスオーバーしたような演題をやっていくプログラムを提案し、そういうコンセプトで〈新潟市民芸術文化会館〉を立ち上げ、独自な活動の場としたいとイメージしてきました。形式の異なる三つのホールをひとつの大きな幔幕で囲むというのは、そういう考えから来ているのです。私はどうやらいつも与えられた条件やプログラムに、現代性と利用する側のリアリティが盛り込まれているかを問い、異議申し立てをしつつ提案し続けている。空間の形式と提案するプログラムは一体化したものであるからこそ、プログラムを疎かにしておけないのだと思います。

〈新潟〉のコンペの後に、考えていることを行政の人にお話して、そういう大変な案を選んでいただいたんですが、運営できますかと聞いたら、そんなものは全然イメージしていなくて、音楽は音楽、演劇は演劇の場として、できるだけ独立して運営したいと思っていたという話でした。

結局、新しい企画を動かすには運営するスタッフが必要ではないかということを提案して、スタッフを養成するワークショップを、私が率先して立ち上げなくてはいけなくなりました。そしてそれを通しながら、皆でこの建物はどうやって企画運営したらいいか、設計二年、工事三年の期間を利用して勉強をしていこうということでやっています。今年の八月で、一年終えたところですね。

コンテンポラリーをテーマに

多木 最初に与えられたプログラムは、完全に分離した形の専用ホールの並列的な結合だったわけでしょう。それを結びつけたといっても、一体、どんな関係が生じるのか、受けとる側は理解できないかもしれないですね。長谷川さんのクロスオーバーというコンセプトは、ある意味では未知数のようにその結合関係のなかに含まれているわけで、それがどういうものかはなかなか読めないと思います。

長谷川さんの計画は、いままでの演劇という形式、音楽という形式が果してそのまま持続するであろうか、ひょっとしたらもっと変わっていくかもしれない、そういうときに、バロックの劇場のようなものをつくってそれで済ませられるかどうか、という問いを含んでいるわけでしょう。例えば、いかにも長い伝統のように思っているけれども、あの能の形式だって、江戸時代に成立しているわけです。

長谷川 室内化の始めは、江戸城のなかにつくられたと聞いています。

多木 いま言ったのは演劇としての所作の形式であって、劇場としての能舞台のことではありません。世阿弥の時代は、まったく演技の形式が違うし、いまのような摺り足ではなかったようですし、橋懸かりも一本の場合もあったり、二本の場合もあったりというような、いろんな変遷を経て初めていまのような能舞台が生まれてきた。それと同時に、能というのはどうしようもなく古いわけですね。その古さというのは、これはシェイクスピアとの違いですが、シェイクスピアは脚本だけ残したから、誰がどう演じてもいいわけです。ところが、能は「形式」を残したのです。そのために、いまみんなが後生大事にしているものは、戯曲の本質じゃないんです。演技の形式を伝えているから、どうしようもなく古いわけ。

僕の場合は、パフォーマンス芸術に対する建築は大して意味をもっていないので、あまり劇場論をやる資格はないんです。例えば、ミュンヘン・マルシュタール劇場[3]というのがありますが、その名の通り昔の王様の馬小屋ですが、あそこでジョン・ケージの作品をやったのはものすごく良かった。それは全部コンピュータで仕掛けてあって、それを何時間かずっと流しっぱなしにするわけ。みんな三和土のうえに寝ころんだり、いくつかある椅子に腰掛けたりして、好きな時間だけいて出ていけばいい。

長谷川 劇場ですよね、あれは。

多木 劇場にも使いますが、全部取っ払ってしまえば、昔の馬小屋がそっくり現れてくるわけです。あのマルシュタール劇場のような感じは絶妙なわけです。だけど、そういうこともバロックの劇場ではできないですね。

▼3 … Marstall、十九世紀初頭に建設された乗馬学校であった。第二次世界大戦で損傷したが、一九六〇年代から実験的なパフォーミングアーツの場として活用されるようになった

〈新潟市民芸術文化会館〉土壌改良して植林した森のうえに浮かぶ緑の丘

それから演劇と劇場についての考え方も、ピーター・ブルック[4]は非常に大きな革新力になりましたが、ピーター・ブルックの方法というのは、空間は演劇がつくるのだから、劇場はなくてもいいという考え方がむしろ先行していったわけですね。それは太陽劇団[5]の時代を経ていまでも続いていますが、ある意味ではピーター・ブルックが最も始まりのところへ演劇を戻して考え、それに応じた劇場を探したわけです。ブルックの芝居を観ていると、確かにこちらも自由になります。

いま、僕が一番興味を持っている人でアメリカのピーター・セラーズ[6]という演出家がいます。このピーター・セラーズというのは「ピンク・パンサー」のピーター・セラーズじゃないですよ。同名だけれども（笑）。ピーター・セラーズは演劇について、舞台で進行している時間についてとか、歴史についてとか、非常に本質的なことを考えています。そこだけ観ていると、ブルックと似たところもある。しかし演じ方はまったく違います。例えばシェイクスピアを彼の演出でいくつか見ていますが、もう完全に現代劇だし、前衛と大衆演劇のすれすれのところを掠めています。もうひとつ違うのは、いままで演劇というのは生の声を聴かせるとずっと思っているわけですが、ピーター・セラーズは全部マイクを通している。なぜそうしなければならないかというと、人間の声には囁きというものがあるでしょう。小さな声で語らなければならない。それはマイクを通じてなら伝えられますね。だけど舞台のうえで生の声で囁かれたら、どうしようもないわけ。彼の演劇はテンポは早いし非常に楽しめます。演劇そのものもつねにすごく変わっているわけです。

能はやっぱり、形式をこれからも大事にしていくと思います、能をやっている人は。それはそれでいい。伝統芸能だから。だけど、能舞台を今度は能楽師でない人が使うことだってあり得るわけですね。音楽とか演劇とか古典芸能とかいったようなもの、要するに

▼4 … Peter Brook（一九二五―）イギリスの演出家

▼5 … le Théâtre du Soleil。十九世紀の廃武器工場を再生した劇場「ラ・カルトゥシュリー」を拠点に活動する劇団。アリアンヌ・ムヌーシュキン主宰

▼6 … Peter Sellars（一九五七―）

芸術というものは、形式が固定されていると考える方が問題なんです。長谷川さんのクロスオーバーが何をめざすのか、僕にもまだよくはわかりませんが、とにかく従来型の演劇ではないものをめざしているのですね。三つの劇場の結合関係のところに何が生まれてくるか、長谷川さんのプログラムという考え方の重点があるわけでしょう。

長谷川 そうです。クロスオーバーによって大、中、小の三つのホールをこれまでの在り方を超えて、自由な新しい企画を持って運営しだしてもよい時代を迎えているのではないかと考えています。でも運営するというのは、この社会では大変なことなわけですよね。コンサートホールも能楽堂も形式を守って運営することに意味を見出してきました。コンサートホールといったらオーケストラのための音の場をつくり、ポピュラーもロックもだめ、異なるものを排除してその形式の完成をめざしているわけですね。そこに全然違うものを入れてミックスさせようというときには抵抗が起こります。クロスオーバー芸術がそう安直につくれるとは思っていません。それでも「コンテンポラリー」をテーマに実現をめざすことが、〈新潟〉の持っているプログラムだと思っています。

多木 そうですね。あと環境の問題もありますが、それはさておいて、特殊な機能で、プログラミングされてあって、その特殊な機能を結合したときに出てくるもうひとつ新しい計画案というのが提案だったわけでしょう。その提案は、やっぱり空間形式という形で抑えられている部分があると思います。

日常性を横断する空間

長谷川 複合可能な配置計画ですが、当然、各々単独にも機能します。そういう機能を持った全体、つまり卵の黄身が三つあって、その周りを幔幕が張っていて、白身であるところ

〈新潟市民芸術文化会館〉
コンサートホール（大ホール）内観

は、コンペのときには透明感のある自由なパフォーマンス空間ということでした。あるときはロビーとして仕切られ、普段人びとが行き来しているときはこの大きな円環空間はフリーなパフォーマンス空間になることをイメージして設計してきたんです。

現代建築は、均質空間化していくことによって多目的化していく。建築家は「複合」というテーマのなかで、可能性を広げていくために、ユニヴァーサルな、倉庫のような空間をつくっておいて、そしていろんな展示が可能じゃないかという提案をしますね。先日エジンバラでポンピドー・センターの人と一緒になったとき、「個室に仕切られた、限定された展示室に作品を持ち込むことの方がどんなにもイメージを膨らませやすい。広すぎる展示空間を学芸員がつくり上げるのは苦労が大きく、なかなか密度が上がらないし運営もとても大変だ。どうも建築家は展示の企画運営のことがわかっていない。「複合」ということと一緒に均質空間をつくろうとしている」と言われました。

私はまさにホール周辺の透明性を持つ白身のところを複合空間と考えてきたのですが、そこをもう少し突っ込んで考えていかないと、黄身三つがジョイントしてクロスオーバーしていくということと、そこのフリー空間というものの在り方がどうもいまひとつ図式性を抜け切らない。だからホールを支えているロビーのパフォーマンス空間の運営が難しいことになってしまうのではないかと懸念しているところです。そこの空間の在り方について、設計は終わったんですが、私はいまスタッフと議論しています。

多木 なるほど。要するに均質な空間を与えて、それを自由に使えるという機能の考え方は、幻想だったんですね。ポンピドー・センターの展示というのは、常にその問題にひっかかっていますね。

長谷川 公共建築において常に変化する社会性と一緒に、複合ということが大きなテーマとなってきて、それを引き受ける場というのはフレキシビリティのあるフリースペースであることで、ひとつの開かれた公共の場となりうると考えてきました。

多木 そうですね。いま言われたことは重要なことですし、理解できますが、実際の建築での在り方としてはどういうものなのか、僕にはわからない。

最初に、社会とか歴史とか人間の文化について建築家は何かのイメージを持っているのか、という質問をしたのは、そういうこととも関連しています。演劇というのは、ある非日常的な状態を生みだすことによって、人の感情とか精神を刺激する。だけど、それは空想的な世界を提示することではなく、物との関係が普通以上に直接性を持つような世界のことです。日常の空間とは隣接しているわけだから、その演劇の空間の経験が、日常的な生活を送っている社会というものを逆に照らしだすはずですね。この関係が建築家の抱く演劇的な社会のイメージだと思います。

長谷川 芸術は、生活から切り離された儀式的なものの時代から、徐々に今日にあっては日常に隣接してある存在に変わってきた。芸術と社会、芸術と教育も密接に関わる時代のなかにいる。公共の建築の持っている重要な機能としては、人びとの日常に横断線を引いてみるというか、現代の生活のなかに芸術的なるものの役割が大きく組み込まれてきている。一部の愛好家の枠を越えて、より広く、人びととの生活を豊かに変えていく機能を建築も担いつつあると思います。それを支えているのが、さっき言った白身のところだと思っています。何気なく訪れて来た人にホールと関わるきっかけをつくる場所ですから。ホールが使われていない時間でも、そこはいつも開放されているコミュニケーション広場として利用される。また、グラフィックや映像の展示される情報センターとしての空間で、外に六つある浮島型の空中庭園と同じような様相を与えようと考えてきました。

〈湘南台〉をやっているときに、子ども館、公民館、劇場という三つの施設の複合化は外部のプラザと空中庭園をつなぎ、空間として導入して全体化を図り、イメージとしては「はらっぱ」でした。その「はらっぱ」を取り込んで、球儀の劇場をつくっているというような言い方をしてきましたが、ここでのパフォーミングアーツホールの原点は「はらっぱ」であって、住宅の「ガランドウ」に置き換えられるほどのものでいいんじゃないか。利用者が活動を立ち上げながら変化していく空間。そういうフリースペースでいいんじゃないか。〈新潟〉では、基本的にはクラシック専用のコンサートホールや形式そのものであるような能楽堂などをつくっているので、それを支える周辺の場ははらっぱみたいなフリースペースにしておきたい。白身だと思っているので白くて（笑）、透明感のある、ニュートラルなものだというようにしてきたのです。日常性を横断する空間だとするならば、単に均質化するのではなく、もっと運動が起こるようなものなのではないかと、今日この頃思っています。

社会のイメージ、公共のイメージ

多木 そういう話しをしてくると、問題の焦点に近づいているのですが、そのときに社会というのはどういう状態で長谷川さんの前に現れているのですか？

長谷川 次第にグローバルな広がりを持ち出しています。芸術的な行為は社会と密接に結び付く方向に変容し、社会はグローバルな広がりを持ち始めています。〈新潟〉の建築は、世界中の音楽家もやってくるし、旅行者が東京からも新しいクロスオーバーの演劇を見にくるとすると、定住している人たちのための場所だけではなくて、訪れてくるいろいろな人たちが行き交う場所になりますね。

〈新潟市民芸術文化会館〉
空中庭園

東京にいつも行くのではなく、いいイベントがあればどこでも行く。そして人びとが地域と交流していく動きが少しずつ出ています。そういう人たちをも引き受ける場を「公共」としていくならば、超越性も何もない、はらっぱ的な、白く透明なホールの周りの空間は、地域の人たちだけでなくもっと大きな世界に開かれていていい。だから〈新潟〉は、そこに特殊な超越した空間をつくり上げてしまうよりは、もっと空白なものでいいのではないかというのが最初のスタートですね。そのことによって公共建築を行き交う人びとは、不特定で幅広い人たちになるだろうということなんです。

多木 そう。そこがポイントです。つまり〈湘南台〉というのは本質的にローカルなんですよ。ローカルなだけにそれはひとつの特徴を持つけれども、世界全体に向かって開いている必要がない。ところが、〈新潟〉の場合は「シビック」という〈湘南台〉で使われた言葉で表せるものと、どこか違っていますね。

長谷川 そうですね。規模的にも違いますね。

多木 スケールが違うことが決定的な要因です。つまりそこで行われる芸術は、世界を対象にすることになります。言い換えると、建築を成立させる基盤は、市も、県も、あるいは国というレベルも超えたようなもの、現在の世界全体をイメージしなければならないというところにきています。

長谷川 最近、市民活動とか市民参加というものが〈湘南台〉の頃より私の頭では稀薄なんです。でも、新潟の人たちも、最初は〈湘南台〉でやったような意見交換会をやってほしいということで、コンペ直後は市民グループとの意見交換を何度かしてきました。しかし、〈湘南台〉のように具体的な利用形態やそこでのプログラムを問題にするより、なぜ建設するのか、コンペ以前の構想がどうつくられてきたかというレベルが問題でした。市民は具体的参加より、新潟市は将来どのような芸術都市をめざそうとするのかということこそ論じあわれなければならないと考えていることを知りました。ですから、施設とともに市民活動はさらに活発化するだろうことを支援する手法はもとより、現代生活全体に関わる産業、教育、セラピー、情報など「社会と芸術」というものをどう進めるかという手法も持たなければならないと考えたんです。そこで、そうしたことを学習する期間に完成までの五年間を使おうと考え、最終的にはこうした大きな課題も盛り込みつつ、さらには具体的政策と製作を学習するワークショップを開く方向を取りました。

そのスタッフ養成学校であるN-PACワークショップを開くときに、市役所はちょっと戸惑っていましたが、私は全国から人を募集するように頼みました。五十人集めようと思ったら三百人も来てしまいました。五〇%は新潟、五〇%は新潟以外です。講師には外国の方にも来ていただきたいと考えていますが、まずは建築を全国レベルに置きたいと私は思ったんです。将来、公共がもっとネットワークを組んでやっていかないといまの私が考えているようなプログラムは立ち上がらないと思っていますので。

ところで、このワークショップを進めながら、芸術のクロスオーバーということはそう簡単じゃない、ということがわかってきました。スタッフ学は演劇を中心に学んでいけばいいとか、演劇はディレクションをし、創り上げるものだが、音楽のことはプロモーターがやるものだという話になるわけです。さまざまな分野の芸術はその自立性を問題にし、できるだけ異なるものを排していくことを通して理論武装してやってきて、異なるものとのクロスを避けてきたのがこれまでの縦割り型芸術ですね。社会と芸術、芸術と生活も密接に結び付かないまま、また人材も作品も育成しないまま、それを「成熟」と言ってきたわけでしょう。

多木 ただクロスオーバーするのが芸術の発展とは断定できないんです。ただ、芸術というものを既存の形式に納まっていれば良いという時代でなくなったことは明らかです。ですから芸術の探究にもいろいろな方法があることは認めていかねばならない。これは、まだよくわかってはいない世界をどう把握するかが本質なのです。芸術の真の目的というのは人間が自由になることです。そういう芸術の存在の仕方がどうすれば可能なのか、それは芸術家の問題で、建築が予想できるものではないし、先回りできるとも言えません。しかし来たるべき芸術が可能になる条件をつくることは建築の問題です。

長谷川 私たちが公共建築をやりだしてから「共生」とか「共存」という言葉を使ったり、建築が複合していることの面白さというのは、そこに異質なものが入っている宴を開くことによって、刺激を受けて新しい運動が起こるというようなことを考えているわけです。それぞれ専門化して自立した論理を煮詰めていっても煮詰まってしまうだけでした。確かな新しい共生の在り方を見出していかないと、公共のホールにおける「自由になること」のための場は開けてこないでしょうね。

都市の世界化

多木 そのことを発展させていくと、行政の側からみれば都市というのは、確かに税金をとったり使ったりという地域性を持っていますが、すでに都市の存在の仕方は世界化しているわけですね。これは最初に伺おうと思ったことで一番ポイントになるところだと思いますが、要するに、都市というものをひとつの地域的空間として考えるレベルもありますが、たとえば長谷川さんがいまなさっているような芸術のための空間というところからみると、都市というのは完全に世界化することによってしか「都市」であり得ないという状態が見えてくるわけです。あまり経緯は知りませんが、このスケールのホールをつくるとなると、確かに市がやったかも知れないけれども、これが向き合っているのが「世界」だという考え方を市の側も持たなくてはならないわけです。

都市というのはどういうものか。これは言語化されていないけれども、いま、ローカルな「都市」というものを越えて、都市が世界化しているというのが建築家の頭のなかにあると思います。建築をつくること自体がそうした都市の世界化を引き出してしまうのです。もしそのことを行政側が気が付いていなければ、随分、迂闊な話です。だってこの規模のホールを三つ含んだスケールの建築でしょう？　ということは、都市が世界化しているという状況を一番反映するはずのものになってしまいます。地域の機能だけを引き受けているだけでは成り立ちません。だから、演劇のクロスオーバーをする前に、もう都市とか社会とかいったものを固定した枠組みから解放しないと……。

長谷川　その社会といったものを固定化した枠組みで捉えているのは一般に、市民より行政側の人たちだったりして。いつも行政の人たちは地域性、ローカリティをテーマに掲げて説得しますよね。

〈湘南台〉のコンペのとき、行政側がつくったコンセプトには「地域に根差しながら世界に開く」という二重構造が書かれていて、私たちはそのコンセプトを掲げて意見交換していたわけですね。また、そういうレベルのものだったと思います。市民オペラをプロとアマと組んでつくることを先頭に立ってやっている市長さんですから、一方で「世界に開く」というテーマも持っていて、それで、あのような建築をつくることができたのですが、それでもやっぱりまだ都市は世界化するという意識に達していなかった。地域というコミュニケーションが一番大切だったですね。

〈湘南台文化センター〉
中庭のせせらぎで子どもたちが遊ぶ

多木 要するに公共建築がある規模を超えたときには、そこの地域性という形での市民性というか、市民との関係がもはやそれだけでは成立し得ない。つまり、いま、都市というのは「世界」であり、世界というのは「都市」であるといったような、社会観ないし都市観を持つようになって、それが公共建築を支えているというところに差しかかっているんだということになっていると思います。僕は地域性を無視することを主張しているのではありませんが、地域とか市民とかいう概念が、すでに世界性を含んでいる、あるいは世界性に含まれていると考えています。第一、こうした企画が成立することはすでに社会のもつ異様に巨大な力、資本といってもいいんですが、それに依存しているわけでしょう。その力はいかなる境界も無視して動いていることは、いまでは誰でも知っていることです。ともかくそうした世界性の認識がないと、結局は、地域としての都市としてとんでもないモニュメントをつくったというだけになってしまうのです。

視点を変えてみますと、建築というものはロジカルにできているわけです。非論理的だと建たないからロジカルにできている。どんなところも一応説明可能な合理性が言説として与えられうるのです。ところが、それと、個人であろうと集合であろうと、人間の生とは絶対にずれがあるわけですね。そのずれというのは、単に建築がガランドウで人間が勝手に動くといったようなことではなくて、論理と生との間の決して解決しない本質です。この矛盾を含み込んで、はじめて「都市」というのは成立し、その矛盾を含み込んで、初めて「世界」というのは成立しているわけですね。そのずれを未完の世界の断片と捉えて、建築がこのずれを含み込んだものを本質とする断片的空間として立ち上げる手法が見つかったときに、多分それはこれまでとは違う空間になると思います。その辺りの理論が、建築をつくる人も建築を使う側も、いまないんですよね。特に使う側にないんだな。

長谷川 そうですね。私たちはいつも具体的ないくつもの活動を引き込み、それこそ未完の部分を残しながらも建築と共にソフトを立ち上げることとを試みてきました。まだまだ十分とはいえない状況ですが。

〈すみだ生涯学習センター〉を通して

多木 〈すみだ〉の場合もかなり複合体ですね。だけど、〈新潟〉が必然的に持ってしまうような世界性はあまり要求されていないから……。

長谷川 なかったですね。私はすでに〈湘南台〉のときから、ローカリティというものに密着することによって、狭い領域に対応した施設からは新しいことは生まれてこないことをわかっていました。世界都市である東京の一画を占める墨田にあって、都市に開く建築というのはどうあったらいいかということを区役所に相当ぶつけたんです。つまり、建築をつくるというのは利用者の視点に立って考えると、地域性だけでは解決できないということですね。東京というさまざまな体験が可能な大空間を生きる区民の視点と行政的視点はギャップが大きかった。区民グループは住民による自主運営体制をつくり上げたいとドイツのハンブルグの下町、オッテンゼン[7]の人たちと交流してお互いに学習し始めていた。

私たちは要求されたたくさんの機能を縦割りに配置するのではなく、八本ものブリッジでクロスさせ、横につながる内容を提案しようと考えました。ここでもさまざまな機能をジョイントさせ、来訪者が独自の新しい体験を自らがつくりだせる施設にしたいと考えてきたのです。

例えば私が提案したメディア工房というのは、インターネットや企業の人たちが来て身体障害者や子どもたちという社会性が欠けがちな人たちと組んで、何か起こしていくとい

▼7 … Humburg=Ottensen。一九九〇年代から墨田区向島地区とハンブルク市アルトナ区オッテンゼン地区の間では市民レベルの国際交流が続いていた。若手アーティストが向島に転居して老朽家屋をアトリエなどに改修する「アーティスト・イン・空家」などを展開していた

うこともプログラムに組まれています。そういう支え合いがなければいけない人たちと、支えることで学ぶ人たちのミーティングの場所としてつくったのがメディア工房だったんです。私のなかには、メディアやAV工房は新しい学習内容だったので、東京、世界という意識、それから現代ということを積極的にテーマにして、ここでもクロスオーバーアートの提案をし、新しい芸術を〈すみだ〉から立ち上げたいと考えていました。東京につくることもあったから、学習という領域を狭めないようにして、これまでの公民館のように与えられたものを単に学習する生涯学習センターではないものを考えたんです。

多木 それがローカリティであると同時に、それを世界に開いていくことになるけれども、いまのところ、なかなかそうはならないでしょうね。

長谷川 「真のローカリティはグローバルに開く」という考え方は行政側の視点に立っても、なかなか将来的に有効な方法だったのに。私たちは、墨田が江戸からの伝統工芸を残す工場地帯だったので「すみだファクトリー」という名前をつけて設計を進めていたのですが、担当者が突然公募してつけた名前が「すみだ生涯学習センター」というものだったんです。ある生涯学習という施設の形式ができたら、それを守っていこうというようなところがありますね、運営者の側に。

多木 そうですね。ただ、それは行政が市民というものを大事にするというようなふりをしながら、実はみくびって、狭いところに押し込めているわけですね。例えば障害者の問題にしても、似たようなことをしています。「何とかに優しい都市」というようなキャッチフレーズはいろいろありますが、こういう言葉は信用がおけません。

障害者の能動性を尊重するとき、初めて差別がなくなるのです。演劇と関係のある面でいうと、聾唖者の劇団というのが日本にもありますが、ものすごく良い劇団がフランスに

〈すみだ生涯学習センター〉
下町に建つ生涯学習センター

あります。ちゃんとプロフェッショナルなんです。僕はいくつか見ていますが、聾唖者であるがゆえに、逆に演劇の本質を見せることが可能だということもあります。非常に面白いんですよ。だから、生涯学習なんていって、そのなかには身体障害者のも皆入っているとは思うけれども、そういう人たちをそこにただ釘づけにするのではなくて、皆そういう世界が市民に開かれているわけです。聾唖者同士は世界的にネットワークがあるわけ。そうすると、聾唖者自身が本当にいい演劇をつくることができれば世界化できるんですね。それに行政とか、あるいは政治家というのは気が付かない。

繰り返すようですが、〈新潟〉の場合になると、演劇や音楽といった広い意味でのパフォーマンスというものが行われる限り、否応なく世界に向かって開かれるわけですね。そのときに、三つのホールをただ単純に包み込んだというのではなくて、どうやら問題は、幔幕で包んだ空間の在り方をどう考えるかというところにあるような気がするのですが、それはもうそろそろ可能なところにきているだろうと思います。

長谷川 世界化するための装置ですね。建築の空間表現よりも。

公共建築と市民参加

長谷川 伊東豊雄さんが「通過点としての公共建築」[8]という文章を書いていますね。公共建築は駅のプラットホームみたいなものでよいと。でも、規模と内容に関係なく「公共建築」と全部まとめて言っちゃうと反論が起こると思うんです。

多木 「公共建築とは——」という言説では全体は括れないですね。さっきローカルなことをかなり否定的に言いましたが、〈山梨〉とか〈大島絵本館〉は、やっぱりローカリティというものが絶対にあります。

▼8…伊東豊雄「通過点としての公共建築」「新建築」一九九五年七月号

もうひとつは、都市にも、全体を把握できる大きさの都市と、もう把握できない都市がありますね。〈藤沢〉はまだ頭のなかでイメージできるスケールですが、〈藤沢〉をちょっと超えたらもうだめですね。

長谷川　ちょっと超えたら〈新潟〉になりますね。

多木　〈新潟〉ですね。スケールがある限度を超すと都市像が見えなくなりますね。都市像がないということは、要するに都市が世界化しつつあるという傾向のひとつだから。行政の方は、謳い文句としての国際化ではなくて、本当に都市というのはそういうものだという理解を示さないといけないんですね。

長谷川　公共建築を考える場合、高度な芸術を鑑賞する機会を市民に与えるだけでなく、そこでの活動が生活や教育と結びつけるという機能、つまり芸術と社会について考えるため「市民活動・市民参加」のことをN-PACワークショップで取り上げました。例えば墨田区で戦後五十年ぐらい市民演劇を上演してきた人たちや、栃木の蔵の街音楽祭を毎年開催しているグループや、静岡の袋井市で田園コンサートを行っている人たちに来て頂いて、市民活動、または市民参加とは何かというディスカッションをしてもらいました。

そのあとに、ワークショップの人たちも参加してディスカッションをしたのですが、川崎から来ている受講生が、そういう活動は好きな人たちで、好きなことをしているだけであって、行政に活動資金を請求して自分たちの活動を正当付けようとしている、それは行政が支えるべきものでもないし、市民参加でもないと。まさに伊東さんがおっしゃるように、駅のように訪れる誰でも通過していく人たちを全部支えるべきであるということですね。

墨田でも、地域で活動する人たちを市民参加と言っていても、まだ活動していない人、東京的生活をしている普通の主婦の彼女の視点なんです。

〈新潟市民芸術文化会館〉

関われない人にきっかけをつくるというプログラムづくりまでいかない。私も〈湘南台〉のときにはそのような考えでした。見えない人まで利用者と言ってもしょうがない、そこを使ってくれる人こそ利用者と言えばいいんだと。そしてそれを市民参加などと言ってしまいましたが、彼女の考えにこそ新しい都市観があると思いましたね。

多木 それは感じ方としては正当ですね。長谷川さんが〈湘南台〉を設計されたときには、やっぱり長谷川さん自身も、市民参加の問題にしても公共建築の在り方にしても、まだ未熟な段階だったと思います。

長谷川 そうです。まさに公共というのは、ローカリティが主題でした。世界の一断片としてのチルドレン・ミュージアムの展示にしたい、と考えたプログラムづくりのときはとても意識していましたけど、そのようなレベルでした。ところで、そこには螺旋状にひとまわりしたような一般性をめぐる問題があって、簡単にはいかないですね。〈カーディフ〉[9]とか、いくつか外国のコンペに参加してみて思うことは、世界の在り方も同時的で共時的ですよね。

多木 それはさまざまなところで同じようにあります。いまたたかれて問題外ということになっているけれども、湾岸開発のようなことも世界中でやっているわけです。だから風景がほとんど同じですね。それが良いか悪いかというのはちょっと問題としても。

やっぱり建築家は、都市や社会や世界というもののイメージをはっきり持って、それで建築空間を立ち上げるというプログラム、そこのところがプログラム化という言葉で言い表せるし、そのプログラムというのは、さっき言ったようなロジックと生の不可避的なずれを内包するようなものでなくてはいけないと思います。

▼9…カーディフベイ・オペラハウスコンペ、一九九四年。第六章参照

・・・真のローカリティはグローバルに開く

発表不詳、長谷川逸子・建築計画工房所蔵稿

公共建築をつくるということは、ときとしてその地域にとどまることなく、グローバルな広がりのなかで考えられなくてはならない。好むと好まざるとに関わらず、すでにそういう時代になっているのだということを多木さんとの対談を通して強く感じた。ベルリンの壁の崩壊後、世界は急速にボーダーレスとなりつつあるように思うが、「公共建築がある規模を超えたとき、市民の関係はもはや地域性という形では成り立たず、都市というのは世界であり、世界というのは都市であるといったような複合した世界観に支えられ始めている」のである。都市はネーションを超え、世界的にネットワーク化・同時化しつつあり、パブリックな建築は、もはや世界に向けてもつくられることになるのだ。「パブリックな建築を考えるとき、地域の問題を持ち出すことは、ネガティブな役割しか果たさない」という多木さんの話は、これまで皆気付いていていながらも、正面切っては誰も言い出せなかった問題である。

例えば「まちづくり」というあいまいなことばがあるが、この国ではローカリティを打ち出すことは半ば制度的に指示されており、それぞれの地域は何らかの事業を起こそうと思えば、自らのローカリティを強調しなければならないことになっている。その結果、文化的にどう考えても違うはずのない隣接する自治体がローカリティの差異の捻出にやっきになるというアイロニカルな状況を生み出している。こうしたナンセンスとも思えるロー

カリティの体系は、巧妙なシステムとして機能し、地域を均質化しているように見える。さらにこのローカリティは、それぞれの地域のさまざまな政治的意図と回顧的思考を混交させながらポリティカル・コレクトネスを形づくっていて、批判し難い状況となっているのである。

これまでの公共建築の設計において、私たちは利用する立場から計画を考え、具体的な利用を誘導する過程で、公共建築のなかに複合性を導入しようと試みてきたが、ある意味でそれはローカリティのなかに新しいものを取り込み、地域を開いていく作業だったといえるだろう。別な言い方をすれば、ローカリティをグローバル化し、別種のローカリティにつくりかえるということになるかもしれない。建築をそのソフトと一体化して考えることを重視するのも、建築がローカリティを開いて新しい活動を生み出していけるようにするためには、建築だけでは不十分だという考えから始まったものである。

〈湘南台〉においては、もともとは公民館的なレベルのローカルな施設をベースとして計画されていたところに、主としてシアターを通じてインターナショナルな新しい活動を接続し、地域的なるものと前衛的なるものとの共存を試みた。〈すみだ〉においては、どちらかといえば閉ざされがちな生涯学習センターという機能を建築によって透明化し、まちに向かって開いて、浮遊領域をつくることによって、地域の活動に新しい風を入れようと考えた。現在進行中の〈新潟市民芸術文化会館〉では、形式の異なる三つの専用ホールをあえてひとつに、立体的にパッケージ化し、大きな幔幕で囲うことによって、各ジャンルのクロスオーバーを促すことを考え、これを実現していくための企画・運営のスタッフ育成にまで関わっている（さらに、建築とランドスケープが融合することにより建築と敷地を公園化し、都市的レベルでの機能の拡大を考慮している）。

「ロジックとレーベン(生)」との間の本質的な矛盾、そのずれの部分、未完の形の世界の断片を含み込んだ建築をつくる理論をみつけなければならない」という多木さんの示唆は、新たなる課題をもたらしつつあるが、すでにこれまでの公共建築との関わりでいつも持ち出してきたソフトの問題において、十分とは言えないまでも、そのずれの部分を扱い始めていたのだという気もしている。ロジックあるいは建築は、どちらかといえばリジッドでハードな環境をもたらすのに対して、人の動き、利用の形態といったレーベンは常に変化する川の流れのようなものである。通常はこの問題はいくら考えてもきりがないし、芸術には結びつかない。そこでヴォイドをつくったりして、「偶発性に向けて開かれている」などと理念で逃げるわけだけれども、こういうのは往々にしてうまく使われたためしがないような気がする。多木さんのことばを借りれば、このような仕方では「未完の部分が含み込めない」のかもしれない。これに対して私たちは、常に具体的ないくつかの活動を引き込み、それこそ未完の部分を残しながらも、建築とともにソフトを立ち上げることを試みてきた。これらは、まだまだ十分とはいえない状況ではあるが、ロジックとレーベンの重なりあいを実現するきっかけくらいは示しているように思う。

私は常に、公共建築は使われなければ価値がないと考えている。そして建築家は、建築というものが空間を規定し、ソフトを規定してしまうものである限りにおいて、そのことについての責任の一端を担ってしまっていると思う。もちろん政治的なプログラムの制作過程に関われないことが多いという大きな問題があるが、これについても建築家は、積極的に働きかける必要がある。建築家がプログラムを語るとき、いつもそれは統治者の視点からの物言い、権威的な語り方になってしまうのは疑問がある。プログラムも大切だが、プログラムができるプロセスはもっと重要である。そこの部分になんとかして複合性を導入したい。官僚や近視眼的な専門家だけではなく、新しいタイプのプログラム作成過程を導入しなければならない。いま、私たちがやっているソフトの試みは、遡及論的にそのことを行っているに過ぎないともいえる。公共建築は、できるだけ多くの人の考えでできているべきで、そうでなければ生き生きとした場は発生しない。「都市よりも社会という概念の方が重要である」と多木さんが言うとき、都市とは現象であり、社会とは関係であると思う。そして建築は社会の関係性に関わる可能性を含んでいる。

これまでの建築の評価はいわばロジックをめぐるものであった。それは観察者の視点、あるいは制作者の視点という単一のパースペクティブからのみ建築を考えるということになる。とすれば建築はやはりレーベンに関わる広大な領域（複数の視点）を手付かずのままにしていることになる。そして建築家はあいかわらず都市を語り、プログラムに拘泥するということになる。

建築はできてしまうと理念ではなくただの物体となって、意外にフレキシビリティに欠けるものである。建築はソフトと一体になってはじめて社会的に機能するものとなるし、ローカリティを開いて、真の意味での「まちづくり」に結び付く。公共建築の可能性の中心はそこにあると考えている。そうでなければ建築家は、結局のところモニュメントをつくり続け、絵に描いた理念をもてあそぶことにしかならないのではないだろうか。多木さんによると、これまで建築家は社会がどうあるべきかという議論などしたこともないし、する気配もないということだが、これからの建築家は、新たなるグローバリゼーションのなかでローカリティに対するオルタナティブなヴィジョンの提出能力が問われてくることになるのだろう。

・・・世界に開く建築を求めて

「SD」一九九五年十一月号

はらっぱの思想

初期十年間の住宅建築は「SD」一九八五年四月号にまとめられているが、住宅の設計を通して具体的なるものへの関心を展開していくことは、理論武装し建築の自律性を探求することが建築である、と考えていたそれ以前の研究室的思考が打ち壊される過程だともいえる。数年にわたりクライアントと意見交換をし、その時々の出来事と対応しながら設計図と模型をつくり続けていく作業は、把握しきれないほど変化するものに取り囲まれて生きていることの確認であり、異質なものとの多様化した関係を捉えるための方法の探求であり、社会的実践といっていいものだった。

実施のチャンスもなく研究室で住宅のスタディをしている頃は、虚と実、日常と非日常、透明と不透明というふたつの領域が対峙した空間を数多くエスキースしていたように思うが、直角二等辺三角形を組み上げた〈焼津の住宅2〉の実施設計を行う過程で、二元論を越えて両者が自然に共生する建築、単純な空間であっても複合的なる建築をめざすようになっていった。そしてシンプルなコンクリートボックスのなかに、一枚の斜めの壁を持つ〈緑ヶ丘の住宅〉などを実現させてきた。建築の自律性を追求し論理を優先して作品づくりにねじ込むのではなく、クライアントとのコミュニケーションの過程そのもののなかに建築を見出し、固定した作品というよりも出来事の次元として建築を捉えていきたいと考えてきた。初期に設計した建築は、一見すると形式性の強いものだが、内部は積極的に「ガランドウ」をつくろうと考えていた。逆説的なことだが、「ガランドウ」の空間は最大限のフレキシビリティを確保するけれども、クライアント側にどのような生活をするかという具体的思考を要求することになり、「ガランドウ」をつくるためには数多くのコミュニケーションが必要となった。

八六年の公開コンペで獲得してスタートした〈湘南台文化センター〉は、初めて携わる公共建築の設計であった。施設の内容は、地域の人びとの生活と密着した公民館、子ども館、市民劇場などの機能をもつローカルなものであり、コンペ直後からできるだけ公開しながら設計を進めたいと考え、利用者との意見交換の場が数多く設けられた。敷地はまちの区画整理によって生じたもので、十五年近く空地となっていたが、その間この空地では、都市農業をしている人たちが野外活動の場としていろいろと利用したり、子どもの遊び場となっていたり、さまざまな使われ方をしていたようである。要求されている施設の規模をまともに建てれば大きなヴォリュームのビルディングとなってしまうが、私はむしろこのままの何もない空地のなかにこそ、パブリックな空間の可能性が潜んでいることを直感し、そうしたはらっぱ的空間を残すため建物の床面積の七〇%を地下に埋め込み、地上を開放された空間とした。このとき「地形としての建築」という概念が生まれた。

振り返れば、住宅建築の「ガランドウ」と公共建築の「はらっぱ」は同じレベルにあった。建築＝場を考えるとき、私は建築自体の形式をイメージしてはいない。可能性を多く残している「未来」のありようを描きたいと考えている。場という言葉は、変化に対応できるフレキシビリティを持っている空間という意味で使っている。建築を社会的なオブジェとしてのレベルに固定してしまうのではなく、いろいろな人びとが関わりを持つこと

左：〈緑ヶ丘の住宅〉
右：〈焼津の住宅2〉

によって立ち上がってくる空間として機能することを考えている。住宅のベースを「ガランドウ」としてつくったときと同じように、公共建築の理念は「はらっぱ」ではないかと考え始めている。あらゆる人たちに開かれているコミュニケーション空間。いろいろな活動を引き受けられる自由な場。皆が自由に集まって集会もできれば、芸術も立ち上がる積極的なヴォイドの空間。建築は形態を伴い、空間は意味を発生するが、建築以前に人びとのパフォーミング・プレイスとしての場をつくりあげたい。

公共建築は非常に多くの人びとが参加する、より大きな対話の結果としてできるものでなければならず、単に行政や建築家の考えだけでできるわけではない。小数の専門家だけでなく、幅広い人びとの参加が重要であり、それらの重なり合うヴィジョンが創造的な建築を可能にする。しかし、そのためには単に多数決や代表制による同意のやり方ではなく、もっと別の方法が見出されなければならない。

公共とは何かということが求められているのではない。公共という概念のなかに何か新しい原理をつくりあげることが重要なわけではない。一口に公共といっても、八千人の公共と六万人の公共と五十万人の公共と一千万人の公共は異なる。民主主義が社会を構成するひとりひとりの意見を総合することにあるとしたら、そのためのテクノロジーは未だに不充分であり、仮にそれが達成されたとしても、民意というものは常に流動する川の流れのようなとりとめのないものになる可能性も高い。

このような状況のなかで有効なのは、よく考えられたひとつのアイディア＝計画を提示して、これをコアとして開かれた意見交換の場を設定し、プロジェクト＝建築が建ち上がっていくような場をつくりあげることである。そのためには、提案される計画そのものが人びとの想像力を喚起するものでなければならない。そして何よりも計画は、よりよく開かれたものでなければならない。現在の行政のシステムにおいては、このやり方は多くの困難を伴うが、これからの公共建築の持つ価値は、それがつくられるプロセスのなかにこそあるのだといえるだろう。これまで私たちはこのような場のことを「宴」と呼んだり、「共生（Conviviality）の空間」と言ってみたり、「コミュニケーションが開く建築シーン」と名付けたりしているが、コンペによって得られたアイディアをもう一度開かれた対話の場へと戻し、建築がつくられるプロセスをクリエイティブにしていくことこそが、結果としての作品性よりも重要なのだという主張を込めている。そしてそのためには、ハードとソフトの間に立つ建築家の果たす役割は非常に大きいと考えている。

リアルの思想

〈湘南台〉の後、〈すみだ生涯学習センター〉、〈大島絵本館〉といくつかの公共建築の設計を通してわかってきたことは、まちの人たちも行政も地域性や自然性すなわち個別のローカリティを追求しながらも、次第にベルリンの壁の崩壊を始めとした次々に起こっている世界レベルの社会変動を通して、ボーダーレスの時代へと巻き込まれつつあるということである。冷戦後の世界には新たなグローバリゼーションの波が湧き起こっているが、これはネーションや都市の違いとは関係なく、ワールドワイドなネットワークのなかでの再編に向かっており、これまで都市や地域を語ってきたやり方では収まらなくなってきている。

〈すみだ生涯学習センター〉にあっても、地域性はコンペ要項の主要なテーマであったが、その後、ハードの設計と平行してソフトづくりのために何度も意見交換した地元の人びとの意識は、そうした行政のテーマを超えていた。市民参加や文化活動をどう進めていけば

〈大島絵本館〉

良いかということをドイツのオッテンゼンの人たちと一緒に考えるという活動も始まっていた。そうした交流が活発になり、学習のテーマもシェイクスピア研究から宇宙論、生命論までグローバルなものを重視するようになった。こうしたことからも建築という場は、すでに見えない抽象的レベルで世界に開かれているのだということを知ることになった。また、私たちはここでメディア工房を提案した。企業人である自分の仕事を持った人たちが、日頃仕事で使う技術をもって老人や身体障害者などのネットワークをつくりにくい人たちをヘルプし、互いに共同作業を行う場としてつくって、次なる共生の時代の社会イメージへの導入を図ろうと考えた。

私たちの見るテレビの画面からは、いまのところ匂いも風も吹いてこない。テレビの前で視覚と聴覚のみを集中させていても、身体を震わせる具体的場は存在しない。そのテレビに突然、建築が崩壊した都市が映し出された。一九九五年一月十七日早朝、神戸を中心に大地震が起きた。この圧倒的現実を前にして、私たちはただ呆然とするばかりであったが、テレビスクリーンに流れる五千五百人を越える死亡者の名前が長々と流されたとき、個々の人間の生（life）に思いを馳せた私は、これまでにない「リアル」な何物かに圧倒される思いがした。これまで建築の世界にも流通していた仮想現実（virtual reality）やシミュレーションといったヴェールが、バラバラと剝がれ落ちていくのが見える思いがした。

偽善的な虚構をもとにフィクションを重ねていくのはもう一切止めにしたい。透明で、軽快な空気を通して、他の何者にも還元できない「リアル」に触れていたい。ベルリンの壁崩壊のテレビ画面に釘付けになったときも、フィクションとなった政治のイデオロギー、資本主義の経済主導の原理、マスメディアによる情報操作、日常的な惰性となっている制

〈すみだ生涯学習センター〉
メディア工房

度や慣習、そういったものを改めて捉え直し、「リアル」を経験する場として建築を考え直していかなければならないという予感があったが、ここに至ってその思いはますます強くなった。

幔幕の思想

〈新潟市民芸術文化会館〉の建築は、「はらっぱ」に立ち上がる幔幕というイメージによって発想されている。幔幕とは野外に開かれたやわらかな布によって設えられる花見の宴の空間であり、そこでは風が吹き、木々がざわめくなか、突然の通過者も加わることで地域を超えた結び付きとプログラムの拡張が行われる。多様な出会いのなかでコミュニケーションが開かれる。

それぞれ形式の異なる三つのホールはDPGと遮光スクリーン、細かいルーバーが仕込まれた特殊複層ガラス等による、オープンでテクノロジカルなガラスの幔幕によってゆったりと包まれ、そのゆるやかな関係と融合によってさまざまな要求と活動に対応できる場となる。複数のジャンルの人びとの参加を促し、いろいろな分野がクロスする新しい企画を発生させ、西洋と東洋、伝統と現代、芸術家と市民のクロスオーバーが生み出す新しい芸術をこの場から発信させたいと考えている。大都市から流されてくるものを上演するのではなく、固有の場所性を中心に据えながらも、異なる文化のジョイントを引き受け、新しい環境、テクノロジーの変化に対しても充分に開かれ、人びとの生活のなかに変化と優雅さを導入できるような公共パフォーミングアーツセンターをめざしている。

この六月に私はコペンハーゲンの保養地であるフムレベックにあるルイジアナ現代美術館の企画展「JAPAN TODAY（日本の今）」[1]に参加して、その準備とオープニングの

〈新潟市民芸術文化会館〉
幔幕で囲まれた楕円形の空間

▼1…一九九五–九六年。ルイジアナ近代美術館のほか、芸術家の家（オスロ）、ヴァイノ・アールトネン美術館（トゥルク）を巡回した

ために現地を訪れた。この展覧会の準備のため、学芸員の方とはこの数年のうち何回も東京でお会いしたが、彼は打ち合わせよりも自分で日本の伝統とモダンを、そして都市の複雑さと重層空間の現在を体験することに心を奪われていたようで、特に先端テクノロジーがつくる風景と、アジア的な人間環境に非常に注目していた。

オープニングの日、この展覧会が巡回する予定になっている北欧の諸都市の人たちも集まって記者会見が開かれたが、その席上ではビデオに収められた日本の現在が映し出された。人びとや自動車や商品のあふれたシーン、都市と建築のカオティックなシーン、メディアシティとして情報の氾濫、人びとの今日的で多面的な生活と伝統的なセレモニーの共存など、一通り見せられるとその過剰さのあまり、そのなかで生活しているはずの私でも疲れ果ててしまうようなビデオであった。ところが、ディスカッションを終えてその場から展示室に戻ると、見たばかりのビデオの続きのようなアートと建築の展示空間のなかをさまようことになった。「伝統と近代化」、「複合と同化」というこの展覧会のメインテーマは、まさに表象の帝国としての日本の現実、アナーキーな風景をそのままサンプリングして、ヨーロッパ人が自らの目で見て考えたいという主旨のもので、美術館の周りに広がる静かな海と緑の空間とはまったく対照的な世界が封じ込められることになった。

私たちはこの展覧会で、「コミュニケーションが開く建築シーン」というテーマを日本だけでなくヨーロッパに持ち込んでみようと考えていた。与えられた一九メートル×一四メートルという大きな展示ホールを屋外と見立て、美術館の近くの海岸から白い小石を多量に拾ってきて床に敷きつめ、屋外で宴を開くときのような白い布の幔幕で囲まれた楕円の空間をつくった。季節の変わり目に花見を楽しむように、床に布を敷いたり幕を張ったりするような簡便な手法で場を設えた。幔幕は、布でできた緩やかな境界にコミュニケーションを行う場を立ち上げる。この幕は人が近付くとその圧力で裾がまるで呼吸しているかのような動きを見せる。そのなかにさらに薄く透ける布で覆われた四台のシェルターを置いた。

シェルターのフレームの形は植物の種や花、あるいは身体に纏う衣服のプリミティブなありようを連想させるが、それぞれのシェルターは、なかの人に反応して緩やかに動き、その揺らぎは大きな幔幕に伝達され、それぞれの異なる振動がかすかに伝わりあって共振する。こうした揺らぎは生命のリズムを暗示するが、それが複数あることでシンプルなシステムのなかに複数の存在が感知されるようになっている。シェルターのなかには言葉によるコミュニケーションのためのモニターが配置されており、三つのテーマについて、私のメッセージに続けて会場を訪れた人が、コンピュータ端末に打ち込めるようになっている。デンマークの展示会場と東京の私たちのアトリエはインターネットで結ばれ、会期中、訪れた人たちと私たちによるテクストの織物が生成され、次の国の展示場へと継続されていくことになっている。

ここでめざされたのは、美術館の一角を、時間的かつ空間的に引き伸ばされたミーティング・テーブル（会議室）にしようという試みであり、建築をつくるうえで私たちが用いる「幔幕」という概念を場所を超えて拡張しようという実験である。これまでに建築を野外に張られる幔幕であるとして捉え、できるだけ多くの活動を、屋外のようにさわやかな風と光と共に包み込もうと考えてきたが、今回のプロジェクトでは、そのなかにさらに電子的なネットワークによる非場所性（幔幕によって囲われた内部がネットワークを通じて外部化している）、各都市を移動するという非限定性、美術館のなかに仕掛けられた外部という幾つもの錯綜する条件が重なりあって、異なるものの共存、還元できないある種の多数性、複雑性が生

〈新潟市民芸術文化会館〉
可動のオーニングをもつ
ダブルガラスウォール

まれている。ここにおいて私たちは、幔幕は場所に限定された「はらっぱ」を超えて、空間と時間の間に設けられるものであることを見出した。

公共建築を設計するという仕事が増え、この十年間取り組んできたが、その間にベルリンの壁の崩壊、阪神淡路大震災など社会的な出来事に直面し、私たちの建築に向かう姿勢も大きく変化している。こうした出来事は、その地域だけの問題ではなく、グローバルな問題としてその影響はもはや世界中を揺り動かす。建築は、そこにある条件を問題にすればできてしまうという理念では、ただの物体となってしまい、思いがけずフレキシビリティに欠けてしまう。建築設計を特に利用者の立場に立ってよく利用されることをめざすため、建築とソフトを一体化して考えることを重視してやってきたのも、空間の形態や配置をテーマにするのではなく、そこでの活動の可能性こそ立ち上げなければならないと考えたからだ。そして建築や都市といった従来の枠組みではもはやその可能性は見出すこともできず、社会というレベルまで建築を押し広げていかなければならなくなった。可能性を引き受け、現代社会のイメージを建築化する。そのことで初めて建築は、社会的な存在として機能する。コンテンポラリーな活動をテーマにすることで、現代社会をどう生きていくかということの可能性を追求したい。

建築はもはや都市に寄り添い、多様なアクティビティを誘導するだけでは、開かれた場は見えてこないのかもしれない。一ヶ所に定住したなかでのコミュニケーションではなく、世界を横断するコミュニケーションを導入しなければならない。時間と空間の間に建築を構想することによって、世界に開かれた建築シーンを展開することに向かわなければならない。

アクティビティを喚起する等身大の公共建築

小嶋一浩

「SD」一九九五年十一月号

ワンルームのスペースがある。写真から想像していたより親密なスケールだ。天井高が七・五メートルほどに抑えられたコンパクトな三層吹き抜けとそれを巡るブリッジが、シンプルなパッケージの中に入る。図書・展示やワークショップといった機能が立体的に離散的なコーナーとして置かれ、回遊性のある動線でつながる。

〈大島絵本館〉の個々の場所が連続する空間の流動性は、小さい階高と自在に巡るスロープとで、人の動きによく応答している。柱や壁といった建築を構成する事物とディテールが整理されていて存在を主張しないことも、そうした効果を高めている。視線の透過性・半透過性が、室内に多用されているポリカーボネートの複層シートや外部との境界となるカーテンウォールで演出されて、他のアクティビティがシルエットで見え隠れする。また、長い視線の抜けが、いろいろな方向に、建築全体のパッケージの大きさを示すように確保され、事務室も平面全体の対角線でとられたスロープの先で、コーナーになっている。そうした隙間にも人がチラチラ見える。

建築が説教がましくないのがいい。あれをしろ、これをするなという、押しつけがましさがない。どこにいても建築内の他の場所のアクティビティや空間を自然に感じ続けられることが、別のアクティビティを誘発し、あそこへ行きたいと思ったら直感的にその通りに動けばたどりつける。大人も多い来訪者は、自由に歩き回っている。「人が活発に動いている風景をつくり出したい」という建築家の意図は、見事に実現されている。ここには、移動するにせよ、留まるにせよ、横になるにせよ行為の自由さがある。柔らかな空気感につつまれる室内は、事物ではなく人のアクティビティの気配によって現象している。しかもそれはノイジーではない。結果として、来訪者の滞在時間が長くなる。絵本作りのワークショップなどの活動が建築に置いてきぼりを喰うことなく併走しているのが確認できたのもよかった。完成した建築の力だけではない、プロセスを重視し、生き生き使われる状態を設計していこうとする姿勢が生きている。

一緒に訪れた人たちとの話の中で、竣工写真は、時間が停止した状態だという話になった。実際にはそれを作ってきた時間があり、それが使われていく時間がある。この建築の中の生き生きしたアクティビティは建築家の仕事の成果でもあるのだから、人がいて使われている風景も発表してほしい。

〈絵本館〉はそっけない住宅と畑とたんぼの隙間のような敷地に建っている。館に正面からアクセスすると、建築よりはランドスケープの印象が支配する。エントランスの脇の、床からモグラたたきのように水が飛び出す仕掛けは子供たちに大人気（大人は服が濡れるので近付けないのだ）。それに引き寄せられてなかなか入館できなかった。外部にもそうした行為のきっかけがばらまかれている。写真で見て知っていたはずの、斜めになった壁や特徴的な屋根のシルエットは遠目には丘に隠れてあまり目立たず、近付いたときには全体は視野に入らない。過剰さを感じない。これは、行ってみないとわからない。長谷川逸子の建築には、かたちが強く現れるものが多く、ここでも全体は斜めになった直方体のようで、エッジに立ち上がって並ぶスカイライトと併せてシルエットにかたちの特性が集約されて

〈大島絵本館〉
左：2階ワークショップルーム
右：ポリカーボネートの書架に囲まれた図書コーナー

いる。しかし、この建築に限ってはそれが印刷されたメディアでミスリードを誘発しているように思う。そのくらい実際に訪れた時、インテリアとランドスケープの印象が強いのだ。

長谷川逸子は、公共建築のありようを変えてきた建築家のひとりだ。「建築はオブジェのように飾っておくものではなく、使うものです」という言葉には説得力がある。実際に使われている状態を見て、使っている人たちと話してみてそう思う。公共を日常の行為の延長へと還元する。今までに彼女が手掛けてきた公共建築は、誤解を恐れずに言えば、「周辺・周縁」のものだった。〈湘南台文化センター〉や〈すみだ生涯学習センター〉を始め、氷見市のふたつの小学校[1]のような施設は、コンペが行われて建築家が参加することなどなく、全国的に、あるいは世界で話題になることもなかった。一方で、今までに数多く作られた大型の「公共建築」の大半が「市民のもの」のはずなのにそうは感じなかったのは、どうしてだろう。長谷川逸子の建築を周縁的と感じるその意識が、すでに公共＝権威、あるいは等身大ではないものと習慣づけられたものなのだろうか。そういう意味で、〈新潟市民芸術文化会館〉もその工事規模とは関係なく、〈絵本館〉のようなものになるに違いない。「自らがつくりあげている建築のイメージを無理やり敷地に押し込めるといった作品主義」の「モノローグ」的な美学ではない世界を、「大文字の公共概念の提出ではなく、具体的な小文字の公共をいろいろなアイデアを試みながら実践」するこの建築家の仕事の成果が、そこにある。私たちの身の回りの公共空間はもっともっと変わっていいはずなのだ。

以前は、そうした姿勢は「かたち」にストレートに反映されるように見えた。集落のような建築、知らない間にその中へ入り込んでしまっているような境界のあいまいさ。それ

▼1…氷見市立仏生寺小学校（一九九四）、氷見市立海峰小学校（一九九六）

が最近少し変わりつつあるように見える。大きくて単純な輪郭。だから権威的になった、などということではない。建築の力にだけ頼るのを止めて、建築のユーザーやサポートする人を同時に育てていこうというワークショップを開催する方法に象徴されるような建築家自身の自信がそこに発見できる。今回訪れた〈大島絵本館〉や〈氷見市立仏生寺小学校〉はその過渡期の作品のようにも見える。

権威で人を従えて、竣工したときから何も変わらない建築を作ろうとするのではなく、「ガランドウ」の「はらっぱ」でそこに起こることを積極的に受けとめながらやるのが長谷川流だ。ユーザーが場所をこわごわ使っているのではなく、のびのび使いこなしているのがいい。「建築だけがあっては駄目で、人が関わったり、よく使われたりしないと実像にならないんです」という姿勢が「議論をし、さまざまな個性を引き受けていくことで、建築は変化に対応する可能性を持つ」というスタンスにつながっている。

長谷川逸子の建築は、アクティビティを喚起する「きっかけに満ちたガランドウ」として、一般社会への回路を切り開く。

（こじまかずひろ／建築家）

〈新潟市民芸術文化会館〉
当時、建設が進んでいた

第三章

「市民参加ワークショップ」

本章には、N-PACワークショップの具体的な活動について触れたテキストを選んでいる。〈新潟市民芸術文化会館〉の実施設計の開始とほぼ同時に、竣工までの三年間の予定（一九九四年九月―九七年三月）で運営スタッフを養成するN-PACワークショップが始まる。土曜と日曜の連続講座で月に四回、合計五十八回の講座を開催し、最後に受講生自身が企画立案から上演までを運営する卒業制作公演を開催するものであった。

当時、延べ床二万平方メートル、百億円から二百億円規模の公共文化施設が日本各地で整備されつつあったが、その運営スタッフに光が当たることはなかった。総合的なスタッフ養成講座の先行例もなく、その養成は音楽、伝統芸能、演劇などの分野で分断され、照明、大道具などそれぞれの技能ごとに現場での養成に任されていた。そのため講座のカリキュラムもテキストも一からつくり、長谷川自身が各講師に事前にインタビューし、それをまとめたものを各回の講座テキストにしたという。

ソフト・プログラムづくりと長谷川が呼ぶこれらの活動が建築系のメディアなどで表立って取り上げられることはなかったが、行政や市民、各パフォーミングアーツの専門家の間では大きな話題となった。運営スタッフの公募によって、公共建築の運営に窓口が開かれ、多くの人びとにチャンスを与えることになったからである。竣工後も、舞踊部門芸術監督に金森穣氏（Noism）を迎え、劇場専属のダンスグループを持つという日本の舞台芸術分野では革新的な取り組みが話題になった。劇場運営の実務から公共建築の運営、建築家と社会の関係、建築の形式と芸術の関係にも関わってくる問題であった。

「建築と社会」（一九九八年）は、『*Itsuko Hasegawa Recent Buildings and Projects*』（一九九七年）に収録された多木浩二との対談の和原文である。多木『建築・夢の軌跡』に収録されている。「N-PACワークショップに託すもの」（一九九六年）は、音響関係団体の機関誌で組まれた「特集　舞台を学ぶ・人材を育てる」のための、編集部によるインタビューである。N-PACワークショップの最終年度が始まるときに行われた。

「市民参加ワークショップのコラボレーション」（一九九七年）は、日色真帆・門内輝行によるインタビューである。今回収録にあたって、主に後半部分に十数ヶ所修正を加えた。

「劇場芸術講座による市民参加のシステムづくり」は一九九六年冬から九七年一月頃に配布されたと思われるN-PACワークショップの資料である。出版の記録はない。

多木浩二「形式とプログラム」（一九九七年）は初出は不明であるが、その内容から前出「建築と社会」対談の後にまとめられたと推測される。今日では社会通念上不適切とみなされる表現があるが差別的な意図ではないことに鑑み、そのままとした。

・・・対談

建築と社会

多木浩二×長谷川逸子

多木浩二『建築・夢の軌跡』青土社、一九九八年

長谷川逸子さんとは何度か対談しているし、彼女について海外の雑誌に書いたことも初めてではない。これはもっとも最近、スイスのビルクハウザーから一九九七年、パリのifa（フランス建築協会、Institut Francais d'architecture）での展覧会にあわせて出版された作品集のために行った対談である。[1] ここで長谷川さんと議論したのは、彼女の作品についてではなかった。現代日本における建築と社会の間の矛盾についての議論である。いい意味で常識を失うことのない率直な長谷川さん相手だと、この矛盾に対する議論も直球でい い。変化球は不要である。彼女自身、〈湘南台〉以来、公共建築のもつ矛盾を、ソフト面から補っていこうとする涙ぐましい努力を続けてきた。そしていまも新潟市に巨大な劇場をつくりつつ、[2] 果たしてこれでいいのか、という疑問を抱え込んでいる。そのためにスタッフ養成機関のようなものを設けるというほどの努力をしてきたが、その将来が悲観的であることをよく承知している。彼女が新宿のホームレスの段ボールの家とスカイスクレーパーを結びつけて都市を論じるのも興味深かった。語れば語るほど、日本の都市の惨めな姿が見えてくる。だが長谷川さんの逞しいところは、それでも本当は建築に絶望していないことなのである。彼女の建築は、非常に大胆な計画をし、形体へのこだわりはなく、あらゆる建築の語彙を自在に駆使しながら、活力に満ちた形体を生み出していくことにある。

（多木浩二）

▼1 … A Conversation with Itsuko Hasegawa, *Itsuko Hasegawa: Recent Buildings and Projects*, Birkhäuser, 1997

▼2 … 新潟市民芸術文化会館

建築家の立場

多木浩二　かなり以前から、私は、日本でつくられている建築に、疑問を抱いています。もちろん建築家はそれなりに正当化できるだけの思想を持っているとは思いますが、われわれ建築を見る人間は建築家の論理に沿って見る必要はありませんからね。もう少し正確にいうと、日本で建築を見ると、建築というものが、社会的な存在である人間のどんな脈略のなかから出てきたかが見えないんです。建築は形式としてはいつも探求されてきたし、そこだけ取り出すと多分世界のどこの建築にもひけはとらないと思います。私が批判していることは、決して形式の新しさ／古さのことでもなく、洗練されているか／いないか、でもありません。建築が発生してくるための力は、都市の形成にも関係しています。この力がどこから生じているかは極めて重要なことです。

　したがって多少、問題は複雑になりますし、混乱する恐れがありますが、私にとって日本の建築が異様な存在として見えるのは、ひとつはこの力を無視して形だけをつくっているから生じることです。しかしもうひとつはこの力、つまり建築を発生させている力そのものを明らかにしようとはしていないからです。後者は、建築家の問題ではなく私たち人文・社会系の人間の探求の主題ですが、建築が社会に出現するのは施主が個人であってもこの力によっています。とりあえずひとつの例だけ挙げておきますと、公共建築のコンペに建築家が応募する段階で決まっている建築の企画は、その地域社会にとってなんの妥当性もないことを、あなた方建築家は苦痛を感じているはずです。

長谷川　それはそう思います。例えば〈湘南台文化センター〉以来、いま工事に入っている

〈新潟市民芸術文化会館〉で、私は劇場と関係することになりました。興味をもって研究していくと、近代から現代にかけて演劇そのものも大きな変化をしているのに気づきました。当然、劇場も変化しなければならないわけです。

私の理解するところでは、近代演劇はつくり手と受け手を分離し、つくり手が強い主義主張、イデオロギーなどをテーマとして伝えるために劇場という場が存在していたし、劇場の形式が固定されていました。これに対して創造的な現代演劇というのは、積極的に主義主張を伝えるというよりはどう受け取られるかは受け取る側の主体に任せてしまう。演劇は問いかけ、考えさせ、行動させるきっかけをつくり、観客に自分を見直させるという関係を構成しますが、内容で観客を拘束しない。表現した世界も人物像も受け手の認識にゆだねられる。客同士も共感しあえないほど、ひとつの価値観ではありえない。テーマがヴェトナムのことであったり、エイズのことであったり、コンピュータのことであったり、ベルリンのことであったりしても個人の主義主張ではなく、それぞれの生き方のなかでそれぞれが捉えられる問題になっていくのです。

多木 いまの長谷川さんの演劇についての考察にはほぼ同感ですが、もともと一般的に芸術とは、答えを出すことではなく、問いの形で表象を提示するものです。長谷川さんが近代と現代を分離する必要を感じておられるとすると、多分、かなり古い演劇観に悩まされたことがあるからでしょうが、二十世紀の演劇はほぼ長谷川さんが言われた現代演劇の線に沿って発展してきました。戯曲も、演出も、演技もそうです。私は建築以上に演劇に親しんでいますが、それは同時に劇場という建築にも関係してきます。演劇論を続けますか。

長谷川 いやむしろ私のいまの演劇の話は、建築の問題を明確にするための比喩として論じているのです。劇場建築については別に話したいと思いますが、一般に建築は、どのように意図的に形を排除しようと努力しても結果として形を持ってしまうものです。そのため「表現」につきまとわれることになるが、自分のつくる表現で使用者を拘束するものになってしまうことを避けたいし、それが単に多くの人を興奮させるモニュメンタルなものだけに留まりたくないという思考が、私たちの建築のスタートにあると思います。それがコンテンポラリーな演劇を経験してみると同じに感じられるのです。多木さんが建築は異様な存在の仕方をしていると言われるのは、多分これと同じではないかと思います。

多木 私は建築が形をもってはいけないとか、形が足かせになるとか言っているのではないのです。それは私がある言語テクストを書く場合にも、言葉という素材があり、また修辞があるのと同じです。しかしテクストは読者を縛りつけるのではなく、読者がこのテクストを解体するようにして読む言葉をつくりだすのです。つまりそれはテクストのある様態において、また読者という存在があることによって意味生成が可能なのです。建築がまったく駄目というのではなく、開かれた建築のあり方があるはずです。私たちは建築から権力的な形を押し付けられ、圧倒されるのは拒絶します。それは建築が単なる形式の問題ではなく、多様な条件のなかで作用しうるような形式の発見を迫られていると言った方がいいのかもしれません。

劇場建築の条件

多木 長谷川さんはいま、巨大なホール建築を設計し、すでに工事に入っています。そこで私はどうしてもひとつの疑問を持ってしまうのです。こういう疑問です。この巨大な劇場が成り立つ文化的な基盤は一体なんだろうか、果たしてそれがあるのだろうか。これは長谷川さんの責任ではない。それはコンペで与えられた条件なんですからね。

〈新潟市民芸術文化会館〉コンサートホール。オープニングの日

私は演劇とダンスは実によく見ます。ダンスの場合は日本には外国からもっともすぐれたグループがきます。しかし演劇となると、日本の演劇のレヴェルは外国に比較すると非常に低いと思っています。しかし言葉の問題がありますから、日本には世界の優れた劇団はあまり来ません。だから私は演劇はほとんど外国で見ています。その経験から言いますと、フランスでは全国に国立の演劇あるいはダンスのサントル［センター、仏語］が配置されていて、そこを拠点にして演出家や振付家が作品をつくっているのです。そのほかにまったく自分たちでつくっている小さな空間があるんです。たとえばパリでは本当に無数のその手の劇場があり、しかもなかを改造した、しかし非常に感じのいい劇場から、なんともみすぼらしいのまでがあるんです。パリに一月も二月もいて、毎晩そういう所を回って見ていますと、屑のように小さい劇場でブレヒトやイヨネスコやベケット、あるいはハイナー＝ミュラーを見ることができます。こうした無数の質の高い、あるいは実験的なあるいは若者たちが試みをする劇場が、ひっそりと都市の底で夢を見るように行われているからこそ、そのうえに大きな劇場をつくる可能性がある、と実感します。しかしいまでも、いい劇場はピーター・ブルックのブッフ・デュ・ノール[3]であったり、ヴァンセンヌのカルトゥシュリーにある幾つかの劇場なんです。みんな建築家のつくったものではないんです。あるいはメトロの終点であるボビニイに文化会館[4]（ＭＣ93）がありますが、まったく贅沢なものではありません。しかしそこでは毎年のようにピーター・セラーズのような演出家が来て新しい演出を試みたり、あるいは郊外のナンテールに国立のアマンディエ劇場[5]があります。そこはパトリス・シェロー[6]やフィリップ・アドリアン[7]らが使っています。

　演劇とは都市と密接に結びついた芸術ですし、劇場は都市に布置された夢想の場です。演劇とは現在の時間を経験する場所、現在の時間で語られる過去の時間なのです。そんな

▼3…Théâtre des Bouffes du Nord。一八七六年にモリエール劇場として創設、一九五二年に閉鎖。一九七四年にピーター・ブルックが再生し自らの拠点として活動した

▼4…Maison de la culture de Seine-Saint-Deuis Bobigny.

▼5…Théâtre Nauterre-Amandiers.

▼6…Patrice Chéreau（一九四四–二〇一三）フランスの俳優、演出家

▼7…Philippe Adrieu（一九三九–）フランスの演出家

ところで時間を過ごすことを市民が知っているかいないか、それが劇場をつくる条件なんです。こういうものがあって初めてそのうえに何かをつくる可能性というのが出てくるんですよ。そうしたときに生まれてくる劇場と、それからそんなものなくて無理矢理造り上げる文化会館、何とかホールといったものとは全然違うんです。そういうことは建築家の責任じゃないんですね。日本での文化全体の責任です。これなしで無理矢理建築家に箱をつくれというだけのことで始める企画のところでまず問題がある。

もちろんパリにも非常に愚かな部分があって、ガルニエのオペラ座なんていうのは第二帝政のときにできた、ブルジョアのための非常にくだらないものだったし、あんなものは本当に見るに耐えない。二十世紀になってから、ベケットのように本当に見るに値する演劇、劇作家たちがどんどん出てきたわけですね。そういうものによって母国語によって見れる演劇が盛んに行われるときに、はじめて新しい劇場をつくる基盤ができますね。そういうプロセスを日本はまったく踏まえないで来ていますから、私はその空虚さを感じないわけにはいかないんです。

長谷川　私は地方で仕事をしていてわかったけれど、小屋がいっぱいあった時代はあるんですね。農業と結びついてあちこち小屋があって、そこで芝居や芸能をやっていた時期があったのですが、ある時代から全部ストップしたんですね。あちこちに小屋だけが残っているように見えます。日本海文化圏にあっては古典芸術はまだいまなら掘り起こせるかもしれません。それを掘り起こし、現代に通じる芸術にする。まずはその作業をしてから、建築づくりをするというステップを踏んでいけばよかったのにと、三年くらい付き合ってきてようやくわかってきたんですけれど。

多木　おっしゃるとおり、日本の場合にはかつて民俗芸能はありました。しかし長谷川さんの言われるようには、民俗芸能をそのままでは現代化できません。それは長年、能、狂言を見てきて痛感していますが、それはいいものではありますが、あくまで古典です。現代のものではないんですね。というのはたとえばシェイクスピアだったら、戯曲だけが残っていますから、それをどんなにでも現代化していけます。ブルックやセラーズの仕事はそうです。しかし古典芸能は形式が残っているので、困難なのです。現代芸術をやっている人間が伝統と関わっていくならそのときには現代化できるかもしれません。そのときでもいまでは劇場は都市文化のひとつです。初めて大きな劇場が意味を持つ。そこを飛ばしたままでやるから、悲惨といえばこれほど悲惨なものはないといっていい文化が出現している。

長谷川 ところが日本の行政は、ヨーロッパの舞台芸術であるオペラハウスやコンサートホールを持つことが高度な芸術活動だと考えて次々に建てている。地道な市民活動については、愛好者による活動に過ぎないので支援するまでもないもの、低級なるものと、行政は位置づけてしまう。その結果プロモーターが企画した世界中の芸術を地方のホールにまわすことになる。それこそが高度な芸術であると位置づけていく。市民の芸術に対する認識のレヴェルを理解するなら、観客を育てるレクチャーやワークショップこそまだまだ必要なのに。

多木 その「観客を育てる」ということには賛成ですが、素人芝居を育てる必要は感じていません。ワークショップもあくまでプロフェッショナルをめざして成立します。しかしたとえばブルックのスタージュ（ワークショップ）を見ると、演劇がわかるようになるということはあります。問題は地方自治体がなぜ巨大なホールをつくったりするのか、ということにあるのです。日本の演劇・ダンス・音楽の発達にとって、まったく意味のないことに予算を浪費しているのだと思います。

公共の文化施設

長谷川　公共建築でとても大きな問題だと思うことは、建築家が携わる前の、はじめの何をつくるかという構想とその内容、それをつくっている人が見えないことなんです。そこのところに独自の考えが読み込めない。誰がどう運営し何を企画して使うかも考えないで、二千人のアリーナのコンサートホールと九百人のシアターと三百五十人の能楽堂の三つの専門ホールを掲げるときに、だいたい何をしたいのか私は読めないんです。ただ箱をつくるということだけしか書いていなくて、これをどういう風に運営してどういう内容でやるかという独自のものがないんです。〈新潟〉の場合、当選してわかりましたが、この規模を裏づける運営体制もなかったのです。

多木　すでに話し合ったように、劇場ひとつの背景には分厚い演劇文化・音楽文化がないといけない。しかし最大限、善意に考えても発案者は、なんにもないからつくろう、それで文化を振興しよう、という程度です。だからプログラムも運営の方針もなくても建築をつくる話だけは進む。行政が建てることを決めるという段階で、なんの文化的な必然性も、そこで何がこれから始まるのかという見通しも何もなくて始めている。これが一番大きな問題。だからそれを考えるということは実は建築以前の問題です。美術館も同じようなことです。しかし公共建築を設計しないと建築家ではないなどと言われていますが、その公共施設の企画がまったくでたらめとなると、それを無批判にやっていくなら建築家も共犯ではないですか。

長谷川　だから私は提案し、ソフトまでやることになるのです。私が公共建築をコンペの場

〈新潟市民芸術文化会館〉
シアター内観

合にしかやらない理由は、もし特命でこの空しい構想に従わされるのはたまらないと思うからです。私のソフト的提案が例えば〈新潟〉でも大問題なんですが、私はこの三つのホールをこの一つの楕円形のなかに入れてしまって、クロスオーバーするコミュニケーション・プレイスにしたいという考えを出したわけです。そこでコンテンポラリーなものとトラディショナルなもの、あるいはヨーロッパのもの日本のものがクロスして、コラボレーションの内に新しい創作活動が上演される場にしたいと考えたわけです。さらに七百台もの駐車場のうえに七つの浮島、つまりはらっぱをつくり伝統芸能もできる屋外パフォーマンス・プレイスもつくる。ただ単に三つのホールをつくることを超えて、屋内から野外をも含めたコミュニケーション・プレイスとしたいと考えてきた。

これが評価されたと私は思い込んでいるのですが、実はこんな方向で運営するには高レヴェルのプロデュース能力が必要です。私は建築はソフトでもあると考えて、設計二年工事三年の五年を使ってスタッフを育てるワークショップをも提案し、実行してきた。建築装置の再チェック、運営と企画を組み立てる市民参加を実行する他都市とのネットワークをつくるなど、このワークショップで行政の人と専門家、スタッフをめざす人、建築関係者が一体となってソフトとハードづくりを進めている。私はいつでもいろいろこういうことを仕掛けるんです。〈湘南台〉のときでも市民と対話するとか。私はいつでもスタート時は、自分の考えていた建築をできるだけ多くの人に公開することが主たるテーマなんです。この施設はこういうものだと、私はこう考えてきたと、だからってこのまま使わなくてもいいんだと、みんな使い方を考えてよと、とにかくPR作戦を行っているわけです。コミュニケーションを通して建築を立ち上げるという、設計の基本を公共建築づくりでも実行したいからです。市民からの批判があるのは当然だし、批判が生まれるといいと思っ

〈湘南台文化センター〉
オープンな中庭に集う人びと

てやっているわけです。辛いけど、批判された方がいいと。批判するような意思があれば参加し関わりが生まれてくれるだろうと。

〈新潟〉のワークショップでは、募集したら全国から三百人もの人が集まった。常に公開講座として五十万市民にも開いている。市民は運営の講座なのに熱心に聞きに来るし、芸術に触れたいという意欲をもっています。でも本当に、多木さんがおっしゃるように、つくるということのソフトなくスタートしているから、何をつくっているのか伝える役目もしなくてはいけないですね。

多木 その努力は評価します。だけど今度は逆説的なことを言いますが、われわれにとっては演劇とかダンスとかは、ある意味では建築はなんでもいいのです。これは小劇場運動とかアングラ演劇とかとはまったく別のことを言っているのです。これは建築家には反対される意見でしょうが。しかしこれは本当なんです。私は行政職に携わっている人間をまったく信用していません。たとえば私もある施設のコンペが終わってから事業計画のための委員をしたことがありますが、そのとき唖然としたのは、なんにも考えがない。そのうえ委員会の報告書にも手を入れて平気でいるので、物凄い怒りを爆発させたことがあります。

長谷川 日本の政治というのがそうなんでしょう。文化というものとの関係を切ってきたという歴史があった。文化、芸術と政治を治める人とはいつも従属的な関係をつくってきて甚だしいものだったと思うんですね。一方で、行政というのは事務総合職であって、文化の専門家というのがいないわけです。

多木 私は建築家はまだほんとうに文化施設としての建築の言語をもっていないと思っています。しかし絶望はしていません。というのは、十年前くらいから、少しずつそういう建築物中心の行政のやり方が崩れ始めています。かなりの基金を捻出して、芸術文化財団をつくり、そこに専門家をおいていろんな運営を任せるという、まったくソフトの活動が始まっています。どっちみち建築ができ上がったあと、それから何十年もの間、それを運営するのですし、専門職の人びとが、官僚と戦いながらいろいろやっている例はあります。私は建築家が演劇のことも、美術のこともわかると思うのには賛成ではありません。

話を建築に戻しますが、そんな見通し、社会文化の活動様態、等々がわかってくると本当に建築の概念、形式、社会への出現のさせ方に変化が起こってくることを期待していいと思っているんです。きわめて具体的に言うと、コンペの要項づくりは実は建築家がやっていますが、その建築家が変質していかねばならないのです。あるいはその要項を建築家が批判しなければならないのです。私がこんなことを言うと、建築家は嘲笑します。しかしそれならわれわれは演劇をする場所を建築家のつくった建物でないところに見つければいいんだし、そのことは新しい企画の成立自体を批判することでもあるわけです。誰がコンペの一等になったかは、われわれには関係ないことです。

長谷川　しかしいままで、コンペではなく、われわれの世代はなかなか公共建築に参加できなかったんです。私が〈湘南台〉が公開コンペであったことで初めて参加するまでは、実績が重要視される公共建築には私たちの世代が関われなかった。丹下さんがいて、日建設計とか大きな会社があって、次にメタボリストぐらいを最後に、そういう枠の人たちだけで設計を行ってきた。大手設計事務所は経済活動しているから、その箱ものをつくればいいという。先輩建築家たちは、建築というものはエリートたる建築家個人の作品であって、それで市民を啓蒙しているという、近代的な思想の持ち主だったと思うんです。こういう人たちとしか付き合ったことがない行政は、私みたいなものと付き合うのは実は大変でしょうがないわけです。まず何かいうと批判をする、企画がおかしいから新しい企画を提出してこれをやっていくというように、私は異議申し立てをしてやっていく。そういう建築家を迎えたことがないから、それはすごい市民活動家の一部が来たみたいで、年取っている人は私を嫌いですね、行政がソフトの中心にいないといけないと思い込んで、うまくコラボレーションをしようとしない。十年前ですね、おっしゃる通り。そのときから何となく動き出して、私たちの世代が公共建築を始めたわけです。

崩壊する都市

長谷川　先日ジュネーヴにアートのコンペの審査員として赴いた際、バーゼルを訪れたんです。バーゼルは歴史が重層する都市なんですが、そこで見たヘルツォークたちの仕事はその歴史のなかで確実に現代という位置を示すに足りるもので、工芸品的な美しさを備えていました。単に雑誌で見るようなユニヴァーサルなものをめざすものではなく、その土地の特質をも備えているんです。じっくり仕事ができることをうらやましく思いました。

多木　つまり長谷川さんが言いたいのは、日本の都市には本当に建築を育てる環境がない、ということですね。しかしいまおっしゃったのは、ある意味で歴史的連続性がないといけないということですし、ローカルな特色がまだ活き活きしているから、いい建築ができるということですが、それは日本に望んでも無理ですね。ひとつは日本の都市は、巨大すぎます。もうそれはこれまでの都市という概念で語れるかどうかわからない集合体です。空虚で、何の連続性も、深さもない。建築はどんどん建っていきます。それが建ち並び終えて、次第に都市的風景が形成されてくるのですが、その風景が廃墟になっていきます。私は、都市を発展させる力が、同時に都市を崩壊させると言ってきたんですが、この崩壊のなかで建築をつくるというのは困難だと思います。しかしこの状況に対応して建築も変わるとは思いませんか。

長谷川 私にはそう楽観的には考えられません。東京はバブル崩壊後、中心地には空き地ができ、オフィスビルも空室が多く、道々のごみも次第に目立ち出し、路上生活者もずいぶんと増えています。どうみても都市化の完成というよりは、多木さんもおっしゃるような崩壊に向かっているとしか私には見えません。建築的に考えても、窓も開かない超高層ビルも、ワンパターンの集合住宅も、人間にとって望ましい環境がつくられて来なかったということが、一層この崩壊を早めていると思うのです。実際都市の建築は大企業の経済活動に組み込まれ、人が活動している場という考えを導入してきませんでしたから。

多木 それはそのとおりです。さっきも言いましたが、ようするに行政まで呑み込んだ資本の活動する場になったし、それは人びとが自分のアイデンティティを見出すような場ではなくなったのです。私が聞きたいのは、むしろそんな状況で、建築を設計することの困難さをどう克服するかです。

長谷川 私は住宅をつくっている頃から、大企業から分譲マンションの設計を依頼されても、一つも実施まで進めることができませんでした。分譲住宅へのプランに異議を申し立て、そして定番の材料であるビニールレザーやナイロン絨毯はどうしても使えないという発言で壊れた。住宅において身体感覚の快適さは大きなテーマであり、素材は生活の質、ひいては生命の質も決定しているといって過言ではないのです。また、いつまでも都市の集合住宅を投資の対象とみなして仮住まいとするなら都市は形成されませんから、定住できるプランをつくりたいと考えいろいろ提案してきたのですが、しかしこの考えは消費社会には通用しなかったんですね。みんな途中で壊れてしまったんです。

多木 つまり都市も住居も、本当は生命体としての人間のためにあるはずですが、そうはなっていない。しかし定住という概念がもはや正しいかどうか、移動しつつ、意味を発見するという時代に入っているかもしれませんよ。アイロニカルに言っているのではないんです。生命体としての人間は移動を方法として利用していくようになっていく、と思います。それはノマディズムではないし、ホームレスを望むわけではないんです。定住とか連続性とかいう形で、自動化した日常性の文法から離脱することを意味しているのです。それは神話的な意識の回復でもあると思っています。私は、長谷川さんの言われた定住と、私の言う移動とは、建築の質の変化という点では近いと思っています。

超高層とホームレス

長谷川 ところで私は新宿西口をいつも使っているんですが、日毎段ボールハウスが増え[8]、避けながら歩かないとうっかり踏みそうになります。バブル崩壊と都市の欲望論が残したあの風景は、都市のあり方にチェンジを求めているように見えますね。

多木 そのとおりですね。レム・コールハースは昔『錯乱のニューヨーク』[9]という一種の都市論を書きました。そのポイントは過密ということでしたが、そんなに理論的な本ではありません。いま、われわれはもっと「狂った東京」という都市論を書けるんです。いま、言われたホームレスの段ボールの家は、ホームレスそのものが都市のなかで異様な変質を起こしていることです。

長谷川 家や家族というものが崩壊し、オフィスが冷暖房で体に悪い環境となり、飲み屋さんが無くなったり田舎からの若者がアミューズメント化してしまったり、そういう都市や家がどうも嫌いになってしまった人が生み出した段ボールハウスという感じです。毎日歩いていて考えさせられるんです。かっこいい家とかあるんですよ。この人たちものをつ

▼8…バブル崩壊の一九九〇年代に新宿駅西口などにホームレスの人びとが段ボールでつくった簡易な家が連なる風景が広がった。そこに美大の学生や芸術家が絵を描くなどし、大きな話題となった

▼9…鈴木圭介訳、筑摩書房、一九九五年。Rem Koolhaas, *Delirious New York*, 1978.

くるのがこんなにうまいのに、どうしてこんなことしていてもったいない、ちゃんと何かつくって生産したらいいのにと思うくらいいろんな工夫をして住んでいて、顔色いい人もいたりして。なんか居心地の良さを研究してたりしているんですね。いる場所がどうも体に合わなくなって求めてきた段ボールハウスはすごく建築と関係ありそうな感じがして、きちんと捉えてみるべきだと思うんです。

多木 直接的に建築と関係があるかはともかくとして、建築を含めた都市の異常さが他の国の都市、パリやニューヨークあるいはロンドンのホームレスとまったく異質なホームレスを生み出した。このことは一般に世界のどの都市でも起こっている崩壊と様子がちょっと違います。この違いを見定めないと、人間の生命体というものを維持していくための装置としての都市・東京の現在を考えることができないんじゃないかと思う。

長谷川 やっぱりこの都市の装置としての建築はちょっと狂っていたんじゃないかな。だからみんな嫌いになっている。人びとは建築的なるものへの期待はなくしてますでしょう。

多木 なくしてます。しかし原因は建築の形式にあるとは言えないですね。日本という国家全体が狂っているんです。政治・経済・外交・文化などのすべてにおいてです。はっきり言うと、きわめて物質主義になったことです。例えば消費ということ一つをとっても異常です。パリでもニューヨークでも生活は物質的には質素ですね。ものが溢れているという東京はすごい光景です。でも多分、日本は狂うことで国家になっているのです。

長谷川 こういう状態のなかで贅沢な音楽ホールをつくっているのですから、ギャップがすごいんです。新潟から帰って自宅に帰るために西口を歩いて段ボールを見るたびに、新潟では巨大な、誰が使うんだと思うくらい立派なホールをつくっている。こうした現実のプレッシャーに直面すると、私は新潟のホールの意味をどう考えればいいんだろうと悩んでしまう。都市はすでに崩壊し出してきているけれど、地方は先程話したようなどうにもならない近代性で固まっている。だから芸術家も、建築家もそこでは育たない。だんだん魅力が失せていて、全体がおかしくなってきていると思う。いままではやはり都会に出てきてはしゃいで帰るとか、ストレスをケアして帰るとか、あるいは文化を見に来るとか、あるいは引っ張ってくるとか、日本がいつも東京中心に組み立てられています。その東京がどうなっているか知らないでいるのが新潟の人たちなんですね。

多木 新宿のあの段ボールの凄さを見ていると、東京は言いようのない崩壊か墜落かわからない、しかし凄い勢いで落ちていく感じですね。でも落ちていくだけ落ちろ、と思っています。ベンヤミンの言葉ですが、乞食がいる限り神話がある。

長谷川 それも超高層の足元にあるから、私はいつも超高層と一組として考えることにしています。超高層はガラスの箱であることが多いですが、すごくエネルギーを使う。決まった時間外に仕事はできないし、停電したり、地震時の恐怖はすごいことが神戸で実証されています。超高層住宅の生活者の生活実態を調べた医大の先生の報告を学会で聞いたことがあります。ストレスとノイローゼ患者の巣になっているような話でした。垂直空間、高さへの意志に対して、水平に広がる空間で人がぶつかりあいながら生々しく生きる空間は、個人が自分の欲望をコントロールして生きているように見えます。また、そうした広がりのなかに他の動植物と共生し、環境は人間だけものではない、すべての生命体のものであるという思想が通りそうに思うのです。路上とはそうした方向を求める人たちの空間でしょうか。豊かさとこれまで言われていたことを放棄した人びとのたまり場でしょうか。

多木 多分、そのどちらでもないと思います。世界のどの都会のホームレスに比べてもどこか居丈高なところがある。普通の社会生活を放棄していることは事実ですが、もうひとつの都市をつくっているとは思えない。たとえばパリのホームレス（クロシャール）[10]は、独自の言葉遣い、身振り、友情や嫉妬なども持っていて、もうひとつの都市といってもいい空間に住んでいる。しかし新宿のあの段ボールハウスは普通の都市と連続しているんです。つまり超高層とホームレスを組み合わせて考えるのは、都市論として面白い考えですね。病気です。都市が崩壊しているというより、いまの都市は狂っているということですね。病気です。しかも物理的にいうといかにも両極です。しかし段ボールの家は超高層が崩れ落ちた破片なのかもしれませんね。これは都市としては異常ですが、都市を発展させる力が都市を崩壊させると私が言っていたことが本当に目の前に現れた。楽天的な奴はマルチ・メディアの社会だ何だって言っているし、たしかにコンピュータ社会が異様に広がっています。そのコンピュータのネットワークも、この都市崩壊の一翼を担っているんです。いま本当に必要なことは、歴史を再確認し、政治を批判し、自分たちの生命の次元でものを考えることですね。そのことが建築の場合にも同じように効果があるでしょう。そうした広い視野をもったときに、はじめて都市の建築のあり方、その活動、その形式などが見えてきます。

長谷川さんはそういう言葉を使われませんが、そのような批判を加えること、目に見えないイデオロギーを暴き出すことが建築の政治学なんです。建築家のなかにはそのことに気づいている人がかなりいるんではないでしょうか。建築家は、資本や政治と一緒になって都市を壊してしまった。その異様な都市の崩壊をいま経験してるのだから、その経験を建築家が生かさなければならない。それがこれから長谷川さんが設計していかれる建築の、非常に大きな太い筋になっていけばいい。

▼10…clochard、家も仕事もない人のこと

長谷川 つい最近、久々に集合住宅の仕事が入ってきたんです。[11]これまでの経験から、今回はいま私が設計したい方向というものを初めから言葉によって示したんです。身体によい素材の取り戻し、プロットプランの提案、環境共生住宅など本来の住まいのあり方をまさに時代性を切り離して提案したいという意向を示したんです。こうした提案をするとクライアントはすぐ一戸建ての方向に逃げるのですが、このクライアントは集合化にこだわる考えをもつ方でしたので、非常に恵まれた敷地での集合住宅の設計を設定して下さいました。私は新しい可能性を提案したいと考えています。もう一度都市に住むということを考えるチャンスを、この集合住宅の設計を通して考えていきたい。まずは生活の場を安定させ、豊かな営みをした先に劇場を立ち上げるべきでしょう。

多木 いまおっしゃっている意味での集合住宅というのは、これからだんだん日本の社会で必要とされてくる問題だと思います。私はそれを考えていて、人間は住む方法をまだ巧く見つけていないではないか、と思っています。それは建築家の問題を超えた思想的なことだと思います。それは人間のセクシュアリティとも、精神的な活動とも関連しています。文化という言葉は二つの意味があります。ひとつは知的な作品を世に送りだすことです。それは芸術とか哲学とかの仕事ですね。もうひとつは普通の生活の内容です。建築はこの両方に係わっていますが、この結びつけ方がなかなか見つからない。実はそのことこそ、近代建築以来の建築の問題であったのです。多分、日本の建築は建設活動の経済性に眼を奪われてきたし、他方では個人の表現に夢中になってきた。その結果、超高層とホームレスの段ボールハウスの連続する都市が生まれてしまった。さらに付け加えていうなら、普通の生活とは物資的な生活だけを意味するのではなく、精神的・内面的な生活もある。だから劇場も必要なんです。ただいまつくっておられるような巨大な劇場が、それに対応す

▼11…宝塚ガーデンヴィレッジ（二〇〇一）。第二部第三章「建築が担う社会的プログラムの空虚」参照

〈宝塚ガーデンヴィレッジ〉
緑に囲まれた郊外の集合住宅

るかどうかは疑問ですね。すでに言いましたが、演劇が生活に浸透しているかいないか、そのことが重要だし、劇場などは演劇する人びとが自分で見つけていきます。狂っているのは地方の行政ですし、建築家はそれと手を組んでいるのです。私が最近出した演劇論の本[12]のなかで建築家を目茶苦茶にこき下ろしたのはそのためです。私は建築は好きだし、いい建築と悪い建築の差異はよく見えます。でも芸術や哲学の立場からいうと、政治学を欠いた建築には悪口を言いたくなるんです。

病める社会のなかで建築を設計するのは困難です。私はなにもホームレスを収容できる施設をつくることなんか主張していません。それよりも建築家は、充分に醒めて、いまの社会を洞察し、そのハイブリッドな条件のなかでの建築のありかたを発見することです。その建築がこれまでの建築と違っている可能性はあります。

長谷川 もう一度、素朴なところに戻りますが、私がこんなにソフトに力を入れているのは、その線のうえにあると思います。これまでなら公共建築をやっていた人びとが切ってしまった力、普通の人びとに潜在する力を引き出して、運営することで建築を立ち上げる意味もできてくるかな、と思います。問題は、持続的にどんな企画を打ち出せるかです。こうするとおのずと建築についての考え方も変わってきます。

多木 私も完全に絶望的だと思っているわけではありません。伊東豊雄さんにしても、長谷川さんにしても、使っている言葉は適切でないかもしれないが、たんに建築の形だけにこだわっているのではなく、もっと根本的に、どんな建築が現在から未来の社会にとって必要なのかを模索している。すでに現在の建築家は、形をつくり、それを洗練させる能力は充分に備えています。だから建築家はたんに形態とか、その建築の構成法とかではなく、まだ充分にわかっていないが、本当に建築を生み出すのに必要な社会的な力を探し出そう

▼12…『思想の舞台』新書館、一九九六年

としているし、建築の形式によってそれを喚起しようとしている、と思います。

N-PACワークショップに託すもの

日本音響家協会「Sound A&T」一九九六年四月号

ワークショップのきっかけは?

――N-PACワークショップ[1]を企画されたきっかけは、どういうことだったのでしょうか。

この建物は、公開のコンペに応募したものです。アリーナ型のコンサートホール(千九百席)、シアター(九百席)、能楽堂(五百席)、そして大小七室のリハーサル室をもつ大規模建築です。新潟市は日本の五大港のひとつで、外国との交流も盛んでしたし、新潟大学の教養学部には音楽学科があるなど、ずいぶん古い頃――明治時代から洋楽、クラシックが盛んな街でした。ですから地方都市のなかでもかなりの可能性をもつ都市と考え、コンペに応募して最優秀賞をいただきました。

一般に建築はハードの面ばかりが考えられがちです。しかし私は、長い間住宅を設計していたからだと思いますが、住宅というものには住まいながらつくっていくという部分がかなり多くあると思います。それは、公共建築についてもいえると思います。私は建築そのものがソフトウェアでなければ、と考えています。そこには当然、どういう運営をし、どのような企画を立てるかという特殊性が出てこなくてはなりません。私はこのことを、以前設計した〈湘南台文化センター〉で提案し、実践してきました。

N-PACは、ひとつの建物のなかに三つの専門ホールを含みいれ、周辺の既存建物である音楽文化会館、県民会館とともにセントラルパークという大きな公園のなかにまとめてつなげたものです。他の多くのコンペ案は、伝統的な日本庭園のなかに能楽堂をつくり、

▼1…N-PACはNiigata Performing Arts Center、新潟市民芸術文化会館のこと

他ホールはまた別の場所に、と分散して設置するものが多かったと思います。

しかし私は、あえて楕円形の建物のなかにすべてが内包されるデザインを選びました。N-PACは、専門ホールを独立させて使うこともできますが、他ジャンルを融合させて新しいものを生み出す可能性も持たせたいと考え、そのイメージを建築に反映させたのです。オペラでも、例えば歌手とオーケストラだけでなく、日本の伝統的な楽器も取り入れて、音楽と文学がもっと新しい形で関わってもよいと思います。パフォーミングアートを、コンサートホールや建物同士を繋ぐ空中庭園で開催しても楽しいのではないでしょうか。ヨーロッパと日本、現代と古典、ジャズとクラシックなど、もっと異文化同士がクロスオーバーするコミュニケーション空間としての建築をめざそうと考えました。そうした意味で、コンサートホールと演劇ホールは同じレベルにし、楽屋もすべて同様に設計しています。コンサートホールでホールオペラを上演する際には、演劇ホールの楽屋も使えば効率もよいですし、さまざまな新しい企画に容易に応えられる建築でありたいです。

コンペ入賞後にこうしたソフトプログラムを発表すると、「そのような最先端の活動ができるスタッフはどこにいるのか」、ということになってきました。私自身もそのときまでは、こうあればいいなという理想や、次世代の芸術がどうあるべきかということをコンペ時に提案するものと思っていたのです。しかし、自治体による芸術活動はまだまだ遅れているのが現状ですし、ましてや日本では、ホールの専門スタッフを養成している公共ホールはまだないでしょう。

私は「新しい動きがつくれる人たちがいないと、この建築の運営は無理だ」、と行政側に指摘されたんですが、「それではそういったものがつくれる人を育てよう」と思い、企画書をつくり上げたわけです。それをご覧になった新潟市長さんから、「ソフトもつくっ

〈新潟市民芸術文化会館〉
信濃川対岸より見る

ていきたいと言ってくださるのなら是非お願いしたい」とおっしゃっていただき、予算をいただくこととなりました。これは一九九三年のことです。

――ワークショップ受講生には応募者が非常に多かったと聞いていますが。

そうなんです。定員五十人に対して三百人程の方々から応募をいただきましたので、聴講生として三十名を加えました。半分は新潟から、残りは他地域からの人たちです。今後は、公共ホール同士のネットワーク化も十分考えられますので、他地域で活動される方もいて、このワークショップを活かしてネットワークができればよいと思っています。

――受講生の選考はどのようにして行われたのですか。

私ども事務局と新潟市の担当課長さんとで、応募課題の論文を読んで選考しました。私は、公共とは、これからの社会はどうあったらいいのか、これからの市民生活はどうあるべきかという姿勢がある方が望ましいと思いながら選考を進めました。同時に芸術を愛好し、来るべき社会がイメージできる人を選んだつもりです。若い方から定年を迎えられた方まで、幅広い年齢層の構成となりました。

ワークショップの実際

――講座内容はかなり広いジャンルに渡っていますね。

N-PACワークショップは、スタッフはプロデューサーやディレクターの卵であり、意識を持った現場のスタッフが経験を経てなるべきものだという考えに基づいています。ですから歴史や哲学についても学習しました。そして照明や大道具、音響といった舞台裏の製作や、広報宣伝、各地の市民活動の現状、建物の安全管理などについて、各々の専門家に直に伺い、実習などでできる限り体験する必要があります。講演会や公演を開催する際にも、簡単な舞台の設営、運営ができなければなりません。実際に、昨年十一月のプレイベントの音楽会では、音響、司会、場内レセプションなどすべてをうまくこなしていました。四月のＴＶ新潟開局十五周年記念のクラシックコンサートでは、以前講師をお願いしましたサントリーホールのレセプショニストの方にご協力いただいて、N-PACワークショップの受講生がレセプショニストを務めさせていただくこととなっています。

N-PACワークショップはすでに一年が経過し、本年四月からは最後の一年間に入ります。現場の技術やその仕事内容、問題点や苦労、ひいては現場哲学などの講義が毎回四時間もの間続くわけですが、受講生たちは非常に熱心で積極的な質問も多く、白熱した講座となっています。

ワークショップの一部は公開で

――通常は受講生のみが対象ですが、一般に公開している講座もありますね。

はい、N-PACやN-PACワークショップの活動をもっとよく市民の方々に知っていただき、参加と支援をいただくためにも、対象を大勢の方々に広げた内容の講座を年に数回設けて、無料で一般公開しています。

――最後に、いままでのワークショップのなかで特に強くお感じになられたことをお聞かせ下さい。

このワークショップを進めてきてよかったと思うことをお話ししましょう。

この建物の行政側――市民文化会館整備課の方々が、課長さんを始め、ワークショップは土日であるにもかかわらず、ボランティアで出席して応援して下さり、ついには「よき受講生」になって下さったことです。行政の方々が現場に参加することはとても大切なことだと思います。ワークショップを進めていくと、行政の方々の発想や意識が柔軟に変わっていくのがよくわかりますね。

もう一つは、このワークショップによって、さまざまな方面の専門家の方々から、抽象的な一般論ではなく、新潟市のためにN-PACが公共ホールとしてどうあるべきか、という具体的なアドバイスやご協力をいただくことができたことです。

N-PACでは、単なる貸ホールになったり東京に対抗することなく、地元新潟の伝統文化にも目を向けた自主企画もしたいと考えています。地理条件を活かして、アジア、世界に新しい芸術を発信する可能性を持ったホールですから、独自の発想が必要です。

今後もさまざまな専門の方々に広くご意見やアドバイスをいただきながら、スタッフとなる受講生の方々ともに、このN-PACワークショップを進めていきたいと思っています。

・・・市民参加ワークショップのコラボレーション

日本建築学会設計方法小委員会、日本建築学会シンポジウム資料。聞き手＝日色真帆、門内輝行、文責＝日色真帆、一九九七年五月二十七日、長谷川逸子・建築計画工房にて

〈湘南台文化センター〉での意見交換会

長谷川　ひと口に市民参加といっても、きちっとしたシステムができているわけではなく、その都度、模索しています。クライアントである行政の姿勢、そこに住む住民の姿勢、建築の質などで、どういう方法があるのかいつも悩んでスタートします。全部違います。街に住んでいる人たちの文化的な感覚が、どうしてこれだけ差異があるのかと思うくらい、みな違いますね。だからケースバイケースでやっているようなものです。

私はほとんどがコンペで仕事をしていますから、やりやすいのはコンペ案がすでにあることです。〈湘南台文化センター〉のときは、審査員に失礼だけど、案を公開して、住民にいいと言ってもらいたいと思いました。住宅設計では、ずっと対話システムでつくっていました。クライアントとコラボレーションをしてつくると言明していました。ところがコンペでは、私たちが短い時間につくったものが一等に入って、さあ設計どうぞと言われる。使う人たちとコミュニケーションしていないのに、本当にスタートしていいのだろうか、と思ったのです。

それで、作品を公開してほしいと言いましたが、普通の市長さんはそんな面倒な手続きはいやですよね。しかし、住民の間では、以前に相談なく大きな建築がつくられたトラブルがあった。今度もそうではないかと住民側がやってきて、意見交換会を始めることにな

りました。開催を支持してくれる農協の理事さんがいて場所も提供してくれるとか、スタートが整いました。

市長さんから、「市民が、地下に建築を埋めるとは何事か、建築家の意見が聞きたいと言っている。君は前から市民に説明したいと言ってるのだからやりなさい」と言われて始めたのです。これをきっかけに、一度では解決しないことが出てくるので続けることになった。私はそれを、ごく当たり前としてやっていました。もう十五年も前になりますが、そのころは、建築家があんな事をしてるといい建物はできないと評判になりました。しかし、私はそれほど恐れることなくやっていました。

つくる側でなく使う側の論理で

長谷川 学生のときから自分のなかに継続した考えがあると思います。私は女学校に通っていて、工学部建築科に行くことを先生に反対されて、受験できませんでした。どうして女性がそういうところに進んだらいけないのか。そういう疑問からスタートして、それがいまも続いている気がします。

工学系のところに生活感覚の女性はいらないと思われたのだろうか。それなら、私はそちら側からものを考えよう。つくるより住まう側の論理でつくろうとね。つくる論理でつくる人がそんなにたくさんいるなら、使う側の論理でつくればいいじゃないか。

そう思うと、プログラムの読み直しを、平気でしてしまいます。〈湘南台〉でも〈新潟市民芸術文化会館〉でも提案型です。〈湘南台〉では地下に建築を埋めました。〈新潟〉では三つの分散するホールを一つの建物にまとめました。伝統と現代とか、音楽と演劇とか、分野がばらばらにあるのではなく、一つの卵形のなかに入ることで、コラボレーションの

〈湘南台文化センター〉
70%のヴォリュームを地下に埋め、地上を広場として開放した

企画をやってほしいとメッセージを付けました。コンペ要項には共通ロビーの面積がありませんから、誰が読んでも公園のなかに三つ分散させるとわかりますが、そう読み直してプランをつくるのです。

提案型になる理由はずっと私にもわからなかったのですが、このごろになって思うのは、使う側の論理で建築を考えるとソフトが大切になり、そこに提案したくなるということです。学校の教育からずっと、つくる論理が優先していて、そこに女性が入り込めない雰囲気があった。つくる側の空間の質のよさとか、ディテールのよさという教育しか受けないし、私の周りにいる建築家もそうしてつくっている。私は、そうでないアプローチをしようと。

住宅設計で、なぜ友だちである施主と、コミュニケーションを繰り返したかというと[1]、その人が、一生をどう描くのか気になるからです。いま、子どもを育てるときはどのようにして、子どもが大きくなり出て行ったときにはどんな関係がいいと思っているのか。夫婦二人になり、片方が寝たきりになったらどうするのだろうとか、イメージを描きたくなります。そういう人間の一生のなかで考えると、仕切った部屋はそんなにいらないのじゃないか。もちろん、必要な時期もあるでしょうが。それで、ガランドウのような家をつくる結果になったりするのです。

たとえば入口を二つつくって怒られました。子どもが成長したらうえから出入りでき、子どもが出たら貸家にしたらいいと考えて、そういうメゾネットをつくると、クライアントがそこまでしなくてもいいよ、となるのです。しかし、子どもたちが出て行くと、大きい空間は必要ない。しかしカットするのは簡単ではない。そこで、何となく二つの領域をつくって、ほんとに子どもたちがいなくなったらこちらだけで、というようにね。いつも

▼1…『生活の装置』(住まいの図書館出版局、一九九九年)に住宅の施主との対談が収録されている

人生計画のようなものをディスカッションしていました。

公共建築での模索

長谷川 そのような設計スタイルを取っていましたが、公共建築では、どういう方法があるのかまったく学ぶことができない。その都度、どういう行政で、私がやることに理解があるか、お金は出してくれるか、プログラムをつくり直すことに相手はどんな判断をするか、街の人はどう思うかとか、模索しながらやってきました。一件ずつ全部違うと思います。やり方としては確立してないですよ。成功しているところと、成功していないところとがある。

成功していないものは、だいたいが、クライアントに建築はソフトだといっても通じない場合です。非常に土建的で、私を業者扱いするところでは通じない。公共建築をやって初めてわかったのですが、私は住宅設計では非常によいクライアントに巡り会っていたので、きちっと建築家だったのです。どちらかというと文化人的でした。非常にていねいに対応してくれていた。

しかし、行政の慣習で、建築家を文化とか芸術とは縁のないような業者呼ばわりしてつき合うんです。私自身としては、使う論理からいえば、文化と芸術をやっているんだという思いがあるものですから、とても抵抗があります。公共事業依存型というけれど、そっち側の人しかいない。そうすると、たとえば〈湘南台〉のときでも、かつてあった都市のアルケオロジーを考察し、風景を継承するために丘としての建築を立ち上げたいという話が通じないんですね。

文化の継続のためには住民とのコラボレーションが必要なのです。これまでどんな文化

〈鴨居の住宅〉
2つの入口が左右対称に設けられている

活動があったか、それをどう継続していくか、みんなに教わらないとわからない。かつての風景や、そこでどんなことをしてきたかとかは、コラボレーションをしないと出てこない。

私は、〈湘南台〉のコンペで、ここははらっぱだったからはらっぱ的なプラザをつくる、丘のようなものがあった風景をみて、ここに丘をたち上げると、勝手に言ったわけですが、いったいどんな丘なのかは、わからないじゃないですか。みんなに聞いてみると、三百種類くらいのツル植物があって、子どもの観察に適していたそうです。そこで、三百種類の植物を植えてみた。いいものをいっぱい植えたら、ほんとの山だと思って、おばあさんが散策してずいぶん取って行っちゃった（笑）。しかし、いまでは生い茂って丘になっています。

そのように、私がイメージをしていることでも、確かめたいじゃないですか。そのためにも公開したいと言っている。たとえば〈湘南台〉では、この場所でずっと盆踊りをして、豊作祭をしてきたのですが、それを続けてほしいわけです。床面積の七〇％も地下に埋めて一階にプラザをつくるのは、そういうことを継続してほしいからです。

豊作祭の日はせせらぎの傍らに、にんじんや大根を並べるとどうでしょうと言うと、いいですねえとなります。日陰がほしいということで、パンチングメタルで庇をつくります。コンペのときから庇は入っていましたが、積極的につくっていいと確認できます。日よけのテラスがある理由も説明すれば、使い手にはどんどんイメージが沸いてきます。ここに来て朝食をとったり、ピクニックをしています。

そういうアプローチで建築をつくるのが、住宅以来の私のやり方です。さまざまな規模の建築で、どのようにイメージを伝えていくかという模索の結果、コラボレーションをせざるを得ない状況になるのです。

N-PACワークショップ

長谷川〈新潟〉でも、コンペに入るなり、コラボレーションをして、私の建築コンセプトを公開したいと訴えたんです。そうしたら、理解のある文化部長さんがいて、建築はソフトだということはよくわかってくれました。この案は、行政が思っていたものとは異なる、まさに提案型でした。三つのホールがばらばらにあって三人の館長がいると思っていたものを、ひとつの巨大な建築にした。空中庭園をつくり、伝統芸の継承もうたい、音楽文化会館、県民会館、体育館もブリッジを渡してネットワークで運営してほしいとしていました。元は、このような運営をするつもりはなかったのだから、いったいどうしたらいいか、行政も街の人も交えて、建築家がきちっと語ってほしいということでした。〈湘南台〉のように意見交換をするのもいいし、何をするのもいいからお金を付けようと、言ってくれたんですね。

そんなわけでワークショップを開いて、人づくりをめざして公共ホールはどうあればよいかについて、優れた人を呼んで三年間くらい継続することになりました。それで、N-PACワークショップのプロデュースを私がすることになりました。企画を出したら、私の費用だけは予算を切られました。おまえは提案者だからって(笑)。それ以外は通りましたよ。何千万円とかかるんです。

プレイベントに音楽会を開いたり、たとえば、サントリーホールから人に来てもらって、高級なレセプションの仕方などを、みんなで洋服まで着て勉強するんです。舞台についても、東京からクラシックバレエの方を呼んで、市民が企画して運営できるか、という練習もしました。歌舞伎もやりました。新潟は、そういう伝統芸も大好きで、日本的なものもやるわけです。

新潟で日本舞踊が盛んなのは、コンペのときから知っていました。日本舞踊や歌舞伎では、国立劇場のように横長のプロセニアムアーチが必要です。しかし、コンペ要項では、ドイツのオペラのようなプロセニアムアーチの寸法だった。これで何でもやったらいいとしてあったのです。しかし、私は、どう見せるかはプロセニアムアーチに密接に関わると考えてきました。そこで、プロセニアムアーチが横にうえに動くマルチシアターと名付けて、歌舞伎も日本舞踊もオペラもできた方がいいと、コンペ時に書いたのです。

ワークショップをして、みんなが日本的なものを好むことがはっきりすると、積極的にマルチシアターをつくっていいとわかるわけです。市は乗ってしまって、本花道までつくらせるんですよ。そのように設計のときに意見交換やワークショップをしていると、裏付けができます。

さらに〈新潟〉では、使い方の練習もしました。それを誰でも見に来てよいとして、市民に公開しました。そのように、あらゆる方面の事を講師を呼んで百回近くやったわけです。だからいま、ボランティアのできる人がいるんですよ。

オペラの舞台美術を市民の手づくりで

長谷川 今度、長岡市と新潟市が主催して、プロの人たちを呼んで、モーツァルトの「魔笛」をやります。それで、私に舞台美術をやれということになって、今年の始めから、舞台装置、衣装、小物も含めて舞台美術に初めてトライしています。自分でつくった劇場を自分で使うわけです。伊東豊雄さんの〈長岡リリックホール〉（一九九六）も使います。[2]

▼2…オペラ「魔笛」、一九九九年六月十八日長岡リリックシアター、六月二十日りゅーとぴあ劇場

〈新潟市民芸術文化会館〉ワークショップ風景

日本でオペラがなかなかできないのは、オペラハウスがなくて、衣装を縫う人もいないわけです。オペラハウスができても衣装をつくるとか、舞台をつくる人がいない。いま、私は、新潟で家を借りて、手づくりでやっていますが、みんなが生地まで持ってきてくれます。男の人も、役所の人も、手伝いに来てくれて、材料費以外はボランティアでつくってしまう。舞台の方は長岡造形大学を借りて、学生たちに手伝ってもらっている。そのように、人がたくさんできているのは、N-PACワークショップのときの人たちがやってきてくれるからです。ワークショップのときから、みんなで楽しんでやる方法ができたんですね。多くの人がそういう活動に携わっています。

三年間、市役所に勉強をさせていただいて、いまでは他の町で何か起こすというと、手伝いに行ったりする。そういう人材ができました。だから、いま、私はほんとに恵まれて新しい舞台をつくることができる。行政からは、お金がなくてほぼ材料費しかくれなかったけれど、働くのはみんなのボランティアでできるんです。時間はかかるけど、まさにヨーロッパのオペラハウスでものをつくるみたいに、みんなで考えながらつくっています。そのことに、プロの装置家もオペラ歌手や指揮者もびっくりして、面白がってくれます。

私が、新しいオペラの解釈をしたいと言っても、よく聞いてくれます。音楽家は普通、そういうことには抵抗を示すものですし、はじめは問題視されました。芸術家とのコミュニケーションはたいへん難しいんですけどね。いまうまくいっているのは、たぶん、私がボランティアといっしょにやっているから、ちょっと抵抗していられないという感じで、むしろ楽しんでくれるのでしょう。

私が初めての舞台美術だから、みんな心配してたんですね。それでも私は平気で「魔笛」を新しく読む、なんて言っています。ヨーロッパでは、闇と光とか、若者と老人とか、黒人と白人とか、いつも二項対立的に描かれる世界を、テキスタイルのように織り込んでしまって、平等にしてしまいたいと考えて舞台をつくりました。モーツァルトの切れ目のない音の展開を生かして、連続させたいのです。最初みんなは冗談じゃないって顔してましたけど。しかし、だんだん、そういう新しい日本的な解釈をわかってくれました。クラシックとしてやりたい音楽家たちも、今度の抽象的な舞台について理解を深めてくれています。やはり、大勢がエネルギーをかけているからかなあと思います。

この「魔笛」を受けるときに、私は非常に心配しました。でも、人がたくさんいると気付いたんですね。自然に人が集まってきて、その様子を音楽家たちも良い方向に取ってくれるので、市民の手づくりですが、何か新しい今日的なオペラもできるかなと思うんです。

いろんなことを可能にするには、人がいないとできないんですよね。ワークショップでは人づくりができた。〈湘南台〉では意見交換でしたから、何をどう使うかという利用者のことは考えましたが、参加というところまでは行かなかったと思います。それに対して、N-PACワークショップでは、ボランティアをしたり参加して市民活動も活発になるような人づくりができたように思います。

〈湘南台〉では球儀の劇場をつくりました。最初は、市民がカラオケをやるといったプログラムで、いわば中央公民館のホールだった。それで私は、思い切り楽しい方が良いと思い、球儀のああいうものをつくった。設備はほとんどもっていません。吊り物もほとんどない。しかし、私は立ち上がってゆく空間を見たときに、これこそ劇場だと思って、市長さんにお願いして、名前をシビックシアターにしたんです。名付けた途端に、多目的ホールでなくシアターになったのです。

太田省吾[3]さんに話したら、面白い建築だから行こうといって、プロデューサとして来て

▼3…（一九三九－二〇〇七）劇作家、演出家。転形劇場を主宰、「水の駅」など無言劇という独自の表現様式を築いた

〈新潟市民芸術文化会館〉
ワークショップ風景

下さった。その後も、勅使河原三郎さんや、平田オリザさんや、田中泯[4]さんなど、いろんな人たちが、天井二四メートルもあるあの宇宙っぽい劇場で演じています。みんなあそこでやるときは、幕もちゃんとなくて普通の演出ではできないから、演出を変えるんです。そうして、「湘南台版」というオリジナルがたくさんつくられるんです。ああ、こういうのが劇場だと思って、少し自信をつけて、新潟に行きました。

劇場・ホールの公共性とコラボレーション

長谷川〈新潟〉で一番苦しんだことはマルチシアターです。マルチシアターは、日本舞踊や歌舞伎も、オペラも、ミュージカルも、新しい現代劇も、音楽会以外もいろいろ専門的に使いたいわけです。しかし、いつも建築家がつくったものは、すごく専門家にけなされますよね。どうしてそういうことが起きてしまうのか。

そこで、いろいろなジャンルの演出家や照明家に私たちの事務所のテーブルに集まってもらい、何度も二十～三十人で議論しました。始めの頃は朝までかかるんです。つまり、歌舞伎の人と現代劇の人は会ったこともない。会ったこともないぐらいだから、議論したことがあるはずもない。建築家はどちらかとしか話をしませんね。劇場といえば現代劇場の人、伝統芸といえばこっちの人だけです。迫《せり》のあり方一つでも、西洋的なあり方と日本的なあり方はまったく違う。あらゆることが違います。伝統が大嫌いな日本の劇場がある一方で、伝統でやりたい現代劇もあってとか、いろんなことでかみ合わないんです。オペラ、現代演劇、ミュージカル、日本舞踊、歌舞伎、モダンダンス、全部合わないですよ。オペそれにびっくりして、プロセニアムアーチだけできてどうするんだろうって思いました。しかし懲りずに、その人たち二十人くらいを全部コンサルタントにしました。このコラボ

▼4 … （一九六二-）劇作家、演出家

レーションの難しさったらなかったですね。何度も議論をして、現場にも来てもらいました。お金もかかりましたが、それをつくるためには仕方ないと思ってやりました。

コンサートホールにも提案があって、コンサートだけでなく、音楽とダンスとか、ホールオペラとか、いろいろなコラボレーションをするために、照明などさまざまなものを装備してあります。だから、そういうところでもいろいろな人の意見を聞かなくてはいけない。

能楽堂も、能だけでは特別の人のものだけになってしまうから、そこでダンスもすべきだと主張しました。かつてフランスのダンサーが能楽堂で舞ったとか例をいろいろ示すと、お茶の先生が、そこでお茶のお手前をやりたいと言うわけです。能楽堂はその後ろの中庭に、お茶のお手前などをするのにちょうどよい自然の竹林があります。それなら、鏡板を外せるようにして後ろにある中庭の自然光を入れようとなります。そのように能楽堂も多目的に使えるようにしました。たとえば、一柳慧[5]さんが前衛的な音楽を持ってきて能とのコラボレーションをする企画もあるんです。

その一方、伝統的な形式を残さないと、ちゃんとした能ができない。佐渡から新潟は能が盛んで能楽堂がいろいろ残っているくらいですから、その伝統は壊せない。

能楽堂は、細かい振る舞いを見るために、江戸時代ぐらいから室内に入りましたが、もともと佐渡などでは外ですから。自然光が入ると見ている人も演じる人も気持ちいいので、この頃は開けっ放しです。最初はそこを開けることを、専門家にどれだけ怒られたかわかりません。

それから、楽屋をお茶のお手前に使えるようにしました。それも能の方々に怒られましたが、楽屋が全室、茶室になっています。お茶が盛んだからお茶の会に使うんです。そう

▼5…（一九三三ー）作曲家、ピアニスト

〈新潟市民芸術文化会館〉能楽堂。鏡板を外すと中庭の光が入ってくるので、多目的利用が可能

すると能楽堂が竹林を見ながらの待合いになるんですね（笑）。伝統的にきちっとつくった能楽堂さえもいろいろに使っています。

商業的な劇場とは違う公共の劇場であるということを考えて、いろいろな提案をしています。いろいろな人がいて、いろいろに使いたいんですね。伝統の場所であってもモダンダンスがしたいんです。坂東玉三郎[6]さんが来たときも、劇場を日本風に塗り直さないでほしいと言われました。暗い現代的ななかで踊ると、自分の踊りが歌舞伎座と違う芸術になる思いがすると、伝統の人はおっしゃる。そういうこともあるんですね。劇場にはいろいろな芸術家たちの思い入れがあって、いろいろなあり方のなかで新しいものが創作されるわけです。

コラボレーションがテーマということで、アートプロデューサーの木幡和枝さんが、コンサートホールのオープニングに、マース・カニングハム舞踊団の「オーシャン」[7]をやってくださった。コンサートホールを使って、とても新しい企画をやって下さったんですね。オープニング以来、いろんなことに使えると理解されて、ホールオペラなどが積極的に行われています。コンサートホールをオーケストラしか使わないとしたら、やはり地方では開いていない日が多くなる。そういう意味で、コラボレーションというテーマは公共のホールにはとても有効なコンセプトだったと思います。

市民参加と行政

日色　〈AONOビル〉の設計では、奥さんは口出しせず観察だけされていたそうですね。住宅設計でさえ発言をされない人がいて、コミュニケーションはむずかしい。もっと大きな規模では当然ですよね。

〈新潟市民芸術文化会館〉「オーシャン」リハーサル風景

▼6…五代目坂東玉三郎（一九五〇－）歌舞伎役者、映画監督、演出家

▼7…Marcier Cunningham（一九一九－二〇〇九）ダンサー、振付家。「オーシャン」は一九九六年初演のジョン・ケージとの最後のコラボレーション作品

長谷川　だから参加というのはそんなに簡単じゃないんです。私は直接民主主義のように、誰でも利用したい人が入れるワークショップや、意見交換所を設けます。新潟でも、行政の担当者はいつももう意見交換はできていると言います。でもどういう人とできているのかというと、同好会の代表とか、鑑賞会の代表とか、市民演劇の代表とか、そういう人たちです。その人たちが行政に言っていることは、自分たちがチケットをどう売って、どうお金儲けしてということで、貸しホール論法でしかないのです。いつでも、そういう特殊な「代表者」と意見交換して、そこで通ったことがすべて、市民の代表意見になる。ですから市民に公開をしてみると、私たちは何にも知らなかったということになるんですね。しかし、公共のホールというものはもっと市民が新しいものをつくって文化活動をする場所のはずです。関わりたい人が直に関われるシステムが必要です。

行政が「市民参加」というといつも「代表者」。これが全然市民の代表になっていないこともある。だから本当に有効な関わりのネットワークをつくっていくことはすごく難しいんです。

行政は、前の市長さんが案を立てて十年も広報に載せてきたのに、なぜいまごろ反対するのかとなります。市民たちの反対があったのは、二千人のコンサートホールです。プロのオーケストラもいないのに、こんなサントリーホールのようなものを誰が使うんだというわけです。お習字の先生が、年一回のイベントに何千枚も作品が集まるのに、分散して展示するしかなくて困っているから、このホールを平土間にしてお習字の展覧会もできるようにして、とずっと訴えてきました。もっと小さくして千人くらいにという案に対しては、議会の人はもう決まったことだとして、全然議論にならない。なかなか動かないなら、私が使えるものにしようと動くしかないわけです。

専門家や市民と使い方を議論しました。小さな室内楽や独奏会もできるようにすれば、大勢が使える。そこで、席数は維持しながらどんどんホールの空間をコンパクトにして、音がストレートに通る音響にしようとしました。だからサントリーよりずっとホールのヴォリュームが小さいのです。

公開すると、黙って聞きに来るおじさんやおばさんがいます。その人たちが、後で私がオペラをやるというと、手伝いに来てくれます。そのように、ワークショップのスタッフでなくても熱心な人がいます。そういう人たちにも公開していたから、人づくりができたわけです。

青野の奥さん[8]も、私がお医者さんの青野先生と打ち合わせているときはいつも、ずっと聞いていました。耳を澄まして聞いていたんですね。後で私が使うんだという思いでね。私とご飯を食べたり、買物に行ったり、彼女は画家だから美術のことを話したり、接待係をやるんです。彼女の友だちの宝石デザイナーも来て、女性どうしで食事もしました。私がどういう人物か、何を考える人が自分の家をつくるのか、ずっと観察してたんですよ。

彼女の絵もずいぶん変わりました。今度、私がセッティングして、初めて東京で個展をしたんです。青野先生が去年亡くなって寂しそうだから。私は彼女の絵がこのごろ好きだし。そうしたら評判が良かった。こんなすごい女性がいたのかと、びっくりされました。彼女は家のなかを描いているだけなんです。自分の日常品のコレクションを配置してインテリアを自分でつくっていく。何代も続くお医者さんだから、その道具を置いたりして描く。ただインテリアを絵画化しているだけですが、面白くて。彼女のつくっているインテリアそのものが作品ですね。

打ち合わせのとき、彼女は市民の傍観者と一緒で、一つも口をききませんでした。批判

▼8…AONOビル施主

〈AONOビル〉
ファサードのパターンに古い建物のシルエットを残した

もせず、ただ淡々と何か他の分野の話をして、建築のことには口出ししませんでした。すべて私と青野先生が窓口です。ご夫妻は多分、お互いに話し合いがスムーズにできていたのでしょう。私は口を出さないルールだからと言ってましたよ。私を選んで頼みに来たのも青野先生の方なんです。彼女は最初は女性でいやだなと思っていたようです（笑）。女性は女性に厳しいから。

市民も同じようなことがあって、公開すると聞きに来るだけの人もいる。発言するとかはそんなに訓練できていなくても、学んで帰ったり、そのうち意見を持ちはじめる人がいる。そういう意味もあって、私は何とかして公開して、ワークショップとか意見交換をするのです。自由に参加しダイレクトに意見を言えるようにします。この方法は行政が一番苦手なんです。どんな意見が出てくるか怖くてね。引き受けたらやらなくちゃいけないという義務のような思いもあるんです。

〈湘南台〉——公民館を地下にするのか

日色 公開するときは、話だけではわかりづらいと思いますが、いろいろな方法を使うのですか。

長谷川 そうです。〈湘南台〉のときは、自分たちの公民館を地下にするとは何事かという意見が強くて、でかけて行きました。空中庭園は屋上にすればいい。広場はいらないから、全部地上に出してくれ、という話です。この施設はいわばそのエリアの公民館でして、反対しているのは高齢の人でした。そこで、説得するために模型をつくっていって、真冬や真夏にどうなるか見せました。それでもリアリティがないと言うから、東京のなかで地下の場所はないかと探して、たとえば中野の図書館の地下にある食堂を見学に行くわけです。

そうやって煮詰めていくなかで、冬至のときにここまで光が入って欲しいという意見が出てきて、サンクンガーデンがどんどん広くなるのです。その結果、コンペのときには、あちこち吹き抜けがあったのですが、吹き抜けが減ってしまった。地下ロビーと一階ロビーが吹き抜けていないとわかりにくいから、それはいやですよといって、子ども館の方は、なんとか吹き抜けが残りましたが、公民館の方は消えてしまいました。それは、まあいいわ、ということで光を入れることにしました（笑）。

そうやって進めていくと、市民の人たちはもっと積極的に運営に入ってきます。レストランはいらないからロビーをつくってくれとか。公民館のロビーに行って休んだり、夫婦げんかしたり、子どもも家で勉強したくなかったら行けるようにしてほしい。夜十一時まで開けてほしいとかね。そういう変更もしました。そうやって地元の人たちがだいたい気に入る頃になったら、他の人たちがやってきて、今度は子ども館のチルドレン・ミュージアムに意見したいとなりました。

当初私は展示をしないことになっていました。そこはコンペの要綱では科学館となっていましたが、お母さんたちが科学館は横浜にあるから違うものにしてくれ、と言う。行政は展示会社のコンペを予定をしていましたが、ディスカッションをしていって、やめることになりました。じゃあ、誰がつくるんだ、長谷川につくらせよう、ということになり、展示物を全部やることになった。いまでも展示物を管理しています（笑）。ほとんど手づくりですから、足りなくなると民族衣装を追加するし、展示業者みたい。

住宅と同じようにずっとつき合うんですね。その後、なるべくこんなことを受けないように気を付けています（笑）。子どもや先生たちにアイデアをもらうコンペをしたり、時間をすごく費やしてチルドレン・ミュージアムはできました。でも、あの展示が面白いとい

〈湘南台文化センター〉
地下の体育館。サンクンガーデンから光が入る

うことで、コンペではなく〈大島絵本館〉の仕事が来ましたから、それくらいは効果があったんですけどね。劇場の使い方についても、いろいろと意見交換をしました。役所が立ち会って記録したのが六十回ぐらいで、非公式に私がしたのを入れると百回はあります。一年少々ですから、一週間に一度くらいは出ていたことになります。

　意見交換は全部一人でやっていました。スタッフはやる気がなかったですね。大変なことで、コミュニケーションも難しいから、責任をとれる私がやる以外なかったです。〈新潟〉でもそういう意味では自分でやっていました。まあ、スタッフは僻易するでしょうね（笑）。反対とかあったって行くんだから。行くのやめなさいよ、っていつもみんなで足引っ張るんですよ。

コミュニケーションの転回点

門内　みんなが集まってやるときには、最初は、そんなにコミュニケーションがうまくいかないこともありますよね。それがある段階で変わる、転回点はありますか。

長谷川　なぜやっているのか次第にわかってくると、変わります。やっぱり、図面とかは読めないですから。最初は、提案の内容を説明します。繰り返して、みんなの頭の中に情報がたくさん入り学習ができると、それぞれの希望がわっと出て来るわけです。

　でも、大勢集まるほど面白いんですよ。〈湘南台〉で、市民のなかにも賛否両論があるんです。商店街の人が駐車場をもっとつくってくれと言います。駐車場がないから町の方から湘南台まで来てくれないんだって。それで、地下駐車場をもう一段つくって、百台を、二百台、三百台にする案を出すんです。すると、今度は住宅街の人が、冗談じゃないと言います。近くの図書館には駐車場がないんです。それで、車が道路にたくさん置かれて、

〈湘南台文化センター〉
チルドレン・ミュージアム

空気が悪いしいろいろ問題が多い。だから駐車場をきっぱりやめればいいんだと言うんです。公共建築はみんな歩けと。そうすると、商店街にとってみれば、市民はお客さんですよね。だから、まあまあ、行政が決めた百台にしときましょうとなります。こういうバランスは時々ありました。誰かが大きくしようと言うと、他の人が縮めたりするんです。

日色 そういうとき、誰が司会をするのですか。

長谷川 私がするんです。やってくれる人はいないですよ。スタッフを連れていっても次からは行きたがらない。行政の人もね。私は楽しいんですけど。建築家をめざしている人には、こんないやな仕事はないのかなあ。私は、スタッフと議論しているのとほとんど同じことだと思ってやっています。

門内 住まう側、使う側の論理から、ということがよくわかりました。それぞれの場所に文化があり、住民もいろいろだし、行政の人もいろいろいますから、個別解になるのは当然で、やり方が一貫しないことがむしろ普通なんですね。提案型とおっしゃっていましたが、マルチシアターのような目的や提案があって、それを実現するために一緒にやっていくこと、そこが一貫してるんですね。

それからコラボレーションで大事なのは、人が育つということ。私たちが『人間 環境系のデザイン』[9]をまとめるときに議論したことも、デザインするのはものではなくて、人もつくるし、人と環境の関係をつくるのだということです。そうだとしたら建築家の役割も変わる。決定するのではなくコミュニケーションを促すことになるし、それをむしろ楽しんで、そこから新しい建築のあり方を模索することになる。

長谷川 建築家に何ができるかと考えると、活動する最初のステージ、場しかできない。いま、私はオペラに偶然関わっていますが、普通なら活動に関わりませんよね。そうすると、

▼9…日本建築学会編、彰国社、一九九七年

建築家が何を考えたかも継承しながら、使い込んで良くしていく人がいない限り、それは成長しないわけです。

近代建築はつくる論理でやってきたので、つくり上げたときのオープニングセレモニーがピークで、その後ずっと廃っていく。それは、そこに人がいないからだと思います。建築が新しいことがピークなんです。

私は、どこか未完成ですよと言って住宅を引き渡します。どうぞつくっていって下さい、必要なら呼んで下さいと言います。そこで活躍する人が使い込んでいって、〈AONOビル〉のように二十年たって、いま一番いいねと言ってあげたいわけです。他の住宅も、二十年くらい前に建築雑誌で写真を撮ったときには、堅くて工場のようであったものも、いまになると違う。その人たちの生きてきた痕跡でヒューマンな環境ができている。

市民に話しかけていくなかで

長谷川　公共建築もそういうものにしたいと思うときに、そこでの活動に私は関われないのですから、何を考えてきたかを継承する人を残さなければ、という思いがあります。〈湘南台〉のときも、太田省吾さんに無理でもお出かけいただいて、この建築がなぜこういうグローブになったか、伝えていかなくてはという思いがありました。それから、市民といっしょに何かをつくる、ワークショップをする場所だということも、伝えていかなくてはと思いました。

太田さんは最初、ワークショップをしてくれなかったから、私は文句を言いに行っていました。太田さんは最初来られたときはどうも作家的で、公共というものについてそんなに理解が得られない感じで、心配しました。そのためにシンポジウムを開いたり、太田さんが好きじゃないことをずいぶんやりました。市長さんに、あんな作家性の強い人をお連れして何なんだと怒られたこともありました（笑）。でもある日、よく理解されてると気づいて、行かなくなりました。

いまやあそこでは、ワークショップがとても活発です。高齢者の劇団もできています。太田さんがいい脚本を書いてあげている。それが私が望んでいることでした。最初、太田さんには、脚本を下さいと言ったんです。無言劇の脚本が欲しかった。そうすれば、市民がワークショップをやれると思ったのです。そうしたら、あそこの監督になってくれるというので、こんなうれしいことはなかった。

建築家が市民と話をしようとすると、いつでも反対はあります。〈新潟〉でも、ヒートアイランドを防いで日本をもう一度グリーンアイランドに再編集したいという大げさなテーマを掲げて、屋根のうえまでグリーンを張り巡らそうとすると、必ず反対があります。あるいは、道路を埋めて街からウォーターフロントまでつなげていく考えは、反対されました。そのような都市的規模のことにお金をかけると、すごい反対が出るのです。

いまでは、みんながやってよかったと言ってくれます。これも、市民に話しかけていくなかでOKが出るのです。市民の人たちが支援してくれたから、環境づくりの姿勢を積極的に打ち出して、〈新潟市民芸術文化会館〉のある白山公園に対して、ランドスケープのユニークなデザインができました。

〈新潟市民芸術文化会館〉
白山公園との境界にあった道路を地下に埋め、地上に公園を設けている

N-PACワークショップ資料、一九九六年冬から九七年一月頃作成・配布された

・・・劇場芸術講座による市民参加のシステムづくり

開講の背景：急務である現場人養成

現在さまざまなところで文化施設の建設が進んでいますが、多くの場合、文化施設の運営は企画を立てる館長、芸術監督、プロデューサーとその企画を実行するディレクター、そして企画を現実的に形にし、館全体を運営していくスタッフによって行われています。しかし企画の内容に深く関わり、実際に作業を進めていくスタッフが、最も必要とされるにもかかわらず不足し、またスタッフの芸術に対する非芸術的で管理的な対応が、いま現場での大きな問題になっています。運営スタッフとディレクター、招聘されるアーティストとの間の芸術と芸術実行に関する意識のズレが、舞台表現の低下につながり兼ねないのです。

もちろんディレクターも不足していますが、優れたディレクターになるには最低五年から十年の現場経験が必要で、すぐに養成できるものではありません。しかしその予備軍であり、最終的に現場を立ち上げるスタッフの養成はある程度可能であり、急務なのです。

スタッフの力を身につけ、経験を経て、そこからディレクターが生まれてきます。ディレクターを生むには、まず優秀なスタッフを生まなくてはなりません。

講座の目的：N-PACワークショップとは

平成十年秋に開館する（仮称）新潟市民文化会館（音楽ホール、劇場、能楽堂の複合施設）の準備事業として行ってきました。現在、文化活動を進めるにあたって、音楽・舞台芸術の企画運営ができる人材を、施設職員としてのみならず幅広く市民のなかに養成することが急務であり、大変重要なことは先に述べたとおりです。

スタッフは芸術家との折衝はもとより、予算管理、スケジュール管理、宣伝広報記録製作から苦情処理、さらには地域に根ざしたネットワークづくりまで行っていかなくてはなりません。この講座では音楽、演劇、舞踊、伝統芸能など各ジャンルで実際に活動している講師と共に学び学習することを通して、より深い芸術への理解と興味、そしてそれを企画運営していくための知識と技術を身につけ、現場で役立てていただくことを最大の目的としています。

受講生は新潟市民にとどまらずに広く全国から募集し、一九九四年九月〜一九九七年三月までの三年にわたって一ヶ月に二回（土、日連続）新潟市にて開催してきました。

講座概要

この講座では、総合監督、プロデューサー、ディレクターに必要な講座から、チラシ配り、もぎりなど実際の現場で働くスタッフのための実習までが含まれています。スタッフは、プロデューサー、ディレクター、アーティストともコミュニケーションしなくてはならないからです。

また、これからの文化、芸術の傾向、状況は、各ジャンルの境界域で活発になることが予想され、ディレクター、スタッフとも、自在にかつ横断的に企画運営する広い視点をもつことが望まれます。そのため講座では多様なジャンルを学べるように設定しました。
内容としては講座で音楽や演劇、日本の伝統芸能の歴史及び制作学、スタッフ学を学び、また、舞台照明や舞台音響・舞台機構におけるホールでの実習等を通して舞台技術に関わる知識を習得してきました。さらに、広く市民も参加できる公開講座の運営や、実際に舞台（歌舞伎）を立ち上げる合宿も行ってきました。講座が修了する平成八年度は、これらの講座と平行しながら、総仕上げとして受講生が企画の立案から制作、上演の運営まで行う卒業制作公演の実習に取り組んでいます。

実施講座

（文末リスト参照、一九九六年以降は開催日時未定だったと思われる）

今後への期待

この講座は一九九七年三月で修了しますが、受講生の方々にはこの三年間で蓄積した知識、技術、ネットワークを活かし、何らかの形で（仮称）新潟市民文化会館をとりまく音楽・舞台芸術環境に関わっていって欲しいものです。ある人は企画集団の一人として、ある人は施設職員として、ある人はボランティア・スタッフとしてなど関わり方はさまざまあり、どう関わるかは講座生自身の選択になりますが、地域文化の原動力として活躍してくださることを期待しています。また県外の方とは、この講座を通して形成されたネットワークを活かし、各地での活動など全国的な情報交換ができればと思います。
さらに今後も、地域の音楽・舞台芸術の振興と文化施設のより良い活用を図るため、人材養成講座を積極的に展開していきたいと考えています。

N-PAC Workshopカリキュラム一覧

年月日	内容	講師
1994年9月24日（土）	開講にあたって	長谷川逸子、今野裕一（ワークショップグループ）
	歌舞伎の裏方、狂言作者の仕事	竹柴源一（歌舞伎狂言作者）
9月25日（日）	ピアノの調律	村上輝久（ピアノ調律師）
10月15日（土）	舞台監督（バレエ）	田中英世（舞台監督）
10月16日（日）	ステージマネージャーの仕事	上原正二（サントリーホール・ステージマネージャー）
11月19日（土）	舞台美術とスタッフ	毛利臣男（舞台美術家）
11月20日（日）	衣装製作の現場	桜井久美（衣装デザイナー）
12月17日（土）	テクニカルディレクターの仕事（オペラ）	小栗哲家（舞台監督）
12月18日（日）	芸術と社会	畑祥雄（写真家）
1995年1月21日（土）	劇場機構見学（サントリーホール、国立劇場）	竹柴源一（歌舞伎狂言作者）
1月22日（日）	劇場機構見学（湘南台文化センター）	花光潤子（演劇プロデューサー）
2月18日（土）	演劇史	大笹吉雄（演劇評論家）
2月19日（日）	音楽会と音楽ホールの社会史	松本彰（新潟大学教授）
3月18日（土）	音響設計実習（音楽文化会館）	清水寧（ヤマハ音楽研究所）、永井秀文（ヤマハ音楽振興会）
3月19日（日）	舞台照明実習（新潟テルサ）	坂元理人（照明家）
	レセプショニストの仕事	伊藤せい子（レセプショニスト）
4月16日（日）	制作について	花光潤子（演劇プロデューサー）
5月20日（土）	N-PACコンサートホール	長谷川逸子、奥村和雄（ヴァイオリニスト）、寺田尚弘（新潟市音楽文化会館職員）、宮原源治（新潟市民文化会館整備課長）
5月21日（土）	ボランティア	金子郁容（慶応大学教授）
6月17日（土）	市民活動	細井綾子（栃木蔵の街音楽祭実行委員長）、山田勝巳（墨田区民劇場）、小粥保夫（袋井市民生部）
6月18日（日）	公共ホールのネットワーク	田中勝美（茨城大学地域総合研究所）
7月22日（土）	プロデューサーの仕事	萩元晴彦（カザルスホールプロデューサー）
7月23日（日）	美術と行政と市民	平野明彦（いわき市立美術館学芸員）、志賀忠重（いわき地平線プロジェクト実行委員会）、藤田忠平（いわき地平線プロジェクト実行委員会）、芹沢高志（P3ギャラリー主宰）
8月19日（土）	舞台の作り方（合宿準備）	竹柴源一（歌舞伎狂言作者）
8月20日（日）	大道具の仕事	神谷卓男（俳優座劇場舞台美術部）
9月15日〜17日	舞台の作り方（合宿）	竹柴源一（歌舞伎狂言作者）
10月21日（土）	アート・舞台の制作現場	木幡和枝（アート・舞台ディレクター）
10月22日（日）	ビデオについて	荒木隆久（ビデオカメラマン）
11月18日（土）	ポスターチラシ配布	さすがわささめ（ポスターハリスカンパニー）
11月19日（日）	広報宣伝	長井八美（ゆりあプロジェクト）

12月16日（土）	ワークショップ実習	佐藤信（演出家）
12月17日（日）	ワークショップとは（公開講座）	佐藤信（演出家）
1996年1月	小道具	湯川弘明（藤浪小道具）
	能	浅見真州（能楽師）、松岡心平（東京大学助教授）
2月	コンサートホールの企画・運営	間宮芳生（静岡音楽館長）
	コンサートの制作	滝淳（東京コンサーツ代表）
3月	舞台機構	田中英世（舞台監督）
	音響（ダンス・演劇）	市来邦比古（音響家）
4月	音楽著作権	仲川眞児（日本音楽著作権協会支部長）
	ライブラリアン／楽譜の管理学	右田映二（N響事務局チーフディレクター）
	劇場工学、建物の管理・安全	藤本久徳（劇場工学研究所所長）
5月	卒業制作公演　制作実習	田村光男（イベント・音楽プロデューサー）
6月	文化施設の情報化とコンピューターシステム	桝井喜孝（ミュージアム工学研究所所長）
	文化事業と社会経済（公開講座）	米倉誠一郎（一橋大学商学部教授）
7月	Brooklyn Academy of Musicについて	Mr. Melillo（BAMプロデューシング・ディレクター）、木幡和枝（アートキャンプ白州事務局長）
	地方公共劇場の課題と現代演劇の現在	扇田昭彦（演劇評論家）
8月	メディアアートの展望	月尾嘉男（東京大学工学部教授）
	伝統芸能（その発展と新たな展開）	観世栄夫（能楽師）
9月	公共ホールのアート計画	逢坂恵理子（水戸芸術館学芸員）
	演劇企画とワークショップ	平田オリザ（劇作家・演出家）
10月	演劇における企画制作	笹部博司（演劇プロデューサー）
	狂言：現代における伝統芸能	土屋恵一郎（明治大学教授）、野村萬斎（狂言師）
11月	劇場論・身体論	田中泯（舞踊家）
12月	サントリーホールの企画制作	岸田生郎（サントリーホール企画制作部長）
1997年1月	アジアの中の日本音楽（公開講座）	萩美津夫（新潟大学人文学部教授）
	音楽の企画制作：N-PAC運営	森千二（音楽プロデューサー）
	パフォーマンスの科学	大橋力（千葉工業大学情報工学科教授）
2月	卒業制作公演「をどり〝衝動〟」	田村光男（イベント・音楽プロデューサー）

※平成八年度は、卒業制作公演の制作実習を平行して行ってきました。

形式とプログラム

多木浩二

『世界の建築家シリーズ10選　長谷川逸子』メイセイ出版、一九九七年所収

この十年間に長谷川さんは、個人住宅からパブリックな建築に移っていったという経緯があり、個人住宅をつくっていた時とはかなり違った形で建築のことを考えざるを得ないような立場になってきていると思う。

これまでの建築家というのは比較的「形式」のことばかり言っていて、外側の世界とは切り離されたところで建築を考えるという時代がずいぶん長く続いてきた。特に七〇年代から八〇年代の半ば頃まではそういう傾向が非常に強かった。今でも不思議なのは建築家の頭の中には、建築というのは竣工した瞬間が最高のもので、そこからあとは死んでいくものだという考え方があるということだ。そうである限り絶対に社会性というのは獲得し得ないだろう。建築というものは物体としてあるいは空間としてつくられるが、流動する社会の中で何かを取り込み、また何かを生産する。それは意味の場合もあるだろうし具体的な出来事の場合もあるだろうが、建築家が社会とか歴史とかいうようなものと本当に向かい合って考え始めたのはここ十年ぐらいのことだと思う。

ちょうど十年前までは長谷川さんの中でもかなり形式的なものがあり、ひとつの形式をつくることで概念的にどのように建築を存在させるか、というようなことが主な関心事であったように思うが、それがこれまでの仕事を通してかなり変わってきた。その発端になったのは、おそらく〈湘南台文化センター〉だろう。その頃から建築と社会との関係と

いった今まで語られなかったような形で建築が語られるようになり、そのプロセスの中で長谷川さんの建築は非常に社会的になってきたのではないかと思う。

社会についてのある種の像またはイメージを長谷川さんも持っていると思うが、建築を考えるときには、どのような社会を思い描いているかが最も重要なことだと考えている。いくらプログラムができていても、それに対して建築家として関わる以上は、どんな社会をそこへ出現させたいと思っているかという考えがなければならない。ところが建築家というのは今までそういう議論をしたことがほとんどない。いかなる社会が望ましいか。それは理想の社会をつくるとか、ユートピア的な志向をするとかいうことではなく、現実の社会でのさまざまな可能性を探求することである。そのためには社会についてあるいは歴史についてのひとつの思想を持ち、あるいは人間とか人類とかいうところまで及ぶかもしれないようなものを何か持つことになるだろう。しかしながら、これが都市論になってしまうと結局は曖昧な話になってしまう。私は「都市」という概念よりも「社会」という概念のほうが重要だと考えている。

プログラムというのは、本来ならば社会でどのように人間が生きるのがいいかという問題をダイヤグラム化することである。「形式」など要らないと言っているわけではないが、建築家の場合には、空間の形式とプログラムというのはそれほど分離できるものではないと思う。プログラムはこうで、建築の形式はこうで、ということではなくてこれらは建築家の発想の中でひとつになっていて、建築家が社会を考えるときの方法を含んでいるのではないか。例えば〈山梨フルーツミュージアム〉の場合、籠というイメージから出発した強い形式性を持っているが、籠を三つ建ち上げてその地下をつなぐことで、ひとつのミュージアムとしてのプログラムをつくり出したと言える。

住宅をやりながら考えてきた「形式」という問題、それから住宅では結局手がつかなかったプログラムというような問題、あるいは人の生き方といったことは、そのままコミュニティの中に持ち込むと不調和になる。そのときに形式がプログラムの問題をはらんでいるという自覚が〈湘南台〉の場合には強くあったと思う。いろいろ変化があったとしても、長谷川さんはそのときの建築についての考え方を今に至るまでずっと引きずっていると思う。

〈湘南台〉のときには、やはり長谷川さん自身、市民参加の問題にしても公共建築のあり方にしてもまだ未熟な段階だったと思う。フェミニンなものを潜在的な都市の可能性というふうに捉えて話をしたことがあるが、それは狭い意味でのフェミニズムではなくて、どちらかといえばローカリティに近い。〈湘南台〉というのは公共建築とはいっても比較的狭い地域を対象としており、いわば公民館的なものである。だから〈すみだ生涯学習センター〉も似ているところがあるかもしれないけれども、完璧に公共性を持つというよりはもう少しプライベートに近いもの、地域に近いところがある。

公共建築とは、ということで全体はくくれなくて、例えば〈山梨〉とか〈絵本館〉は、都市というよりもローカリティという感じが強い。都市というのは、全体像を把握できる大きさの都市と、もはや把握できない規模の都市がある。藤沢はまだ頭の中でイメージできる大きさだが、藤沢をちょっと越えたらもうだめだ。そうなると都市像というものがないのである。都市像がないということは、要するに都市が世界化していきつつあるという傾向のひとつである。行政の方も、謳い文句としての国際化ではなくて、本当に都市というのはそういうものだという理解を示さないといけない時代になってきている。スケールも規模も違うし、建築を成立させている社会というのは、市も、県も、あるいはひょっとしたら国というレベルも超えたようなもの、現在の世界全体をイメージしなければならないというところにきている。

そのときに地域の問題を持ち出すことは、かなりネガティブな役割しか果たさない。それは行政が市民というものを大事にするというような考え方をしながら、実は市民をみくびって狭いところに押し込めているのである。例えば障害者の問題にしても、演劇と関係のある面でいうと聾啞者によるすばらしい劇団[1]がフランスにあるが、彼らには聾啞者による世界的なネットワークがあり、本当にいい演劇をつくることができれば世界化できる。私は何度か見たことがあるが、聾啞者であるがゆえに演劇の本質を見せることが可能だということもあり、インターナショナルなレベルのアートに到達している。だから生涯学習などといっても、例えば高齢者だからこうしければならないというような狭い枠組みに釘付けにするのではなくて、彼らの活動が世界に開かれることが重要なのだと思う。そこに行政とか政治というのは気が付かない。

実際問題として都市というのは、確かに税金をとったり使ったりというような形式はあったにしても、都市の存在の仕方は世界化している。これまで都市はひとつの地域的空間として考えられてきたが、これからは都市というものは完全に世界化することによってしか「都市」であり得ないというような状態になりつつある。そういう状況の中で建築をつくろうというのは、発議は確かにその一地域がするかもしれないけれども、これを問題にするのは「世界」なんだという考え方を、むしろ地域の側が持っていかなければならな

▼1…IVT（International Visual Theatre）

い。いろいろなところで同じようなことがある。それが良いか悪いかというのはちょっと問題としても、湾岸開発のようなことも世界中でやっていて風景がほとんど同じになっている。

都市というのはどういうものか。これは言語化されていないけれども、今の建築家の頭の中には、ローカルな「都市」というものを越えて都市が世界化しているという感覚があると思う。公共建築がある規模を越えたときには、地域性という形での市民性だけではもはや成立し得ない。都市というのは「世界」であり、世界というのは「都市」であるといったような複合した社会観ないし都市観を持つようになって、それが公共建築を支えているというところにさしかかっている。

その都市の中で建築は、本当に都市機能の一部を担うというものもあるかもしれないが、〈新潟市民芸術文化会館〉の場合になると、都市機能だけを引き受けているわけではない。本来スペクタクルのための空間であるから、都市が世界化しているという状況を一番反映するはずのものになる。だから演劇のクロスオーヴァーを考える前に、都市とか社会とかいったものは固定した枠組みではない、という理解のもとに組み立てられていなければならない。

〈新潟〉は、演劇や音楽といった広い意味でのパフォーマンスというものが行われる限り否応なく世界に向かって開かれるだろう。そのときにそれをただ単純に包み込んだというのではなくて、問題は幔幕で包んだ空間のあり方をどうやって支持するかというところにあるのではないか。単純に言ってしまえば、ある種のクロスオーヴァーしたひとつのパフォーマンスのための空間と日常の空間との媒介だということは言えるけれども、では日

〈新潟市民芸術文化会館〉夜景。幔幕で包まれた空間が群島の水盤のうえに映る

常の空間との媒介となる部分、ある種の透明性を持った無機的な空間というのはどんな役割を果たすのか。おそらくそこがはっきりしたときにプログラムというものが非常に明確になってくるだろう。そしてそれはもうそろそろ可能なところにきているのではないか。

今でも確かにまだ「形式」というものが必要であってフリースペースといっているものがプログラムとして成立するためには、そこに何らかの広い意味での「形式」を持ち込むことは必要である。ただそのときに考えなければならないのは、建築というのはロジカルにできているということ。イロジカルだったら建たないからロジカルにできている。どんなところも一応説明可能な合理性が言説として与えられている。ところが、それと人間の生というかレーベンというものとは絶対にずれがある。そのずれというのは単に建築がガランドウで人間が勝手に動くといったようなことではなくて、ロジックとレーベンとの間の本質的な矛盾である。この矛盾を含みつつ「都市」というのは成立し、この矛盾を含みつつ「世界」というのは成立する。そういう矛盾を含み込んだ部分、そのずれの部分を未完の形の世界の断片ととらえて、ずれを含み込んだものを本質とするような断片的空間として立ち上げるとすれば、その手法が見つかったときに、建築は違う空間になってくると思う。その辺りの理論が建築をつくる人も建築を使う側もない。特に使う側にはない。

そういう方法を思いつくことによって初めて「都市」の建築が考えられるようになり、「都市」の建築というのは世界に向かって開いた建築なのだというようなことが言えるようになる。そのときに建築家の頭の中には、社会とか都市とか世界という像が立ち上がってこなければならない。これからは建築の「形式」ではなくて、それを通して何を見ているかということが建築の評価の基準になるという時代になってくるだろう。

これからの建築家は、都市や社会や世界というもののイメージをはっきり持って、それで建築空間を立ち上げるというプロセスが必要だと思う。そうしてはじめてプログラムということが意味をもってくるし、そのプログラムというのは、さっき言ったようなロジックとレーベンの不可避的なずれを内包するような格好で、計画なり建築が行なわれなくてはいけないと考える。

（たきこうじ／評論家）

第四章

「アーキペラゴ・システム」

解説

本章には、〈新潟〉竣工（本体一九九八年五月）後に、作品発表のために書かれた記事と講演、そしてほぼ同時期に設計が進んでいた〈塩竈ふれあいセンター〉の作品解説を収録した。章末には、比嘉武彦の長谷川逸子論を置いた。

〈新潟〉の竣工前後から、建築を複合する形式としての「アーキペラゴ（群島）」に、さらに人びとの活発なアクティビティを強調する「アイランド・ホッピング」がコンセプトに加わる。空間ヴォリュームを分散してブリッジでネットワークすることで、内外が混成し、ランドスケープデザインと一体化する手法、住民参加ワークショップなど一連の「ソフトづくり」の手法、公共的な空間が持つべき楽しさや快適さ、多様なものを受け入れる「インクルーシブ・マインド」など、〈新潟〉の経験を通じて、公共の場を形成するハードとソフトの両面にわたる手法と思想が完成に近づいたといえるだろう。

「浮遊するパブリックスペース　新潟市民芸術文化会館の設計にあたって」（一九九九年）は、〈新潟〉の作品解説である。〈新潟〉の全容が、コンペ時の着想から、ハードとソフトの両面にわたって紹介されている。

「アーキペラゴ・システム　あるいは都市の編集」（一九九九年、原題「群島システム　あるいは都市の編集」）は、〈新潟〉作品解説。原題の「群島システム」を章題と揃えたが、本文中は「群島システム」のままにした。数ヶ所、説明不足と思われる部分に語句を補った。

「公共建築と都市」（一九九九年）は、東西アスファルト事業協同組合が企画した現代建築家の講演シリーズの収録である。用語の不正確な部分、意味の通りにくい部分に適宜修正を加えた。また、講演での〈新潟〉以外の作品解説、当時進行していたウォーターフロント開発「プロセス・シティ」に関する部分は省いた。

「アイランド・ホッピング」（一九九九年）は〈塩竈ふれあいセンター〉作品解説。一部、用語を改めた。スロープの回廊＝ブリッジがダイナミックに館内をめぐる〈塩竈〉は、〈絵本館〉や〈新潟〉のエッセンスが導入されたプロジェクトであった。東日本大震災時、同センターは大きな被害を被らなかったために、しばらくの間ボランティアセンターとして機能した。

比嘉武彦「プレゼンス・オブ・ハセガワ」（一九九七年）は一九七〇年代の住宅から〈新潟〉までを通覧する長谷川逸子論。長谷川が推し進めるハードとソフトの両面にわたる建築づくりは両面が不可分にある（「ヴォイドへの意志」）と読み解く。独自の記号の用法（「」『』〝〟など）を尊重し、原文のままとした。

・・・浮遊するパブリックスペース
新潟市民芸術文化会館の設計にあたって

「新建築」一九九九年一月号

アイランド・ホッピング

この計画はとても複雑なのですが、基本的な考え方をわかりやすく表す言葉をずっとさがしていました。それで最近、「アイランド・ホッピング（Islands Hopping）」という言葉をつくりました。これは島々をホッピングする、つまり飛び跳ねる、自由に移動するといったイメージです。クローズドされるのではなくてホッピングしながらあっちこっちにつながったり、つながらなかったりしながらポジティブに移動すること。建築にもこのような自由さをもち込みたいと考えているのです。これをランドスケープとして考えるならば、水に浮かぶ緑の島々、多島海のような風景をイメージすることができます。

ここ十年近くこの国の港湾と都市とのあり方について考える作業を続けていますが、海と陸の複雑なエッジ、海とかかわる生命の多様性、水とかかわる複数の時間、そのなかに生きてきた私たちの生活の豊かさなど、いろいろなレベルでの都市と水辺との関係や意味を探求しながら、これらをどのように建築化したらよいかというときに、「アイランド・ホッピング」という言葉が浮かび上がってきたわけです。そもそも建築を発想することは多島海のようにエキセントリックにホッピングする詩的行為に近いもので、それは音楽をつくる行為にも似ているのかもしれません。

〈山梨フルーツミュージアム〉のときには、飛来し地上に降り立ったフルーツの種のイメージの形をスケッチすることから始めて、蓮の葉のうえに転がる水玉のようなガラスのドームをデザインし、重力と水の表面張力のバランスによって自然にできる形を表現しました。風によってゆらぎを発生させるような形、水は生命と連なっていることなどをイメージしていました。〈新潟〉のコンペ時の透明の模型はこのイメージに連なる七つの水玉といってもよいかもしれません。

水辺のもつパブリック性

水辺空間はパブリックスペースとしての大きなポテンシャルをもっています。細長く延びる日本列島の中央には高い山々があり、そこを水源として海に走る河川の河口には、古くから都市が発生していました。そのような場所は複雑な地形であることも多く、中洲が浮かび、豊かな景観を形成していました。このような水辺空間は、市が立ち、芸能が行われる場でした。また四季折々の風景が展開し、春は花に、秋は紅葉に彩られ、夏には多くの人びとを集めました。水辺は人びとに快適さをもたらし、水と人間のさまざまなかかわりを蓄積し、生活に根ざした文化を生み出していったのです。

新潟は信濃川河口の浮島のような都市であって、河口の変化がそのまま都市の歴史と結びついています。街はこの水辺のエッジに展開し、日本海貿易を通して早くから外部との交流が行われていました。河口が広がっていた頃は浮島群が多島海のように浮遊し、現在とはかなり異なった特色ある景観が見られました。川と海を結ぶ堀割が巡り、柳の並木が続き、新潟はまさにゆらぎのなかにある都市でした。けれども都市を近代化していく過程で親水性は失われ、水路は道路へと変わっていったのです。敷地も昭和のはじめまで信濃

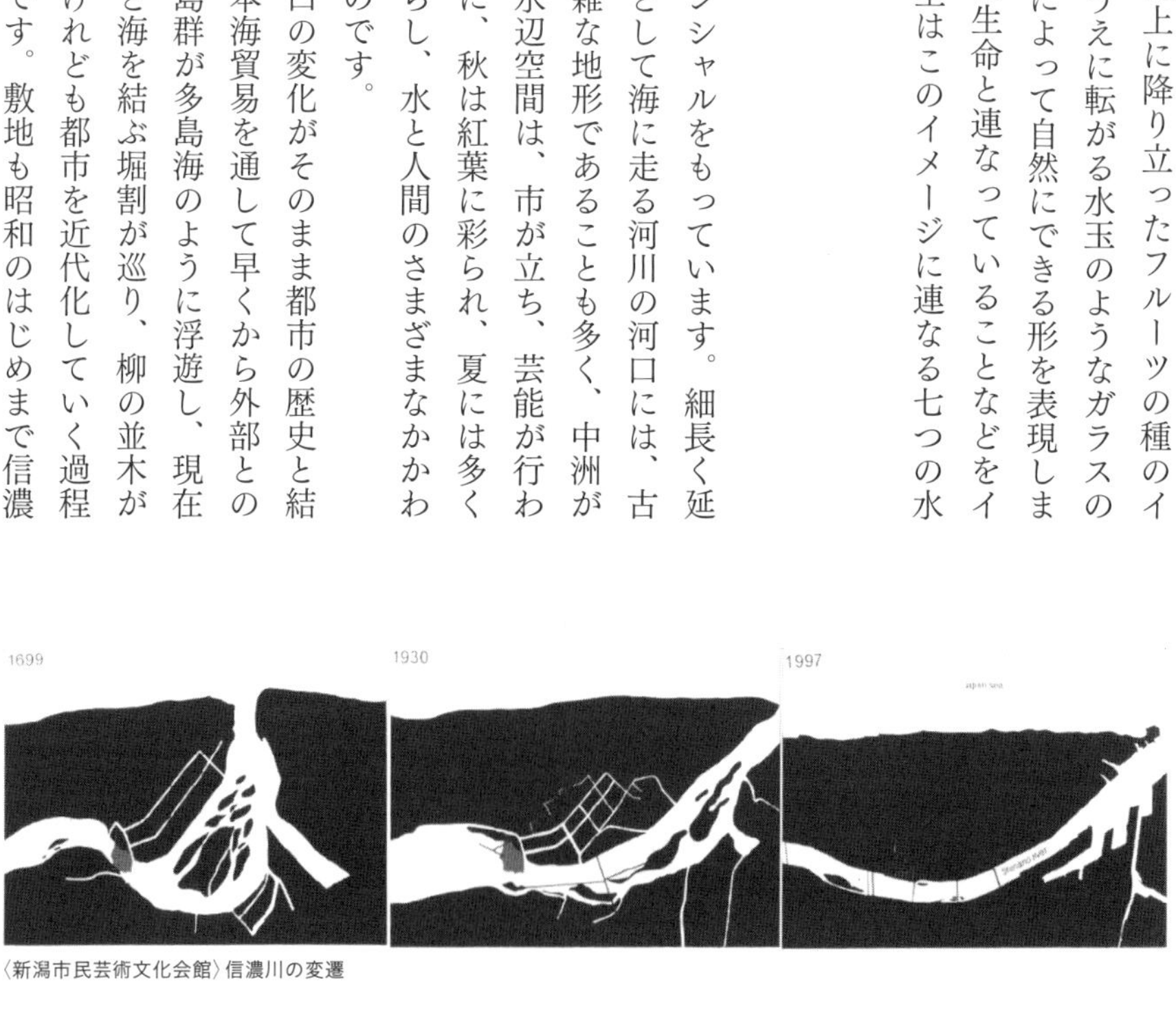

〈新潟市民芸術文化会館〉信濃川の変遷

〈新潟市民芸術文化会館〉信濃川（上）と白山公園（左下）をつなぐ敷地に空中庭園が中洲の群島のように浮かんでいる

川の一部分であった埋立地です。そこに緑で覆われたアーキペラゴ（群島）をもち込み計画することで風景をつくり出し、さまざまな与条件に対応させながら水辺の空間のもっているパブリック性を回復し、パフォーミングアーツのための場を提案したいと考えました。

緑の空中庭園

コンペの条件では地下が禁止されていましたが、そうすると敷地のほとんどが駐車スペースや構内道路で占められてしまいます。また敷地内にはいろいろな既存の施設があり、これらとの関係も大きな課題でした。そこで既存施設が二階レベルにロビーをもつことに着目し、スロープで上げたブリッジで既存施設を連結し、敷地の部分部分に屋根をかけて「はらっぱ」をつくり、緑の林の空中に第二のグランドが浮かぶという形式を考えました。グランドレベルでは、駐車スペースにも植栽してグリッド状の林にし、アンジュレーション[1]を導入して道路を埋覆し、自然の丘陵化を図りました。

樹木形の構造によって支えられた空中庭園は各施設のロビーと同じレベルで浮かび、これらすべてを空中ブリッジでむすぶことによって回遊性を都市的な規模へと拡大し、市街地から信濃川のやすらぎ堤までの人の流れをつくります。空中庭園は、基本的には「はらっぱ」のイメージですが、異なる特色をもつ野外舞台としても機能します。渦巻きのようなスロープの取り巻くステージ、信濃川の水面とオーバーラップする水のゆらぎのステージ、明かりの灯るベンチが取り巻く子どものはらっぱ、花見の浮島など多様な場がデザインされています。

幔幕としての建築

▼1…undulation、地表の緩やかな起伏

建築は、コンサートホール、劇場、能楽堂という三つの異なる種類のホールを透明な幔幕で囲ったようなものとして考えられています。敷地に各ホールを分散させて配置することも考えられましたが、私たちはあえてひとつにパッケージすることを選びました。それは、ブリッジで既存の周辺施設をネットワーク化したいという考えと同じで、交流を重視した考えにもとづいています。異種のコラボレーション、たとえばオーケストラと能、日本舞踊とモダンダンス、邦楽とクラシック音楽、歌舞伎とオペラ、美術と演劇などのコラボレーションが起こりやすくなるでしょう。三つのホールを使って、たとえばひとつのオペラを三つのホールで一幕ずつ上演するなども考えられます。新潟は米と酒の産地であり、周辺には多くの芸能や昔話などが残っています。また古くから港湾として外との交流のあった街に相応しく、アマチュアオーケストラや室内楽団があり、子どもたちもジュニアオーケストラで活躍する街です。そうした伝統と現代、アマとプロ、地方と世界というものをクロスオーバーさせて創作に取り組むなら、新潟から発信できる新しい芸術が生み出せるはずだと考えてきました。

まるで公園の一部のようにしていつも開かれている二階のロビーは、三六〇度回遊できるフリースペースであり、ブリッジが延長し、通り抜けられる大通りのようなスペースでもあります。インフォメーションセンター、ティールーム、レストラン、練習室、ギャラリー、展望ロビー、屋上庭園などのいろいろな場所と連携しており、出会いの場として利用されることを期待してつくられています。共通ロビーの五つの楕円の鏡は人びとが行き交い、集まる様子を映し、ここがコミュニケーションの場であることを示しています。それはまた表面のゆらぎの内に、時間を刻み記録していくスクリーンであり、ゆらぎをつくるシーンの奥に新しい創作の道が開かれていることをイメージさせたいと考えました。

〈新潟市民芸術文化会館〉
オーニングのおりたロビー

パブリック・シアター

日本の各地にはまだそれなりの伝統芸能が残って受け継がれながら、地方文化の特色をつくっています。それらは風土に根ざしたもので、人びとの生活とかかわるなかで保存されています。商業劇場とちがって、公共劇場はそうした地域に根ざした文化と切り離してはあり得ないと考えます。何人入ったから成功という市場原理による商品的作品を導入して利益を追求する商業劇場ではなく、人びとがどのようなかかわりをもったかを評価するのが公共劇場です。そこでコンペのときに求められていたドイツオペラに近いプロセニアムアーチをもつ劇場[2]に対して、地域で盛んな日本舞踊からモダンダンスに至るまで多様な演目に対応できる劇場にしたいと考え、プロセニアムが上にも左右にも可動するものを提案しました。また、大迫り、小迫り、本花道、スッポン迫り、オーケストラピット等の床機械から、吊物・舞台照明までさまざまな装置を導入し、多種類の使用目的に対して専門ホールに近い利用ができる劇場をめざしました。こうして結局、歌舞伎の本花道から大臣囲いまで用意することになってしまいました。この過程で、各専門ホールで舞台をつくっている多くの人びとに、設計中に何度も事務所に集まってもらい意見交換を繰り返しました。やり始めて初めてわかったのですが、実は和物と洋物の人が出会うということはこれまでにあまりなされていないのですね。まったく考えのちがうことから激論となり、しばしば長時間の打合せになってしまいました。従来ならば多分、こうしたプロセスなく公共ホールはつくられ、建築家は常に専門家から抗議を受けるということを繰り返してきたわけですが、このあり方をなんとかして変えたいと思ったのです。

コンサートホールについては、二千席規模のホールは音響上の問題から大きすぎることを指摘し、縮小することを提案しましたが、これは取り入れられませんでした。それで私

▼2 … 正方形に近いプロセニアム開口を持つオペラハウスに対して、新潟ではプロセニアム開口の幅、高さを変えられる(可変のティザー・パネル、ウィングを設けている)

たちは小編成の発表でも十分利用されるようにと考えて、とにかくヴォリュームを抑え、直接音を響かせやすい音響空間をめざしました。さらにはホールオペラ[3]なども可能な照明やバトンを装備して、専用ホールとしての質を確保しながらも多様なプログラムに答えられるホールとして立ち上げました。オープニング企画で行われた「オーシャン」[4]はこのホールの可能性を生かしたよいプログラムだったと思います。

能楽堂は、能以外の利用も考慮に入れて、橋懸かり後部の羽目板と松羽目を取り外して、中庭を通して外光を入れることを考えました。目付柱も取りはずし可能とし、照明も多様な利用に備えてバーを用意しています。伝統芸としての日本舞踊から茶道・華道・邦楽、そしてモダンダンスの利用も考えられます。能楽堂の楽屋は市民からの要望で茶室仕様にもなるように工夫され、茶会が開催できるようにしました。

インクルーシブ・マインド

公共建築はさまざまな人によって使用されることで価値を発揮する場であり、共有できる文化をつくり上げ、育てていく場でありたいという基本的な考えがあります。人びとは多様な価値観をもち、生活しながら公共という場にかかわっていきます。そのなかで議会という代表制による政治運営があるわけですが、いまはかならずしも議員が市民の代表であり得ていない時代だと考えています。政治は複雑な社会を生きるさまざまな人びとが連携しあえるようクリアかつオープンに「生活の場のシステム」を構築する必要があるのにもかかわらず、どこか大きくずれてしまっています。

行政も市民とパートナーシップを持って、ソフトプログラムづくりへの参加を誘導し、企画運営、ワークショップ、ボランティアなど、さまざまなレベルでのかかわりをつくる

▼3…サントリーホールが独自に考案したオーケストラを舞台上にあげるオペラの上演形式。オーケストラ、歌手、聴衆の距離が近く一体感があり、臨場感があふれる

▼4…マース・カニングハムとジョン・ケージの最後のコラボレーション作品

〈新潟市民芸術文化会館〉コンサートホールのステージ

必要があります。特定の人びとだけがかかわって、決まったことの結果だけを報告するというこれまでのシステムではなく、皆がプロセスを共有することが重要なのです。そのなかで市民の自発的参加が起こり、自分たちの生活文化を考えながら育んでいけるようになるのです。

市民生活を横断している公共空間は、このような複数の人びとがオープンにかかわる長い持続の場でなければなりません。建築がこうした生活文化と深くかかわり、次世代への継続を可能にする環境であり続けるためには、活動の変化に対応できる余裕やフレキシビリティをもち、市民が自主的に活動を立ち上げるきっかけを仕掛ける必要があります。そのような市民が自主的にかかわり、生活を豊かにしていくための場を公共空間と考えています。

建築はソフト

建築は人びとの生活にさまざまなかかわりをもつので、計画から運営に至るプロセスは大きな可能性をもっています。これまでの経験では、その時々でまったくちがう手法を採ってきたように思います。大都市から小さな村まで、行政の考え方はいろいろです。非常に市民を評価しているところと、上段に立ち市民を低く見ている行政まで大きな開きがあります。私からすればおのおのの市民は、商店主だったり学校の先生だったりＯＬだったりするわけですが、皆それぞれ何らかの専門家で自立した考えをもつ人たちであると考えています。小中高校生もそれぞれの考えをもつ将来の利用者と考えられます。特定の代表でテーブルを囲むのではなく、熱意ある人が参加できるようなフェイス・トゥ・フェイスによる打合せの場をもつことで、結果としてお互いの信頼関係を生むことができます。

縦のヒエラルキーのない組織をつくって、専門家によるプロデュース・スタイルではなく、市民によるシンクタンク形式で意見交換を行い、必要に応じてハードのプログラムを公開し、ときには公開シンポジウムも開きながら、市民参加による運営、スタッフづくり、市民活動の支援を行いながら対話を繰り返し、設計を進めるべきです。大まかにいって意見交換というやり方と、ワークショップで体験しながらやっていく方法とがあります。ソフトづくりはハードづくりに反映させながら密接に関係づけ、同時進行で交流し、結果として運営組織、企画組織、支援グループ、ボランティア組織、観客ネットワーク、オープニング企画まで、市民と専門家とで共同作業を行うのが理想です。

工事が始まってからも施工プロセスを見学できる場を設け、近隣の大学が施工について学習する場として積極的に利用するべきです。これらのプロセスはすべて記録し、インターネットなどで公開していく。市民参加の痕跡を情報として残し、愛着をもって利用してもらえるようにすることが大切です。建築というのは構想が立ち上がったときがスタートで、常にプロセスの内にあるのだと考えています。公共建築は人びとの生活を引き受け、活動を続ける場であるという認識をもって市民参加の手法をつくる必要があると考えています。

新潟ではN-PACワークショップを三年間主催しました。建築はソフトだという私たちの意見を行政に支援していただくというまれにみる条件を得てスタートしました。ワークショップは、企画運営スタッフの養成、公共ホールの運営のあり方の学習、公共施設ネットワークづくりなど多目的な内容をもって行われました。受講者の募集をしたところ予想外の反響で全国各地から集まることになりました。ときには公開講座も導入しながら

〈新潟市民芸術文化会館〉
工事中の風景

市民に関心をもってもらい、よき観客づくりも行うという幅広いものでした。講師は現役で大活躍している人たちばかりで、三年間で百回近くの内容になりました。依頼・テキストづくり・司会・受講・実演・懇談会と全力で毎回私も自ら参加し、さまざまな経験をスタッフと共に行ってきました。

アーキペラゴ

現在ロッテルダムのＮＡｉ（オランダ建築家協会、Netherlands Architecture Institute）で私たちの作品展、そしてそれと同時にボイマンス美術館で私たちがデザインしたインスタレーションが開催されていますが、これらに共通するテーマもアーキペラゴ（群島）、あるいはアイランド・ホッピングです。これらのことばは、私たちの一連の作品がもつ非線形的で多様なベクトルの束というべき特性を表現しています。インクルーシブ・マインドといいかえてもよいでしょう。建築の成立を巡って立ち現れてくる諸条件、そしてさまざまな出来事、複数の人の意図、複数の関係性などを、総合的にインクルーシブさせながら建築という形にしていくプロセスをアーキペラゴととらえてみました。建築を考えることは、島から島へとホッピングしながら、エキセントリックに旅し、脱中心的なる関係性をつくることであるというメッセージです。こうした行為は、インターネットの情報のやり取りにもオーバーラップするものでもあると考えています。

プロセス・シティ

このたび「プロセス・シティ」[5]というコンセプトでまとめた『PROCESS CITY: NEW WAVE OF WATER FRONT』（新建築社、一九九八年）という本が再版されます。私は、建築

▼5…造語。長く続く過程のなかにある都市のこと

とはあるひとつの建物が意図されてから、それが設計、施工され実現して立ち上がり、使用され変化を引き受けながら続く長い過程を持った持続だと考えてきました。そのときに立ち現れるインクルーシブとしかいいようのない重層的なありさまをなんとか建築というかたちで受け入れられる方法を考えたいと思っています。私たちの生きる都市は、不規則な変動が内蔵されているカオスといわれることがありますが、都市はいまよりももっと常に新しい何かを生み出しているゆらぎのある環境であるべきだと考えています。

水辺の空間では「1／fゆらぎ」[6]がつくる光や風の刺激が私たちに快適さを感じさせますが、それは私たちの身体のリズム感や音楽のリズム感にも通じるものです。都市も建築もこうしたゆらぎを感受する装置でなければならないと思います。自然の変化を引き受け、そして生命ともかかわる場を考えていくべきではないかと考えています。ゆらぎはFreedom（自由）とDissipation（拡散）を含んで、変化が予測できない様相を表しています。都市に生活している私たちは常に変化が激しい終わりなきプロセスのなかに生きているのではないでしょうか。「プロセス・シティ」の研究は都市のなかで共有された記憶、潜在する自然を探求し、次のプロセスに余白を残し、フレキシビリティのある環境づくりをめざそうとするものです。

急激に高齢化が進むこれからの社会が成熟した豊かな社会でありたいと考えるとき、新しい自然やフェミニンでやわらかいフィールド、快適な環境を必要とします。「プロセス・シティ」とはこのような大きな理念と共に、親水性、緑化などのエコロジカルな視点をもって、都市を生命的ゆらぎを内包して流動するプロセスとみなし、人びとの生活と共に展開する環境づくりを進めていこうとするあり方を示しています。

▼6…生体のリズムがもつ「ゆらぎ」で快適性と関係があるとされる。人間の心拍の間隔、ろうそくの炎の揺れ、木洩れ日、せせらぎの音などにあらわれる

新潟市民芸術文化会館

アーキペラゴ・システム

あるいは都市の編集

原題「群島システム　あるいは都市の編集」「GA JAPAN 36」一九九九年一一月

〈新潟市民芸術文化会館〉

この計画は「群島システム」［アーキペラゴ・システムのこと］というべき手法によってデザインされています。空中から見ると信濃川沿いに七つの緑の浮島が浮かんでいるように見えますが、これらの島々は互いに空中ブリッジによって連結され、さらに周辺の既存施設や堤や公園に接続しています。システムはあらゆるところに延長可能であり、さらにブリッジを伸ばして隣接するいろいろな施設に結びつき、場合によっては信濃川に島をいくつか浮かべて、対岸にたどり着くことも考えられます。点在する島々とそれぞれをつなぐブリッジによるこの群島システムは、いわば既存の都市空間にはりめぐらされるネットワークそのものといえるでしょう。島々はそれぞれがさまざまな活動のサイトを提供するプラトー（台地）であり、相互に無関係に浮遊しながら、くねくねとカーブを描いて延びるパスによってリンクされ、ゆるやかなシステムが保たれています。活動の領域として島を浮かべ、それらをつなぐこと、群島システムはこのシンプルな二行のプログラムだけでできており、形態の複雑さはむしろ二次的で置換可能なものとして考えられています。

この群島システムによって、敷地は都市的な媒介者としてはたらくことになり、計画以前はそれぞれがばらばらに存在していた既存施設や市街地、公園、敷地、川という都市的エレメントを、ランドスケープ的なネットワークとして編み上げ、諸施設を横断する自由

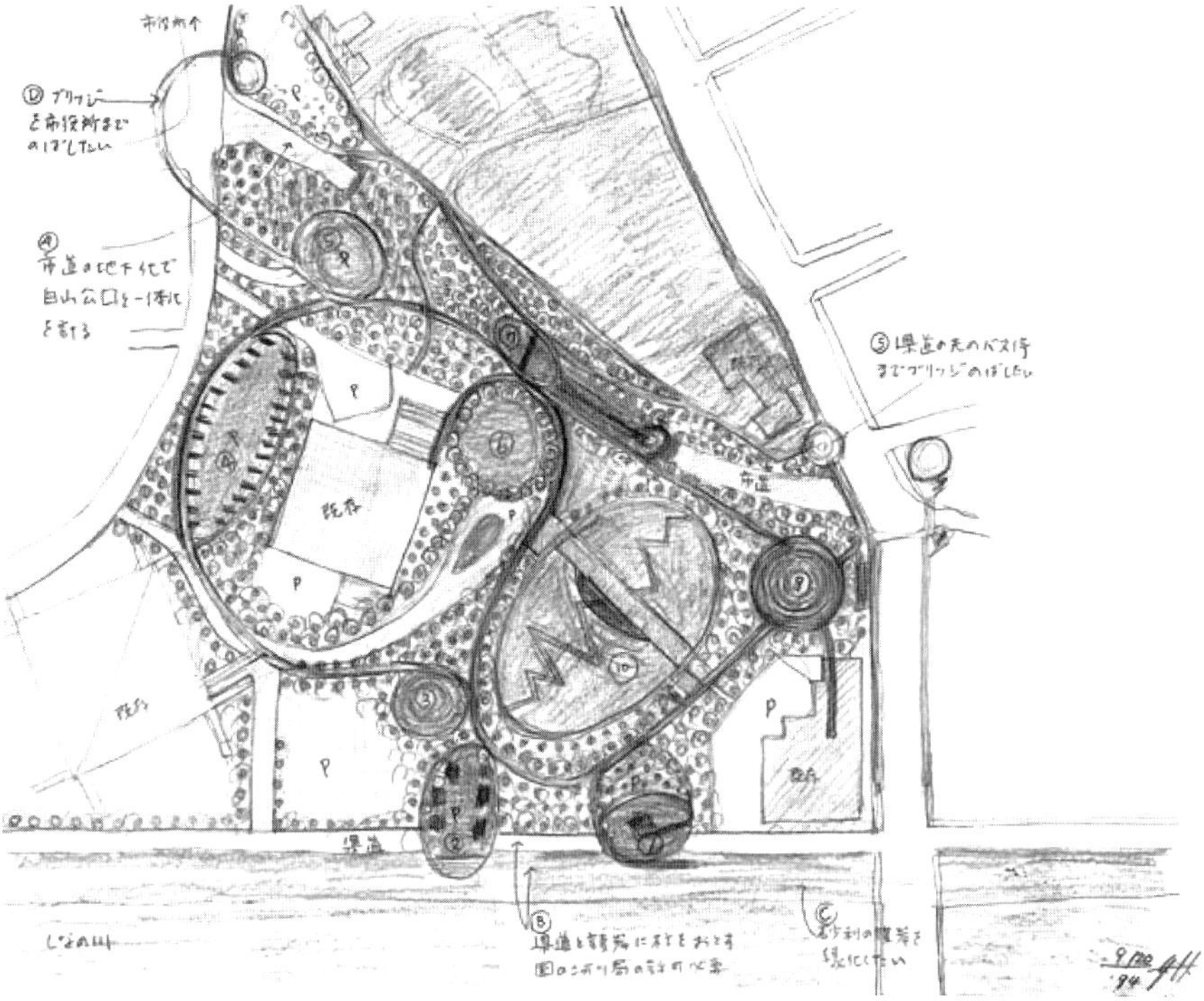

〈新潟市民芸術文化会館〉実施設計が始まった頃のスケッチ

な遊歩空間としています。言ってみれば群島システムは既存の都市空間を編集する手法なのです。敷地を基盤としながらも、敷地をめぐる都市環境を再編集するわけです。

このような群島システムは、新潟市の都市形成の歴史を探求することによって見出されました。新潟の地形を時系列的にスキャンしていくと、それは川に浮かぶ無数の島々と負の島というべき無数の潟の集散によって変遷していくダイナミックな変化が見られますが、この変容にインスピレーションを得て群島システムが考案されました。

群島システムがめざしているのは、既存の都市環境のなかに浮遊領域をつくり出すことです。かつて水辺の空間には、多種多様な人びとを集め、滞留させ、異種混交させるような文化のインキュベーターとしての力、パブリック・スペースとしての力が潜在していましたが、近代都市のなかで失われたこのような力を建築とその外部のデザインによってうまく立ち上げ、気楽でセンシティブでコミュニケイティブな現代都市のなかの浮遊領域（フリースペース）をつくろうと考えました。

コンサートホール、劇場、能楽堂の三つの異なるホールは、ゆるやかな円弧を描くガラスの幔幕で包まれ、一つの大きなロビーを共有し、多様なジャンル間の交流を深めるように考えられています。ロビー空間は、外部に浮かぶ空中庭園の一つとしてデザインされ、催し物がなくても自由に入ることのできる室内化された公園のようなものとしてとらえられています。通常、ホール建築は、遮音その他の理由から外壁は堅い殻のようになりがちですが、この建築では、閉鎖的な壁をすべて内部のコアとし、外周部を三六〇度開放し、ロビーの公園化をはかっています。二重になったガラスの壁の間には遮光スクリーンが設置され、日照や温度等をセンサーで感知して電動で制御し、熱効率のよい環境をつくりだします。

〈新潟市民芸術文化会館〉
ロビーに導入したブリッジ

建物の屋根はレンズ状にふくらむ緑の丘となっており、ドラマティックでファンタジックな眺望と散策の場を提供し、空中庭園というイメージを実感できるような空間となっています。この緑の屋根は遠景として見た場合は、市街地に浮かぶ緑の丘となり、これからの時代の公共空間にふさわしいイメージを表現するものとしてデザインされています。

・・・

講演

公共建築と都市

はじめに

建築家にはいろいろなタイプがあると日頃から思っています。今日は私なりの建築の考え方や設計の進め方を、〈新潟市民芸術文化会館〉を通じてお話したいと思います。〈新潟市民芸術文化会館〉は公開コンペティションで設計することが決まった作品です。二年ぐらい設計に費やしました。そして三年半ほどの工期を経て、この十月二十二日にオープンします。

〈藤沢市湘南台文化センター〉のコンペティション[1]以来、文化施設をつくり、公共建築を考えてきました。私は建築を住宅から始めましたが、どのように建築があったらいいかという模索はいまも続いています。建築は建築家だけの世界にあるものではなく、いろいろなことと関係するなかでさまざまなこととリンクしながら成立していることはだれでもわかっていますが、そのことを紐解いていくことはなかなかたいへんです。私は自分の考えだけで押し進めてしまうことの危険をいつも感じてきました。住宅のときも、クライアントとの共同設計であると宣言して、できるだけたくさんのディスカッションをしてきました。しかし、人間は多くの欲望を持っていますから、そうしたものに振り回されるような結果になることもありました。そういった経験のなかで、公共建築がどうあるべきかについて前々から考えていました。建築家の作品性を優先してつくるのではない方法はない

『私の建築手法　長谷川逸子・伊東豊雄・佐々木睦朗・妹島和世・内藤廣』東西アスファルト事業協同組合・田島ルーフィング株式会社、一九九九年

▼1…湘南台文化センターの設計競技は一九八五年秋に募集がはじまった

ものかと、住宅同様つくる側の論理ではなく、使う側の論理でつくりたいと模索しつづけてきました。〈湘南台文化センター〉で初めての公共建築を手がけたとき、いかにその考え方を公表し、利用する人たちと対話できるかについてずいぶん悩みました。地鎮祭のあいさつで、そこにあるかたちだけが建築ではなく、つくっていき、さらに使用していくプロセスを重要視していきたいと話しました。その結果、利用者とのやり取りを百回ほど経験できました。建築をどのように公開していけばよいのか、あるいは自分の考えと相手の考えをどのようにしてぶつけていけばよいか考え、利用者と対話し意見交換していくことをいろいろな方法で試みてきました。

〈新潟市民芸術文化会館〉でも、コンペ案が公開されると同時に、市民の人たちからたくさんの意見が出てきました。行政は、十年がかりで進めてきた企画でずいぶん前に公表してある、の一点張りでした。しかし、市民の方々は、行政に異議申し立てを続けていました。どうして二千人も入るホールをつくるのかについて、その後振り回されました。私は、意見がある人はできるだけ会話をする方向にもっていくよう心がけました。一部の代表者の意見だけを聞いて進めると、批判の種が生まれるという繰り返しになりますから。しかし〈湘南台文化センター〉のときとは違い、なかなか固い行政と渡りあわなければなりませんでした。

意見を聞くことによっていろいろなことを学ぶことができるし、私の考えも伝達できるので、建築をつくるプロセスでコミュニケーションは欠かすことができません。

建築のヴォイド化「ガランドウ」「はらっぱ」

私の設計した住宅は、結果的には内部はヴォイド、つまり「ガランドウ」でした。外は非常にオブジェクティブではないかと批判を受けても、住まい手の人生のプロセスを引き受けるなかでつくっていこうと提案し、積極的に建築をヴォイド化してきました。〈湘南台文化センター〉のプランも、装置としての小屋根がたくさんついているのに、プランを見るとガランドウです。できるだけ活動のプロセスに合わせられるようインテリアにフレキシビリティをもたせようと、いつも考えています。何もない空間ではなく、何もなく見えるそこに新しい活動の可能性を立ち上げられる空間をつくっておこうということです。

多くの人たちは生活者としての素晴らしい意見をもっています。住民はそれぞれに専門家です。私たちや行政が考える以上のソフトやプログラムも考えつきます。そうしたものが、設計のとき十分にフィニッシュできるとは限りません。特に日本の社会は次々に変化していて常にアンフィニッシュな状態にあるなかで、「ここはこういう活動をする場所」という具合に活動を固定してしまうことは、時間の流れに対応できないように感じます。アジアの国では社会の変化はたいへん激しいもので、それだけ積極的な活動もあります。

私は住宅での「ガランドウ」を、公共建築の内側にだけではなく外側に求めて、〈湘南台文化センター〉では、グラウンドレベルのところを「はらっぱ」のようにつくりたいと考えました。〈すみだ生涯学習センター〉でも、人が歩いていく横丁のような広場をつくりました。私は公共建築では、行政が何をつくるかについて長いディスカッションを続けていくなかで、それについて足りないものを外側に求め、はらっぱのような空間を立ち上げるというつくり方をしてきました。

私は田舎で育ちました。家族で出かけ、川辺でテントを張ってピクニックをしたり、海に船釣りに出かけたりして過ごしました。そうした場所は、かつてはそれほどコントロールされていない自由空間でした。たくさんフリースペースがあって、それを公共空間のよ

〈焼津の住宅2〉
「ガランドウ」の内部

うに感じてきたし、道具をもっていけば何か立ち上がる、そういう「はらっぱ」だったという気がします。ところが最近は、そうした場所は公共の管理によって自由に使えず、許可を得ないと入れないイメージが強いのです。

どのようにして自由に使える場所を残していくかも、私の公共建築のなかの一つのテーマです。ディスカッションで次々に出てくる意見を、できるだけ単純な空間をもって、生活の多様なシステムの複雑さを引き受ける場をつくることを、「ガランドウ」で提案してきました。それを内側につくろうとするとコンペの面積違反になってしまうため、外側にどれぐらい確保できるかに挑戦しているように思います。その代表が〈新潟市民芸術文化会館〉のアーキペラゴ・システムです。

林に島を浮かべる

敷地は新潟の中心街にあり、隣を信濃川が流れています。市街地のセントラルパークと名付けられていた大きなエリアで、市役所や体育館があります。敷地の隣にたくさんの松で立派な白山公園があります。埋め立て地のため地下水位がすごく高く、佐藤総合計画が設計した〈新潟県民会館〉(一九六七)と岡田新一さんが設計した〈新潟市音楽文化会館〉(一九七七)は、奈落を地下につくれないために地上六メートルぐらいのところにロビーがあり、階段でいっせいに上るようにできています。ですから当然今回も同じレベルまで上っていくような丘をつくって、それぞれに入ろうということにしました。コンペでは、他施設にブリッジを勝手に架けないでください、といわれていったん取り外しましたが、最終的にはすべて架けさせてもらいました。

基本設計では、〈県民会館〉〈音楽文化会館〉〈[新潟市]体育館〉のそれぞれのパーキング

〈新潟市民芸術文化会館〉
日本海に注ぐ信濃川

のうえに屋根をかけ、パーキングも土壌改良して林にして、ドライな土埃のするエリアを潤いのある緑に改良しようと考えました。新潟はもともと浮島がたくさんあったところで、それをイメージして林のなかに島を浮かべようと思いました。アーキペラゴ・システムを導入し、水と緑の環境をつくって、ビルディング化してしまった地方都市のヒートアイランドの防止と都市の再編集を提案し、二十一世紀のグリーンアイランドに向かう目標をつくりました。

基本設計でコンペのときより屋根の反り方が反転しました。コンサートホールの天井高と町からの見え方を考え、レンズ状の緑の丘にしたいということで、屋根がふくらんでいます。コンペのとき少しオーバーしていた面積を合うようにしたために、コンペのときよりロビーが少しきつくなりました。

新潟には、信濃川の奥のほうに浮島群のあるたいへん美しい潟がたくさん残っています。〈体育館〉〈県民会館〉〈音楽文化会館〉が建っていて、そのすき間に空間をとりながら大きな三つのホールを含んだ建物が実現し、その周辺に七つの浮島が浮いているかたちです。水があって、稲作が盛んで、という日本の美しい原風景をいまでも残しているのが新潟です。江戸時代の人口は多く、佐渡の金山、銀山のために豊かで、さまざまな芸人もやってきました。浮島の豊かな風景のなかに幔幕を張って演じられた、そういう伝統芸能を継承していく場にふさわしいウォーターフロントだと感じました。新潟にたくさん残っている伝統芸は屋外で行われます。現在の敷地は戦後の護岸工事によってできましたが、そうした芸術を披露する場所にしたいと、パーキングのうえに浮島をつくり、「はらっぱ」にしようと考えました。そのはらっぱに加えて、コンサートホールとシアターと能楽堂という専門ホールがあるわけです。

〈新潟市民芸術文化会館〉
屋上より信濃川と空中庭園を見る

建物もひとつのソフトである

公共の場として、その専門ホールはどのような意味をもつのだろうと考え、もう一方で市民が自由に使える野外のパフォーミングアーツ・センターのようなものをどう用意するかにも悩みました。これだけのパフォーミングアーツ・センターをつくるからには、もっと積極的に利用される場所をつくりたいという思いが募っていました。丘でもある大きな卵型の浮島のうえは屋上庭園になっていて、回りに小さな島々を流れのようにひきつれている、というイメージが最初にありました。

建物のなかには、二千人ほどのコンサートホール、九百人ほどのシアター、四百人ほどの能楽堂、演劇リハーサル室、音楽リハーサル室、練習室、市民ギャラリー、レストラン、ティールーム、屋上ラウンジなどが入っています。

新潟も潤いのある風景は郊外にあって、市街地はどこの地方かわからないほど地方都市独特のたくさんのビルが建っています。ここは地盤の悪い埋め立て地であるために、富山のようには植物が豊かに育たなかったこともあって、緑の少ない町です。浮島に見立ててつくったグリーンは、都市のなかに庭園をつくっていくように考えられないか。特に大きな都市計画のなかでは、道路にはもちろん植栽はされているんですが、植込み幅が少なく、排気ガスで植物がいたんでいるのをよく見ます。ベルト状にグリーンをつくっていくのが難しい都市では、小さな空き地にこうした浮島のような「はらっぱ」をつくっていくことが有効だと思うときに、都市の環境をつくり、グリーンを広めていくことの手法にもしたいと考えて提案しているところがありました。

オペラ歌手の貴族の奥さまのために つくった「グラインド・ボーン」というイギリスのオペラハウス[2]が何年か前につくり直され、そのオープニングに招待を受けて行きました。

▼2…グラインド・ボーン、Glyndebourne House。中世荘園領主の館マナーハウスを活用したオペラハウス

〈新潟市民芸術文化会館〉屋上庭園を歩く人びと

多くの人たちは、高級車にたくさんの衣装と食べ物を乗せて、朝ロンドンを出発します。一日がかりでオペラを楽しみに出かけるのです。館のイングリッシュ・ガーデンにはコーナーがたくさんあって、昼はみんなドレスアップして、まるで印象派の絵のごとく、おいしいものを食べながらしゃべっていました。それからオペラが始まって、早々と着替えてディナーがあって、ディナーの後も外でまた会話を楽しむといった様子でした。庭園がオペラハウスといっしょにあるわけです。

日本はイギリスよりもよい気候です。新潟も冬は寒いですけれども、夏のはじめ頃は東京より過ごしやすいよい季節です。そういう季節には、オペラやコンサートのビフォアやアフターのケアもできればと頭のなかにありました。単にぱっと行ってぱっと見て帰るのではなく、町の人たちの生活のシステムのなかにある場所にするためには、いろいろな仕掛けがいるのではないかと思いました。ピクニックを楽しんだあとに子ども劇場を見るとか、屋外でもワークショップをしてみるとか、野外で伝統の綾子舞を見るとか、そういうことをすることによって、普通の生活をしている人たちのなかに芸術や文化が入っていくのではないかと考えました。

共通ロビーはいつも開かれていて多様なイベントが展開しており、町の一角のように公演に来た人たちが横断していく。共通ロビーがないと、冬でもウェイティングは外になってしまいます。開場と同時に入るとすぐに始まって、終わると飛んで帰るような、人に会うとかあいさつをする暇もないという運営が日本では多いのです。私はここでは、自分の考えている運営の仕方についても、市民の人たちに伝えていかなければいけないと思いました。それは同時に自分の考えをよりよく使ってもらうためです。

私は建物も一つのソフトであると説明しました。三つの建物に分散しない理由は、音楽、演劇、伝統芸をする人たちが会うことなくばらばらの建物に行く、それを鑑賞する人たちも会うことがなくばらばらでいるというのではなく、人がさまざまな場面で出会うことによって、コラボレーション、クロスオーバーが可能になるからです。伝統芸の人たちとオペラ歌手が競演するなど、現在さまざまに行われていることがスムーズに進んで、ここでの出会いのなかで、新しい芸術が新潟に生まれることがあって然るべきだし、そうした出会いがあることによって、世界から来る人たちに新潟の伝統を知ってもらうことができます。

そんなことから、私は三つのホールのコラボレーションをテーマに新しいパフォーマンスが起こる期待を込めて一つの建物にまとめました。オープニング企画[3]を見て、コラボレーションは公共ホールのテーマになると確信しました。

▼3…ジョン・ケージとマーサ・カニングハムによる「オーシャン」など

ワークショップの重要性

では、ホールをどうやって使うのかということになります。それだけのものをつくるからには使えるようにしなければなりません。私は設計をしているほぼ三年の間、N-PACワークショップを開いて、公共ホールをどう使っていけばよいか勉強することにしました。全国から、うまくホールを生かして、公共性について考えているベテランを招いて学ぼうという趣旨でした。全国から募集に応えて三百何十人集まっていただきましたが、そんなに大勢でいつもやっていられないので、公開システムをとりながら、八十人ぐらいの人と三年間勉強しました。音楽会でのレセプションについてお辞儀の仕方まで、サントリーホールの方に習う回もありました。そのようにいろいろなことをしながら、この建物をどうやって運営するかについてやってきたわけです。一番勉強をなさったのは行政の人たちで、これから実際にN-PACワークショップで学んだ人たちが中心になって動かし始めるところです。最終的には市民をうまくボランティアに巻きこもうと行政は考えています。

そんなことで、この建物のあり方を積極的に公開したいという意識と同時に、使われるものにすることを、設計から工事期間を通して忙しくやってきました。私はそうしたことをすることに、もう一つ意味があると思います。〈湘南台文化センター〉でも、建物が建つ以前のはらっぱで、盆踊りや豊作祭が行われていました。そこに建築をつくることによってそういうことがすべてできなくなってしまうことは、まさに生活の場を壊してしまうことではないかと感じ、地下に建築を埋めてプラザをつくり、丘のような建築を立ち上げたわけです。そこにあった活動をぜひ継続させたかったのです。それまでその場所で行われていた活動を継続しながらやっていくことが文化だろうと思うからです。〈新潟〉でも、都市のアルケオロジーの継承だけではなく、それまであった文化を現代的に継承しながら、さらに発展させて成長させていかねばならないと考えました。建築をつくったものの、町の持続している芸術を壊してしまうのでは何にもなりません。そのためにも、ワークショップや対話集会を開くことは重要です。

都市のアルケオロジーということが私にとっては建築の原点みたいなものです。風景や文化を継承しながら、いかに新しいことを立ち上げていくかを模索するなかで、そこにあった都市や土地の歴史を見据えて建築をつくっていきたいということが私のなかにあるのではないかと思います。特に公共建築をつくりはじめてからのアプローチはこのように進めてきました。

寒冷地にガラスの建築をつくる

建物の外観について話を進めてみたいと思います。ガラスを金具四点で支持するDPG工法で透明度の高い外観をつくりたいと思い、コンペのときに透き通ったアクリルの模型を提出しました。構造は林のような樹木形にしようと考えていました。同じレベルに空中庭園が展開していますが、そのレベルにある「はらっぱ」を共通ロビーにしたいと思うときに、すぐ横にある「はらっぱ」が同じレベルで見え、一体になっているくらいの透明感がほしかったのです。

〈大島絵本館＋絵本ふれあいパーク〉の設計の際に、富山のいろいろな公共建築を見学したのですが、寒冷地では窓が小さいことに驚きました。寒冷地になぜもっと開放的な空間ができないんだろうと〈絵本館〉のときに研究し、ガラス建築を北海道の寒冷地仕様を使ってやりました。今回はそれをもっと積極的にやりたいと思っていました。すると案の定、コンペのインタビューのとき、「この寒い地域にガラス張りの建築を提案するとは何事か」と、まっ先にいわれました。

DPG工法の透明感のあるガラスでどのように断熱性をもたせるかについて時間を費やしました。できるだけ機密性の高いペアガラスを二枚立て、魔法ビンのように空気層をつくり、断熱したコンクリート相当の断熱性のある壁に近づけるという計算をしながらやったわけです。太陽光と熱を利用する省エネルギーを考慮に入れています。ガラスとガラスの間は人が通れるほどの幅があり、清掃する機械もついています。

ガラスの幔幕は間に「オーニング」と呼んでいる薄膜のダブルパンチングメタルの遮光スクリーンを入れました。照明と熱をどのように取り込むか計算し、どれぐらい光を入れて熱をシャットするかのコスト・コントロールをするセンサーもつけました。寒いときに

〈新潟市民芸術文化会館〉センサーでオーニングが開閉する

は放射熱を逃さないようにしなければいけないので夜は閉めます。日射が強いときも閉めます。日常はセンサーを動かして省エネを図っていますが、イベントなどで外を全部開放したいときにはそのセンサーをストップさせます。

このようにして、寒冷地の建築をガラスでつくることを研究させていただきました。コンペのときには全周ダブルウォールでしたが、思っていた以上にコストがかかるため、北側や状況の厳しいところは、ドイツ製の半透明でスポンジ状の断熱材オカラックスを入れた複層ガラスにしました。なかの人の動きがシルエットになって見えるような半透明の外壁になっています。

三つのホールをおさめた内部

浮き構造というむずかしい構造を木村俊彦[4]さんに頼んで、三つの大きなホールをおさめた。内部について説明します。コンサートホールですが、市民の室内楽のグループが活躍していることもあって、響きのよいようにとヴォリュームをコンパクトにおさえました。サントリーホールと同じ座席数ですが、ヴォリュームは小さいです。スプルス[5]を貼ってカジュアルな雰囲気にしました。劇場の方は、コンテンポラリーな演劇専門のホールを基本としながら、和ものもできるマルチシアターを設計しました。

私は、専門ホールということの縛りが、公共性の問題を多く残していると思っています。日本では多目的ホールをつくるにあたって、専門家から建築家がずいぶん痛めつけられてきました。専門ホールはきちっとつくれというわけです。しかし、私はこのシアターに可動のプロセニアムアーチを提案しました。プロセニアムアーチが動くことによって、伝統芸能からオペラまでできるマルチ・シアターになるはずです。

〈新潟市民芸術文化会館〉ダブルパンチングメタルの遮光スクリーンが光の粒をおとす

▼4…（一九二六－二〇〇九）構造家。湘南台文化センター、新潟市民芸術劇場などの構造設計者

▼5…家具や建具によく使われる素地の白い木材

ロビーには外のブリッジが入ってくるようなかたちになっています。中心にある共通ロビーに設けた五つの卵型のミラーが、あちこちをゆらぎながら映し出しています。唯一の装飾といってもよいでしょう。赤い木の壁の内部がコンサートホールで、黒い木の壁の方が劇場です。

コンサートホールの椅子は、立ち上げるとそこにルーバーがあり、人が座っているのと同じくらいの吸音をする最先端の素材が入っています。スペインのグレンツィング社[6]のパイプオルガンも入れました。

能楽堂ですけれども、新潟は茶道が盛んなため、楽屋が全部茶室になっています。ここでも日本舞踊などをやりたいということで、本来伝統芸が演じられた野外の雰囲気が味わえるように、鏡板と橋懸かりの羽目板を外して中庭が見えるようにしています。目付柱、角の柱も外せます。能楽堂というより、トラディショナルなさまざまのことができる場所にしようという市民の意見を、行政とともに引き受けて変更しました。屋上にはパーティーができるような展望ロビーもあります。

このようにして水辺の町に新しい文化の館ができました。〈湘南台〉は、「これは私たちがつくったもので建築家がつくったわけではない」という人がいるのですが、〈新潟〉もそんなふうでいいのだと私は思っています。たくさんの人の意見と、市民との意見交換を反映して成立したわけです。[7]

インクルードしていく建築

スタートのときから建築家とは何だろうと考えるなかで、単にものをつくればいい、アーティスト的な作品をつくればいいということだとすると、ずいぶん建築という理念は

▼6 … Gerhard Grenzing, S.A.。ドイツ出身のグレンツィングがスペインに創業したパイプオルガンの修復と製作をする会社

▼7 … この後に続く湘南台ほかの作品解説と「プロセス・シティ」についての節を省いた

〈新潟市民芸術文化会館〉オープニングの日のロビー

狭いものだと思っているところがあります。もっと何かさまざまなことに関係して接続して、リンクして成り立っていて、そういうものをインクルードしていくことが、建築が生きていく過程であるのに、なぜそのことに関わらず建築ができるんだろうという思いが強いわけです。建築にはいろいろなやり方があって、そういうものをカバーしていくのだろうけど、私はまだまだその手法が見出せないので、住宅をつくってきた過程で十数年かけて学んだことをさらに公共建築のつくり方にし、そしてランドスケープの問題にしているわけです。こうした研究をどのように進めていくかを考えながら、この水辺にたたずむ〈新潟〉の仕事もしてきました。

「つくる論理」優先の国にあって、建築家は業者扱いを受けていますが、「使う論理」から出発する建築論は、なかなか社会に理解をされないゆえ、積極的にこうしたことについて話す機会も狭められていると感じます。私たちが考えていることはあまり日本で話しても受けないものですから、日頃は建築の仕事の話だけで、外国の大学へ行って話しています。しかし、日本も不景気のなかで「建築家って何だ」と普通の人たちもそろそろ考え始めていますので、建築家の役割が本格的に見直されなければいけないのではないかと実感しています。

〈新潟市民芸術文化会館〉
空中庭園からみる夜景

・・・アイランド・ホッピング

松島湾の多島海が入り込み、古くは崎と浦で構成された丘陵部だけの土地で、島々に橋が巡らされた庭園風の水辺空間を原風景とする塩竈。その水辺には塩竈神社があり、宗教空間の場と位置づけられながらも風光明媚な観光の地でもあり、聖と俗が入り交じりながら、パブリックスペースとしての大きなポテンシャルをもっていた。

能の「融」は幽玄のうちに風雅を表現する芸術的な作品といえるもので、そこでは、昔、融の大臣という京の貴族が塩竈の絶景に惚れ込み、その風景をそっくり六条河原の院にこしらえて、海から海水を運んで塩焼きを楽しんだという由来を語ることからはじまる一曲がある。塩竈には、この故事にちなんで「融ヶ岡」と名づけられた丘がある。塩竈のようにきわめて古くから都市のできる場はウォーターフロントであり、そこには人びとが集まり、芸能が演じられ、市が立った。交換や交遊、異なるものたちの共存を許すフリースペースとしてのエネルギーに満ちていた。

敷地南側のJR塩釜駅前側に新しい施設を配し、島形の「空中庭園」で既存の公民館と結びつけることで、かつての人びとが塩竈の多島海を巡ったように「アイランド・ホッピング」を継続させようと試みた。建物の構成は、駅側の県道から一階のエントランスホールに入り、スロープを時計回りに一周すると駐車場のある二階レベルに、もう一周すると「空中庭園」のある三階レベルにと、高低差のある敷地の特徴を生かしたものとなっ

塩竈ふれあいセンター

「建築文化」一九九九年八月号。塩竈ふれあいセンターの現在の公称は〈ふれあいエスプ塩竈〉

〈塩竈ふれあいセンター〉スロープがめぐる内部

ている。「空中庭園」には芝生の広場と人工池が配置され、屋外活動の場となっている。池に浮かぶガラスのスクリーンは、人の動きと水のきらめきを映し出し、美しい風景をつくり出している。都市のなかで光や風に包まれた快適さを感じられる浮島の提案であり、「はらっぱ」も水面も植物も都市に潤いを取り戻す装置として導入されている。単純で大きなヴォイド空間を有する建物の外観は、スロープを張り巡らせたプランから生じる斜めの開口部と駅広場と、まちがよく見えるように切り開いた妻側の開口部で特徴づけられる。駐車場の屋根機能を備えた空中庭園から見える壁面は、旧い公民館の自然色に合わせて土色を選び、緑と水の庭園空間のバックウォールとした。

ここでのプランの形式は〈大島絵本館〉と同じもので、それぞれの部屋の区切りを設けず吹抜けのあるいくつかの空間が連続する構成が人びとに開放感を与えている。そしてさまざまな活動の場をスロープでつなぐことにより、それぞれの活動が閉じてしまうのではなく、お互いに関係をもてることがこの施設の一番の特徴となっている。人びとはゆっくりとスロープを巡りながら、インターネットをしている人、読書をする人、芝生で走りまわる子どもたちとかかわり、遊び、つくり、触れ合う。そうしていつでもそこに参加するきっかけがつくれるような開放性をもっている。

この一見ガランドウの内部空間は、使い勝手が固定されないため多様な活動を許容している。価値観の多様な時代にあって市民の自主的参加を促すよう意図され、利用者と施設職員が一緒に使い方を考えるこの方式は、実際管理者にとっては大変なことかもしれない。しかし、開館以来ボランティアの人びとの積極的参加も軌道に乗り、活発に使われているようである。ボランティアの活動は、ワークショップや学習室でのものづくりの指導やお手伝い、パネルシアターでの絵本や紙芝居の読み聞かせ、手話講座、ピアノやギターの弾

〈塩竈ふれあいセンター〉
旧館をつなぐ空中庭園で
くつろぐ人びと

き語りなど多岐にわたっているようだ。

この新しい建物では、孫に電子メールを送っている老人の横で高校生が雑誌片手に友だちとおしゃべりを楽しみ、ふと上を見上げると、ガラス越しにお母さんが子どもに本を探してあげているのが見える。現場で子どものアイレベルで見るチェックをしてつくってきた。大橋富夫さんの撮影写真に収めてもらった手摺りのスリット、スロープや階段からの視線は楽しいものになっている。エスプホールの長いロビーの先にピアノコーナーがあって人びとが集まっている様子は、まちのなかの路地のようであり、スロープをのぼっていく様子は外の坂道の風景にも見える。本を借りるために図書館に行くといった積極的利用者のみならず、一階のエントランスホールの情報広場は市民サロンともなっていて、通りかかった人が気楽に立ち寄り、いろいろなリーフレットや雑誌を手に取ったり、ミーティングできる空間である。また「空中庭園」も市民に広く開かれて、昼間は子どもたちの水遊び場となり、夕刻からは大人の憩いの場やデートの場になっていて、全館が市民の自由で自主的な活動を促すようにうまく機能していると思う。

塩竈市より、子どもを中心とする市民の多様な活動の場となる施設の設計コンペの招待を受け、その結果一等賞をいただいて実現した。塩竈市が何をつくるのか、時間を十分とって検討したと読み取れるコンセプトが書かれたコンペ企画書だったので、一緒に仕事を楽しみたいと思い、積極的にコンペ設計に取り組んだ。住民参加のもとで運営しようとする行政の取り組み方も、さまざまな運営企画も、大変おもしろくて嬉しく見せてもらっている。これからの公共建築のあり方を模索しながら、この施設を成長させていってくれることを期待している。

〈塩竈ふれあいセンター〉空中庭園

・・・プレゼンス・オブ・ハセガワ

比嘉武彦

かつてイッコ・ハセガワは、太平洋沿岸のまばゆい光のなかで帆をあやつりながら過ごしていた。海の上では、常に変化する波と風と光の状況を瞬時に読みながらその隙間にからだを滑り込ませなければ前には進めない。陸に上がった彼女は船をつくろうと思い立つが、その頃はまだ船をつくるための技術を学ぶ場は女性には開かれていなかった。そういうわけで彼女は建築の世界に足を踏み入れることになったのである。

1 ヴォイドへの意志

イッコ・ハセガワの建築のアクチュアリティーは表層的な形態の戯れの彼岸に垣間見える〝ヴォイドへの意志〟にある。〝ヴォイドへの意志〟は、イッコ・ハセガワのすべての建築を貫いて浮遊している。イッコ・ハセガワの建築はこの〝ヴォイドへの意志〟が通過していったあとの痕跡（すなわちヴォイド）として呈示されているといってもよいだろう。〝ヴォイド〟はイッコ・ハセガワの建築のハードコアであり、可能性の中心である。〝ヴォイド〟とは文字通り空隙のことであり、何もない空間といってもよいが、イッコ・ハセガワの〝ヴォイド〟はもっと動きを孕んだ何かである。例えていえば、ベンヤミンの「破壊的性格」というエッセー[1]のなかにある「場所をあけろ！」というスローガンが最も近い。場所をあけろ！　そうすれば、すくなくとも一瞬、何もない空虚な空間ができるだろう。

「建築思潮05」一九九七年三月。『生活の装置』住まいの図書館出版局、一九九九年に再録

▼1…『ヴァルター・ベンヤミン著作集1　暴力批判論』（晶文社、一九六九年）所収

この空間を占有することなく使いこなせる人間がいずれはあらわれるだろう。このときに立ち現れる「空虚な空間」がイッコ・ハセガワの〝ヴォイド〟である。

〝ヴォイド〟はイッコ・ハセガワの初期の住宅から最近の建築に至るまでを横断する通底器である。初期の住宅ではまず内部化されたヴォイドとして、〈湘南台文化センター〉以降は外部化されたヴォイドとして、その後は内部外部の混成するヴォイドへ向けてジグザグに展開していく。この〝ヴォイド〟にまといつくようにして、イッコ・ハセガワの表現的な部分、P・クック風にいえば逃走する魔術師の技芸が花開くのである。[2]

〝ヴォイド〟は、最初期の住宅においてすでに見出され得る。たとえば〈焼津の住宅2〉では、一見するとフォルマリスティックな形態の取り扱いに関心があるかのようだが、実際にはそのフォルムは「たまたまそこで切断された三角形のスライス」に過ぎないような便宜的なものであり、象徴的な意味を発生するものというよりは、敷地に投げ出されたヴォリュームである。このノンシャランスなヴォリュームの投げ入れこそは、イッコ・ハセガワの建築のはじまり、〝ヴォイド〟のはじまりである。そこにあるのは理解すべき理念や美的オブセッションではなく、ましてや形式でもなく、ただ単に場所をあけろという〝ヴォイドへの意志〟でしかない。

イッコ・ハセガワの初期の住宅についての当時の評論を振り返ってみると、そこには必ずと言ってよいほど、なぜだか知らないが立ち現れてくる複数性の感覚について言及されている。フォルマリスムを装いながらもその空間は部分部分で「破れて」おり、未完成感を漂わせていて、不思議なほど象徴性を感じさせない。しかもその複数性は、ミニマリズムのもたらす「レス・イズ・モア」的な感覚とも違って、ある種の雑種性を内包しているように見える。

▼2…ピーター・クック「進化し続ける才能」「SD」一九九五年十一月号

イツコ・ハセガワは初期の住宅の設計の頃には、ア・プリオリに存在する理念によって建築を組み立てることに不信を感じていたという。菊竹清訓のパブリックな空間のなかにも、篠原一男のプライヴェートな芸術にも、「この私」はいないと感じていたイツコ・ハセガワは、とりあえずクライアントとの対話に突破口を見出そうとしたが、いくら話をしたところで結局のところ要望というものは無限に流出するだけだったと語っている。いつまでたっても建築は立ち現れることなく、かといってとりとめもない部分を消去するような図式的なプランニングを啓蒙する気にもなれず、そうこうしているうちにこれらをすべて留保するひとつづきの大きな〝ヴォイド〟すなわちイツコ・ハセガワのいう「ガランドウ」を見出した。

2　転位するヴォイド

小住宅における比較的抑制されたフォルムの取扱いに対して、要素や形態が視覚的に多様化していくのは〈湘南台〉前後であるが、その兆候は意外に早く、すでに〈焼津の文房具屋〉にその萌芽が見られる。個人住宅から、文房具屋という住宅＋αの空間になったときに屋根の分節がはじまり、その後は建築が徐々にパブリック性を帯びてくるにしたがって、仮定されたフォルムはリテラルな複数性をもちはじめてくる。ちょっと愚かな絵解きをすれば、これまでの個人住宅、例えば〈焼津の住宅1・2〉ではひとつの小屋根だったものが、〈焼津の文房具屋〉、〈徳丸小児科〉では二つ三つと増殖し、学校施設である〈眉山ホール〉ではさらに増え、不特定多数の人が使用する公共建築の〈湘南台〉では最大値になっていったと考えることも可能である。

このようなイツコ・ハセガワの建築のリテラルな多様化の背景には、多木浩二の批評が

〈焼津の文房具屋〉

大きく影響しているのではないかと考えられる。〈焼津の文房具屋〉に至るまでの初期の建築について、多木浩二は、見かけの単純さにも関わらずなぜかそこに含まれてしまう多様性、多元性について言及し、評価したが、これを受けてイッコ・ハセガワは自らの建築において、より直接的なかたちでそれらを持ち込もうと考えたのではないか。磯崎新が浅田彰によってアイロニーからアレゴリーへと移行したように、あるいはマイケル・フリードに触発されたフランク・ステラが、ブラック・ストライプから複雑な形態の重ね合わせのレリーフへと移行していったように、〈徳丸小児科〉以降のイッコ・ハセガワは、多木浩二の批評に応えるようにして、多様性・多元性といったもの、実は最初から自らのなかにあったものを再発見し、表現しようとしたのではないか。

　このような移行の過程で、エレメントの増殖に並行して〝ヴォイド〟は徐々に大きなヴォリュームを獲得していく。というよりも外面的なデザインの多様化と〝ヴォイド〟は、徐々に無関係になってくる。そしてイッコ・ハセガワの初めての公共建築となる〈湘南台〉においてこの〝ヴォイド〟は、ある臨界点に達したかのように突如内部から外部へと反転する。かつて〈眉山ホール〉の小屋根群の中に内包されていたような〝ヴォイド〟は、膨張しながらぱっくりまっ二つに割れて押し広げられ外気へとさらされることによってパブリック・スペースへと転位するのである（イッコ・ハセガワにおけるコペルニクス的転回）。

　この転回を境にしてイッコ・ハセガワの建築は、パンドラの箱を開けたように一気に表層的な多様化へと向かう。これまでの比較的ミニマルな志向性から一転してイコノグラフィーの加速度的な増殖が始まり、パンチングメタルはそれ自体が波や雲のような形をもちはじめ、自然のメタファーあるいはもっと直裁的な自然のアナロジーとして現れてくる。外部へと反転した〝ヴォイド〟は《現実界》（ラカン）が噴出してくる裂け目のようにアン

左：〈眉山ホール〉外観
右：〈徳丸小児科〉アプローチ

フォルメルな形態が流出してくる空間となり、アナザーワールドの様相を呈することになる。

〈湘南台〉を中心として、〈菅井病院〉、〈デザイン博〉［名古屋デザイン博覧会インテリア館］、〈富ヶ谷のアトリエ〉、〈東玉川の住宅〉、〈コナヴィレッジ〉などは、一連の転移の系譜として捉えることが可能であり、ひとつの濃密な気圏を成している（イツコ・ハセガワは、これらを「第二の自然」と呼んでいる）。初期の住宅において見られた還元し得ない多数性は、それ自体がポジティブな表現の対象となることによって、リテラルな多様化をもたらし、形態のアッサンブラージュは遡及的に〝風景〟（意味論的な磁場）を喚起する。これによって独特のイマジネイティブな空間が出現することになるが、〈湘南台〉においてイツコ・ハセガワが求めたものは、おそらくシンボリックな球体や具象的な造形や小屋根群のなかにあるのではなく、プラザと呼ばれている外部化された〝ヴォイド〟のなかにある。ここにおいて〝ヴォイド〟は、陽射しや風や雨の通り抜ける天空へと開かれ、都市へと接続された。

3　反復するヴォイド

〈湘南台〉の二期工事が完了する九〇年代に入るとイツコ・ハセガワは、これまでの表層的な多様化を急転換することになる。〈湘南台〉において見出された「《現実界》の流出」とでもいうべきイマジナリーな空間はこれ以上探求されることはなく、外部化した〝ヴォイド〟は余分な枝葉を切り取られ、「原っぱ」という概念に還元される。「原っぱ」とは外部化した「ガランドウ」であり、パブリック・スペースのイマージュとしてとらえられている。広場ではなく「原っぱ」というところがイツコ・ハセガワ的であり、ここにおいて「場所をあけろ」という〝ヴォイドへの意志〟はシンプルなかたちで回帰しているように見える。（しかしながらこの〝原っぱ〟は未だ概念のままであり、字義通りのランドスケープに留まっている。）

「原っぱ」の建築化に向けてイツコ・ハセガワが最初に取った方法は、リテラルな〝ヴォイド〟の透明化である。これはすでに〈桑原の住宅〉において、アルミパンチングメタル（施主が建築資材を扱う会社のオーナーであったことから倉庫で偶然に発見された）の使用によって実現されていたが、この成果は〈絵本館〉によって接続されることになる。〈絵本館〉では、初期の住宅の「ガランドウ」のようなひとつづきの〝ヴォイド〟がパブリックな空間に転用され、さらにこの〝ヴォイド〟を半透明化することによって周辺の緑の丘を取り込み、「原っぱ」の建築化の一歩を踏み出すことになった。

ポスト〈湘南台〉とでもいうべき動きは〈すみだ生涯学習センター〉にも見られる。〈すみだ〉は、小屋根群や球体などのボキャブラリーを流用している点では〈湘南台〉のヴァリアントのように見えるが、〈すみだ〉においてはそれらはもはやガラスのヴォイドの中に潜行するプロセスのなかにあり、これらすべてを霧のようなパンチングのスクリーンが覆い始めている。さらに〈新潟市民芸術文化会館〉においては、すべてのエレメントは複数の円弧から成る単一のヴォリュームの中に消失することになる。

〈新潟〉では〈湘南台〉や〈すみだ〉における外部化した〝ヴォイド〟は、真中に裏側から両親指をあてて上へ押し出すようにしてもう一度外側へ折り込まれ、トーラス状の外部のような内部空間へと再転位する。これに伴ってエレメントのリテラルな多様性は消え、ひとつづきの円環状のヴォリュームが出現している。この円環状のヴォイドは、都市、川、公園、既存の文化施設といった外部空間と建築とをコネクトするリングとして機能しながら、内部空間においては、コンサートホール、シアター、能楽堂という異種の施設をパッケージングして浮かべるメディウムとして構想され、音楽と演劇、光と闇、伝統と現代と

〈すみだ生涯学習センター〉
パンチングメタルのスクリーン

いった二つの極をクラインの壺のように縫合し、ひとつながりの空間としてまとめあげている。都市を横断して航行する巨大な船のデッキのような円環状のヴォイドをひとまわりすることは、パフォーミング・アーツの二極をめぐる異なる価値に遭遇することであり、それと同時に新潟という都市・環境のコンパクトな体験が重ね合わされている。

個人住宅から公共建築へと移行するにしたがって、イツコ・ハセガワの〝ヴォイド〟は、フェノメナルな複数性➡リテラルな多様性➡リテラルな透明性へと移行し、今再び変化しようとしているように見える。今後のイツコ・ハセガワの建築は、内部と外部を混成したフェノメナルなヴォイドの創設へと向かうだろう。イツコ・ハセガワはこれを「原っぱ」あるいは「幔幕」と呼んでいるのである。これらの概念はナイーブな自然主義のようにきこえやすいが、イツコ・ハセガワが描いているのはもっとポリフォニー的であり、突発的関係、異物混交のフィールドである。端的にいえばイツコ・ハセガワの〝ヴォイド〟は、他者を迎え入れる空間をめざしているといえるだろう。

4　社会のヴォイド化

建築家としてのイツコ・ハセガワのもうひとつの可能性は、公共建築のプランナーとしてのいささか強引な手腕である。ハセガワはこの活動を便宜的に「ソフト」と呼んでいる。日常の実務においてイツコ・ハセガワは、その部分に多くの時間とエネルギーを注いでおり、実に多くの人びとを巻き込んで、スタッフが辟易するほどの軋轢を繰り返しながらもワイルドに推し進めていく。その様子から見ても建築プロパーを超えた部分に多大な関心があることが見て取れるだろう。イツコ・ハセガワは、建築だけ首尾よく完成することにはまったく興味がない。

〈湘南台〉では、当初単なる公民館的な施設であった中規模の多目的ホールを突如「市民シアター」と命名することを認めさせ、いきなり太田省吾を導入し、官僚的な行政システムの多大な軋轢をのりこえて、ほとんどゲリラ的とでもいうべき手法で最先端の演劇発信拠点をつくりあげてしまった。現在進行中の〈新潟〉では、「ソフト」立ち上げの橋頭堡としてスタッフ養成のためのワークショップを設立し、各界の第一人者を招いて話題を呼んでいる。これらはいずれも一建築家としての職能をはるかに超えるものである。

日本というサイトに限って言えば、建築家のはじまりは、明治政府のエージェント（文化の移植者）として登場し、西欧文化の圧縮・解凍の作業とモダニズムとが並行し、同時にこれらはグローバルに転移するコロニアリズムの運動と表裏であったという点が日本の事情を非常にややっこしくしているが、その出自からしても、社会へのメタレベル（プログラム）での関わり方を好むという点でも、日本の建築家は高級官僚のメンタリティに近いのかもしれない。ナンセンスな公共建築を告発することもできずに相変わらず〝建築〟をつくり続けるしか仕方のない建築家は、政治化された日本のシステムに完全に取り込まれており、これを変えることはなかなか困難なのである。

今後、建築が何か社会的に意味あるものであろうとするならば、具体的なシステムの破壊者となっていかなければならないのではないだろうか。最近は建築をアートに引きつけて、その自律性やアクチュアリティーを問おうとする動きが見られはじめているが、建築はアートに比べて社会のシステムに直に組み込まれているので、もっと効果的でラジカルな戦略が組み立て得る可能性があるのではないか。

公共建築におけるイツコ・ハセガワのアンファンテリブルぶりは、〝公共〟の無根拠性を曝露し、プログラムの欺瞞をえぐり出し、あり得たかもしれない可能性を垣間見させ、建築家のモノローグに陥りやすい〝建築〟という活動を過激なポリローグへと切り開いていく。しかしながらイツコ・ハセガワは公共という概念の転換を試みようとしているわけでもなければ、建築を間主体的な対話のネットワークとして構築していこうとしているわけでもない。その根本的な衝動は、既存のものごとの進行に対するやみがたい不信であり、そのために状況にはたらきかけ、その流動化をはかろうとする〝ヴォイドへの意志〟である。イツコ・ハセガワは建築というプロジェクトが立ち上がる社会的な場そのものをヴォイド化しようとしているのである。場所をあけろ！　そうすれば、すくなくとも一瞬、何もない空虚な空間ができるだろう。この空間を占有することなく使いこなせる人間がいずれはあらわれるだろう。ここにきてわれわれは、今さらのように建築にはメタ批評ではない実力行使の次元があるのだということに気づく。

〝ヴォイドへの意志〟は、半透明の皮膜に覆われたスターシップのようにゆっくりと航行し、イツコ・ハセガワのすべての建築を横断している。それは、波のゆらめきと風のざわめきときらめく光によって満たされ、都市という海を、あるいは建築という物質と観念の海を乗り切って、時間と空間の向こう側を目指していく。そのとき建築は、波に乗り、風を受けて、この海を快活に疾走していくための船に過ぎない。

（ひがたけひこ／建築家）

第五章

「つくる側の論理から使う側の論理へ」

本章には、一九九九年から二〇〇二年までの「つくる側の論理／使う側の論理」を主題とするテキストを集めた。〈湘南台〉から〈新潟〉まで、市民参加ワークショップ、各分野の専門家をとりこんだ運営のプログラムづくり、運営スタッフの養成を積み上げてきた経験が「つくる側の論理／使う側の論理」に集約されてくる。公共建築が市民の具体的な生活の場になっていくためには、「つくる側」である建築家の作品性の論理と行政の管理の論理からではなく、実際にその場／建築を使う市民や舞台芸術分野の人たちの「使う側」の論理を組み込んでいく必要がある。二〇〇〇年頃の公共建築をめぐる状況の変化、「使う側」や建築家と社会の関係を問う多木浩二氏との対談を章のガイダンスとして冒頭に置いた。

「生きられていく公共空間」（二〇〇二年、和文未発表）は「ＳＤ」一九八五年四月号「建築のフェミニズム」以来、繰り返し対談を重ねてきた多木浩二との最後の対談である。長谷川事務所には、ワープロ打ちされた原稿と、レイアウト原稿の二種が保管されており、多木の校正を経たと思われる後者を収録した。中国の建築雑誌「住区」の長谷川逸子特集（二〇〇二年十月）に中文が収録されており、この特集号のために行われた対談だと思われる。和文は未発表である。今回収録するにあたって「出来事としての建築　長谷川逸子の対話的プログラム」というオリジナルのタイトルを、多木の著作にちなんで「生きられていく公共空間」とした。読みにくい部分に語句を補うなどの修正を加えている。

「「つくる側の論理」から「使う側の論理」へ」（二〇〇〇年）は講演抄録、原題は「「つくる論理」から「使う論理」へ」であった。本章では、各テキストの題名を「つくる側の論理／使う側の論理」で用語として統一した。また、本文も意味の通りにくい部分に説明を補うなどの修正を加えた。

「つくる側より使う側の論理で建築を考える」（一九九九年）は、原題「作るより使われる側の論理で建築を考える」を改めた。〈袋井月見の里学遊館〉発表時の「ＧＡ」編集部によるインタビューである。

「公共建築の評価に思う」（二〇〇二年）は建築界のなかでの建築作品としての評価と生活者の視点からの評価が必ずしも一致しないことを指摘している。一部、語句を修正した。

・・・対談

生きられていく公共空間

多木浩二×長谷川逸子

中国建築工業社「住区　特集長谷川逸子」二〇〇二年第三号、和文未発表。二〇〇二年七月二十三日、長谷川逸子・建築計画工房にて

長谷川　建築は長い間つくる論理が優先されて来ました。このような状況にあっては、公共施設の利用者である市民は抽象化された概念でしかないのです。そうしたなかでその地域の具体的な生活を公共の場づくりに反映させる手法として、市民との対話や具体化のワークショップを行って来ました。

多木浩二　長谷川さんがそうしてこられたことはよく知っています。だけど問題なのは建築家つまりつくる側にあるだけではなく、使う側にもあります。普通の人間は建築に取り囲まれて生活しています。しかしそれらを自分たちで能動的に考え、かつ活動のなかに取り入れようという方法を手にしていないことが多いのです。つくる側の論理は特に近代建築以降専門性が強くなり、かつ洗練されて来ましたから、普通の人間はその論理に立ち入り難くなっているのが現状です。しかし、長谷川さんが対話という言葉で示しておられることは、私のように人文科学の人間にとっても実はかなり根本的な問題なのです。同じ対話という言葉を使いながら異質な多言語社会を考えていく方法にしているのです。これはまた後でもう少し詳しく話したいと思います。

もう一つ例えば書物をめぐっての議論のなかで、読書という活動を能動的なものとして捉えたほうが正しいと思われるようになって来ています。読書というのは作者の意図を掘り出すというより、それを自分の脳にして展開していくことではないかと考えるわけです。

それとパラレルで考えると建築の場合は普通の人間というのは受動的でしかありえない。都市のなかに放り出されてすごい建築があって、この建築を批判するとかどうとかというよりも、ただぼんやり眺めて終わってしまう。普通の人が能動的になれない限り、つくる側の論理のなかに使う側の能動性は入り込めないだろうという気がするのです。

長谷川　それはそのとおりだと思います。話を少し具体的なところから始めますが、劇場であれ生涯学習の場であれ、さまざまな公共の場所というのを長い間企画側の行政は、与えてあげる、管理してあげるのだという考えで企画してきました。その状況が変わり出したのは私が〈湘南台〉で公共建築をつくりだした頃からだろうと考えています。その頃行政の側はもっと自発的に使う側から発想したものを導入したいし、市民の方にも自ら参加したものをつくりたいという気運がありました。

その後の経験ではどの町でもそういう積極性があるとはいえないので、特にそれが藤沢市だったということもあるかなと思います。そういう気運が強い市から私は公共建築の設計をスタートして考えて来ました。

藤沢で出会った女性や子どもたちも施設を安易に与えられることや、管理されることへの反発は大きかったです。公民館のロビーを夜十一時まで開けておいて、子どもたちの勉強をする場所に使いたいとか、周辺にホテルがないので夫婦喧嘩をしたらそこへ逃げるような場所にしてほしいだとか、いまでも実行しているわけです。そのように管理を市民が自分たちでするということはそれまでになかったことです。限られた場所だけですけれど、鍵を市民に預けて自由に使えるということがありました。管理される人と管理する側があって、クライアントは管理する側だから、何時に開閉するかということは設計においても非常に重要なことでした。

〈湘南台文化センター〉
ギャラリーの子どもたち

〈湘南台〉では地下に建物を埋めてグランドレベルを開放して、少し上がればルーフガーデンがあるという、人工的な広場とグリーンの庭が重なって外部空間をつくっているのですが、そこを二十四時間オープンにしています。そこには隠れてどのようなこともできる迷路もあるわけです。藤沢市の議会はフェンスをつくって入れないようにするべきだと何度も言ってきます。その案を出せと言われたときに、二十四時間使われるために建物のどこが壊されているのかと問い返せば、具体的にはないのです。逆に他の公園や駅の公衆便所にイタズラしても、〈湘南台〉の広場では自由に使えるためにイタズラしないということがあるわけです。

そのように自由に使えて自分たちで立ち上げていく空地や「はらっぱ」のような場所こそ、市民が求めている本当の公共性ではなかったか、ということを最初の公共の仕事で感じとったのです。

生の言葉

長谷川　公共建築をスタートしたときから、管理するのではなくて、使う側にどのように自主性を発揮できるような場を与えられるかということがテーマになってきました。そのことを実行していくためには、市民がどうもそういう自主性をもっているらしいという想像の域では駄目だったのです。

行政を私の抽象的な考え方では説得できないので、市民の生の言葉があってその言葉をクライアントである行政に伝えなければいけませんでした。その生の言葉が必要なので、何度も集会を開いて行政側に聞かせました。あるいはワークショップを開いて市民が指導する先生を必要としているのではないということや、自らが自発的に創造的に活動する姿

〈湘南台文化センター〉
屋上庭園の緑

を行政人に見せなければならなかったのです。

市民に生身の身体を使ってもらって、彼らが公共の場にどういうことを望んでいるのかを伝えたのです。それが対話集会であったり、ワークショップだったのですね。

多木　その場合にどこかにズレは必ず残りますね。ズレがあっていけないとは思わないですよ。対話とはある意味で相手は他者なのですよね。つくる側と使う側の対話では完全に一致することはなくてズレがあっていいと。われわれの生活世界はぼんやりすごしているならともかく、少しでも意味の残るものにしたいと思うと、むしろ発見するのが他者とのズレた関係なのです。そのとき「対話性」という関係が我々を社会や歴史に入り込ませる役割をしています。同じことが建築でもいえるでしょう。そのズレを対話的にとらえてかつそれをうまく使っていくことが、ある建築が社会のなかに存在し、建築家と普通の人間が違った役割をもちながらその両方が社会のなかで活動するということなのではないですか。

長谷川　そのようなことを続けてきたなかで小さなズレであればよいのですが、まさに大きなズレを生じて、まったくつかみにくくイライラするようなワークショップもしてきました。しかし、市民の生の言葉を聴きながら、生活を横断していくことの一部に公共の場というものを開きたいと思って続けてきたのです。

市民参加

長谷川　最近では市民参加ということをテーマに掲げたコンペティションがあります。群馬県の町（邑楽町）で市役所と多目的ホールをつくるというコンペがあって、建築家として審査員をする機会がありました。市民参加でつくる建築というコンペで建築家は何をすべきかという議論のなかで、審査委員長である原［広司］先生は「システム」という言葉を掲げていました。でもその「システム」とは何かということを考えてみると、なかなか明快な答えは見つかりません。

多木 その場合の「システム」というのはつくるシステムのことでしょう。

長谷川 そうです。私はソフトプログラムの新しいパラダイムの展開を期待して「システム」があるのだろうと思って探していたのです。邑楽町での議論は「建築家は大きなシステムを提案すべきである」ということなのですね。ではその「システム」をどのレベルで提案するのかといえば、それは動かないシステムをつくることによって社会的な役割を果たすのだということなのです。立派な枠組みをつくったから後は自由に使いなさいということです。しかしそれは、私の考える市民がつくるプロセスに参加することとは異なるものです。

それくらい強い建築的なものを残さないと建築性みたいなものは成立しないと多くの建築家は考える。市民参加でつくる建築というのはもっと弱いシステムであってよいと私は思っていたのです。しかし、邑楽町での議論に私が探しているものは見つかりませんでした。

多木 そうすると、建築の「システム」というときには、ある強靭な建築の形態をつくることをよしとするのですね。

長谷川 そう思います。審査の段階ではそうでないものを期待していましたが、結果をみるとまだまだそういうことかなと思いました。

多木 問題を建築をつくる側に限ったとしても、その「システム」というのは、近代建築がつくって来たシステムを超えることはないのですか。

長谷川 いまのところないだろうと思わせる議論でした。もはや集団的要望というものは結集しにくく、誰もが互いに異なっていて、その差異のなかでコミュニケーションを続けている。そうした集合が公共の場になるのです。市民参加でものをつくろうとしたら空間というのはもっとイレギュラーで、変化していく様も現れるくらいの複雑なもので良いと感じています。

その複雑さはすでに私たちつくり手はどのようにでもつくれる。どんなに変形したものでもつくれるし構造も解ける。そういう技術的な状況のなかに私たちはいるのです。単純なシステムではなく、複数のシステムを入れることで技術的に解いていくことができるのです。そういう状況があるなかで、なぜ硬いシステムと立派さだけを誇っていかなければならないのでしょう。

多木 イレギュラーという言葉を使われましたが、それは示唆的ですね。建築はこれからどんな形態、あるいは存在の仕方をするのかをイメージさせてくれます。建築はいま、建築家のいろいろな主張にも関わらず正体不明のものになっているのかもしれません。その一つの理由が社会という各々の人間の生活を、割合固定的に考えているからかもしれませんね。この社会が流動的でさまざまな変容を遂げていくものとすると、建築をつくる論理も決してリジットなストラクチャーをつくってそのなかをお使い下さいということではないのでしょう。

非線形的な社会

多木 我々が生きている世界というのは物や出来事、それに我々自身の現実的かつ可能的な関心や活動によって構成されているわけですから、複雑でつかみ難いものです。私たち哲学者はそれをどのように把握するかをずっと考えてきているのです。この非常に多元的で流動的で複雑で非線形的な世界を捉えることが建築をつくる論理になっていってよいのではないかと感じています。

長谷川　建築家もそうした認識をもつべきだと思いますね。邑楽町の審査の壇上でコンペに残った建築家に問いかけてみても、本当に市民参加の意味が返ってこないことに驚きました。建築家というのは市民の生の言葉というものから程遠いところで生きているのですね。壇の下で聞いている市民の言葉など解らないのではないかなと思わせる言葉づかいでした。多木さんが言われるような、日常というレベルが含む複雑さにモダニズム建築は対峙したことがないのです。

多木　いままで住宅なら住宅でもそうだけれども、大きな家族が核家族になりまた単身者になりということは、だいたい建築家は皆知っているけれど、それほど単純な図式化で今日の人間の関係は掴めません。もっと人間の関係って複雑なのだということを認識しなければならないでしょうね。その複雑で流動している状態から直接に建築の形を導き出すのではなくて、それをどうやって建築家が捉えるか。たくさんの人間との対話のなかで、自分の言葉も実は対話のなかに生まれてくるのだということを考えなければいけない。

長谷川　そう実感しながらコミュニケーションは続くものですよね。しかしそういう教育も訓練もしていない隔離状態で建築家をやってきたのですよ。

多木　建築というのは非常に自立した世界をつくっていて、その対応物としての社会も揺るぎない概念で語られるような関係はもっているのです。都市も社会も概念的に語られているのですね。これはメタボリズムの頃からずっとそうですけれど、概念でしか語っていないのです。そういう抽象的なものではないもっと生の声が満ち、統合されないような社会、概念では統合されないような都市というものを語る言葉を建築家は持たないし社会学者も持たない。まだ誰も発見できていないのですね。

長谷川 個人主義の集合でカオスに見える程のスラム化へと向かいつつある都市であっても、生な人びとがつくるマナーや他人への配慮がつくる秩序でき上がっているのですよね。

多木 そのとおりです。私自身、なにか原則があってそれに従って生きているというより、絶えず自分を疑い、対話関係を通じて初めて社会や歴史に入っていける。長谷川さんが言われるように市民が幼稚かも知れないけれど、生の言葉を出すというのはそういうことですね。それにぶつかったときに建築家は考えなければいけない。馬鹿にしないで考えなければいけない。でも本当は無視しているでしょう。

長谷川 そうですね。建築家はそういう上下関係のなかで仕事をしていますね。

多木 そういうふうに思わないで考えてみると、知識人でもある建築家の言語が変わっていくわけです。建築家の言語が変わっていって、都市や社会についての考え方が変わってくれば、つくる論理が変わってくるはずです。そこで長谷川さんの言われるようなイレギュラーなものが生じてくるのかもしれませんね。

建築の社会性

長谷川 ちょうど私が菊竹先生のところに入社した頃はメタボリズムが盛んでした。そのメタボリズムというのが新聞で採り上げられたり俗化していくなかで、もう一度建築家が新しい言語を獲得することがなかった。それで一般のメディアのなかで潰されていくという印象がありました。

そういうなかで篠原先生の〈白の家〉が発表されて、ここに何かありそうだと感じとって先生のところへ行ったのです。〈白の家〉にはそういうメディアに壊されない正統性みたいなものがあったのだと思います。日本の伝統からきた白いヴォイドは美しかったし、絶対に壊されないものでした。それはメタボリズムとは対極にあるものに見えました。

あの頃には「建築の自立性」というより「正統性」というものを組み立てていたのですね。それは社会に対してメッセージを出している部分が強くあったと思うのです。しかし、メッセージ性とよい質の建築ができるということが重なることは大変稀なことですよね。私たちは「建築の自立性」という言葉を使って、その結果どこか建築という世界を狭くしたように思います。

多木 なるほど、その「正統性」と「自立性」を対比していく考え方は面白いですね。

長谷川 公共建築では始めの全体イメージは創作しますが、その後はディレクターのような立場に立たされます。さまざまな人とのコラボレーションが必要だから一〇〇%自分の納得のいくものなどできません。住宅規模だとそれができるのですが。

公共のものは一人の人間が数年でこなせるようなものではないので、住宅のように完結できるものではないのです。そこにはプロセスしかないし、未完のまま利用者に引き渡すのです。時間的発展のなかで、使う人たちによって変化していく場なのだと思います。「変化する場」というものは、つくる立場にある建築家からすればものすごい不安の残るものです。

多木 だから住宅建築をその頃の篠原一男は選んだのでしょうね。公共建築をつくるというのは沢山の要素があって、建築家の考えることもそのひとつであるということですね。だけども建築家の力によってこの対話関係をあるまとまりにするのだと思います。それが本当の意味でのつくる論理ですね。そこには他人がいっぱい入るわけです。しかし、社会とはこういうものですよ。一軒の住宅をつくるのであれば「正統性」の探求ができます。しかしそれを公共建築に生かすというときにどうなりますか。そこで「開かれた建築」という言葉を建築家は使うでしょう。これは例えば坂本一成さんも使いますね。

長谷川 多くの建築家が開かれたとか環境とか、外部という言葉を使いますね。

多木 そういう言葉を使いますね。じゃあ、「開かれた建築」とはどういうことかと考えてみると、これは社会なり世界なりが認識されないままでは、結局「開いていく」という言葉の意味がはっきりしない。これをどういうふうに建築家は考えているのでしょうね。

長谷川 建築だけで自立していないで、地域に根ざし社会と関わりをもつ建築だという言葉の短絡したものだと思います。例えばガラス張りの建築があって、その非常に具体的な透明性をもって「開かれている」という発言もありますね。それはガラスというものをもってつくるスタイルであって、「開かれている」という感覚をもてないものは多くあります。建築家自身の思考というものが社会との関わりをもっていないのですね。社会と接続した行動をとって、その結果としてつくっていないから思考の裏づけのない「開かれたもの」ということになるのだと思いますね。

多木 歴史的に考えてみると、建築はバロックくらいの時代までは芸術だったのですね。だけど、芸術から抜け出したのは建築が一番早いのだと思います。それが近代建築のひとつの側面だったのだけれど、建築の視野が広がったところで、もう一度建築を芸術にしてしまうというプロセスを近代建築のなかでとってしまったわけですね。

普通の人間はね、これは誰の建築なのかなんて思わないで街を通っているわけです。だけどその建築から受けるある感触を常に都市のなかを歩いているときにもっているのです。その感触が変化していくにつれて時代の変化というものを感じるわけだから、それが芸術作品であるかどうかというかたちで人びとに影響を与えているのではないのです。

ものすごくガラスが多くなったとか、そういうことも人びとにそういう触覚的な感性を与えているわけです。それがどこかでこの時代の何かと自分のなかの感受性との繋がりをぼんやりと感じさせられるのだと思います。

生活世界のホリゾント

多木 そのことによって建築は自立した芸術から抜け出したある新しい表象の形態で、しかもそれがある時代の人間の集合のなかから登場してくる。その集合というのは人間だけじゃなくて資本とか、政治とかいろいろなものが混じり合った集合体であって、そのなかから発生してくるものじゃないですか。

実は普通の人間はある建築が美しいとか巨大だとか感じているだけではなくて、それをつくりだした世界、自分自身もつくり手の一人であるような世界を建築に感じているのですよ。そこから感じるものによって時代を感じ、自分の生きている世界を感じているのです。先程言ったことを繰り返しながらもう少し正確にしてみますと、人間は生活している世界のホリゾントというものをもっているのです。そのなかで建築が生まれるはずなのだから、それと無関係に建築があるわけはないのですよ。

そうすると建築家の意識のなかに、建築をつくるための論理の言葉の意識のなかに、文化的な生活世界のホリゾントというものを採り込んでいって、それを直接表現するのではなくて、それが建築をつくるための一番根底にある思想になるのではないか。

しかし建築家がもつ特殊な技術、建築家しかもてない能力があるわけです。僕は言葉しかもたないわけです。だから言葉も実は対話的な多言語性に根ざす不透明なものだという考え方にまで到達したわけです。同じことは建築の場合にどう言えるのか。私のような哲学者が建築をみるのは世界を考えるに等しいのです。言葉とは違ったきわめて重要かつ実践的かつ理想的な領域なのです。

空間を立ち上げるということは人間にとってみれば、これは人間のひとつの本能みたいなものなのです。それを構築のテクノロジーと美的な感性が発達するにつれて、この本能を非常に専門化したところまで発展させてきたと思います。建築が芸術に、しかも最も高いところにある芸術になっていったのです。現代の資本や人間が集まり、動く。場合によっては戦争も日常化するといったような社会のなかで、この技術を人間たちが生きるための安全な場、また意味を生産できるものをつくっていくという位相へ転位させることが必要なのではないか。そういうふうに思いますね。

「技術」というのは工学的なテクノロジーという意味での技術だけではなくて、かたちをつくる技術もあるわけです。それから空間のプロポーションについての技術もあるわけですけれども、そういう貴重なものを建築はたくさん蓄積してきたわけです。

そういったものをこの現在の資本と情報と、非線形的に複雑化してしまった社会のなかでどうやったら実現できるか、そこではじめて他者との対話的関係を統合する能力もできるのです。

新しい公共性

長谷川 公共建築をつくってきて「公共性」ということをもう一度考えているのですが、行政が建てる建築を公共性の場というだけでは何も開けないなと思うのです。企業も行政と組むのは下手だけど、大きな資本が建築と結びつくという動きもあるのですね。いままでだったらオフィスビルをつくるくらいだったことが、もっと企業のイメージを別のかたちで出そうしているところもあるようです。

そういうところではオフィスビルの経済性だけではなくて、新しい人を集めるための空間を考えようとしている。私たちの最近の仕事でパチンコ・ホールのコンペ[1]があって、別に私自身パチンコが好きだということではないのだけれど、参加しようと思ったのはそういう意識があったからです。

公共建築をつくると、例えばコンサートホールをつくると、その空間に合わせてマナーもよく服装もよい魅力的な人がやって来ます。一方でパチンコ屋を覗くと振る舞いも服装も悪い。流れている音楽やパチンコ台の音もひどいものですが、そうでないものもできるはずですね。コンサートホールはこの国では格式ばらなくてもよく、カジュアルでマナーのよいところですよね。そのような様子でパチンコをすることもできると思うのです。

そこに健全さを持ち込んで、スポーツやブックショップなどさまざまなレクリエーションを複合させて、新しい公共空間というものを企業がつくっていく。そうすれば日常性に近接したものとして公共性が生まれてくるような気がしています。

公共建築に行くときの振る舞いとパチンコ・ホールに行くときの振る舞いを区分することのないカジュアルな空間にしたい、それが普通の人の生活感覚としてあるのではないかと思います。オペラをカジュアルな服装で見に行くのがよいかということは別の問題としてあるかと思いますが、サントリーホールへ行ってみても皆普段着で聴きに来ているのはウィーンの人にとっては驚きでしょう。しかしそのカジュアルさというのは得がたいものだと思うのです。はらっぱでコンサートをやっているようなものですね。

多木 なるほどね。そういう公共性を形成しようと。それはわかりますね。その公共性をつくろうということと最初に話した建築と社会性の問題も、つくる論理と使う論理との対話

▼1…パチンコサーカス(二〇〇二)

〈パチンコサーカス〉模型

的関係ということも繋がってきますね。

長谷川 いろいろなことのヒエラルキーをなくしてカジュアルにしたい、そういうところに公共性を開きたいのです。都市のなかで建築家の扱うものがA級やB級のものであれば、C級やD級のものを同じレベルに上げたいと思うところがあるのですね。私たちは生活のなかでゴミを出したり、いろいろと汚いものも見ているのだけれど、それらを建築家は扱わないということではなくて、それらもやはり、デザインしていきたい。そうすれば都市はもっと変わるのではないかと思うのですよ。自転車置き場だってそうです。高級化することはないけれど、それでひとつの建築ができるだろうと思うのです。そういう自転車置き場やパチンコ屋も含めて考えたときに、先ほど多木さんが言われたホリゾントのなかで現代都市というものが現れてくるのだと思います。

多木 そういうテクスチャーが都市をつくっているのですよね。

・・・講演

「つくる側の論理」から「使う側の論理」へ

川勝平太・蔦信編、次世紀の暮らしを語る懇談会『居心地のよい国ニッポン　ジャパニーズ・ドリーム』嶋中書店、二〇〇〇年

イルクーツクの青年

一九九九年八月はザルツブルクの「インターナショナル・ザルツブルク・ワークショップ」に一ヶ月ぐらい、ビジティング・プロフェッサーとして行っていた。ちょうどザルツブルク音楽祭が開催されている時期だったので、魔笛やドン・ジョバンニ、ドンカルロ、アルルと、オペラも鑑賞させていただき、優雅な気分を味わった。

生徒はインターナショナルだからさまざまなところからやってきていた。一人だけオーストリアに入るのに、二日間警察に捕まっていたというロシアのイルクーツクから来た学生がいた。外国に出るのが初めてだといって、遅れてきた。

三週間ちょっとだったけれども、最後には彼が一番楽しくて面白かった。ドイツ語も英語も話せない。なかなか言葉が通じなかったけれども、ほとんどモノクロにしか映らない、JVCと書いてある日本製のビデオカメラを撮影する技術はものすごく優れていた。この映像を通して私はコミュニケーションを繰り返した。みんなが発表するファッションや絵画の作品からまちの風景や人びとなど、いろいろなものの撮影はスピードの変化を取り込んだ独自のものだった。初めは私に見せてくれていただけだったが、次第にあちこちのクラスからそれを見せてほしいと集まってきて、学校の人気者になってしまった。彼は奨学金がもらえたからここに来た。持ってきた作品というのは学校で一番良かったというが、

伝統的な丸太小屋で、パオを大きくしたような丸いワンルームの住宅だった。

その青年はいろいろと吸収するのが速く、最後には複雑な造形で、みんなを引きつけるすごい作品をつくってしまった。そのとき、情報のあふれる都市から来ている情報人間と、こうして非常に情報が少なくローテクなエリアで生活する人間と、創造の情報は逆転していることを見た思いがした。自然に恵まれた環境がつくる身体化した豊かな情報について改めて考えた。なかなかよい経験をした。情報について考える時間が持てたことが、私のこのワークショップ参加の一番の財産かなと感じて帰ってきたところだ。

コミュニケーションを通して立ち上げる建築

私が設計した建築を通して、どんなふうに考えてやってきたかということを述べたい。

私は初めの頃、友人たちの住宅建築を設計してきた。大工さんがつくるのも、カタログ化した何々ハウスを買うのも大変な二十代の終わりから三十代が私のクライアントであった。十数年そういう小住宅を、まさに住まい手との共同作業というかたちでつくってきた。

そのやり方は、その人の人生についてコミュニケーションしながら、生き方を考え続けることだった。住宅建築を通して共に少しも終わらない話を一年も二年もしながら設計を続けていたという時期が十五年ぐらいあった。コミュニケーションによって建築を立ち上げる方法を、住宅建築の設計を通してつくり上げていった。この時期、仕事は楽しく、やりがいを感じていた。

その後、一九八六年に公共建築の公開コンペ[1]に挑戦して一等賞をいただいたことから、公共としての建築へ向かいだした。それからこの十数年というもの、公共建築を苦しみながらつくっている感じがある。

▼1…湘南台文化センター

最近私は、自分のつくった小さな住宅を二十年とか三十年たって訪れた。そうしたことを『生活の装置』[2]という本にまとめていただいている。

建築は、施主とのコミュニケーションを通してコンセプトをまとめつつソフトプログラムをつくり、続いて設計し、施工するのだが、竣工というのは始まりのステージで未完である。さらに使用していく変容のプロセスを通して完成していくもので、そのプロセスにもかかわらなければならないというものである。建築の長いプロセスにずっとかかわって時間経過による変化というものも見てきた。そして住宅は変化しつつも持続していくものだというふうに考えるに至った。つくっていく過程でもいろいろな出来事が起こる。そういうことも全部インクルードしてつくっていかないと、自分の考えだけ、つまり個人的作品性では成立しないものだということを住宅建築をつくることで学んだ。建築は非常に複雑なものなのだと思う。お金ももちろんかかるし、住まう人たちの変化する人生とかかわり、どうなっていくかわからないということも含めて。場と時間が接続し、展開する身体性とかかわるのだというように考えて、私は建築の設計をしている。

〈湘南台〉の公開コンペで一等賞をとり、最初に公共建築をやることになったとき、二、三ヶ月で使用する人びととのコミュニケーションもなく描いたドローイングでつくるということがとても自分のなかで不安だった。藤沢市のケースで、公共建築をどうやって使う側に、生活している人たちの側に戻すかということをやりたくて、何度も公開したいということをお願いした。それがあるとき、ひとりの老人の「地上に立派に高々と建ててほしいのに、なぜ建築の大部分を地下に埋め込むのか」という意見をきっかけに、コミュニケーションを通してつくっていくという住宅建築の手法を展開するチャンスを得た。対話を繰り返してプログラムを見直し、組み立てていく。

▼2…住まいの図書館出版局、一九九九年

設計している間、意見交換の場をつくって、百回ぐらい繰り返すことになった。長いこと公共としての建築は「つくる側の論理」で建築づくりが進められてきた。もちろん日本の近代化とその発展のために、労働力の捻出のために、技術の発展のためになど、さまざまな理由があって、そうなっていたとは思う。

「つくる側の論理」と「使う側の論理」

私は建築は「つくる側の論理」にプラス「使う側、生活する側の論理」を同時に考えるべきだと考えて実行してきた。どうも、私が学んだ二人の先生[3]が非常に作品性の強いものをつくっていることに対する反抗ではないかと思われたりした。しかし、そればかりではないことを、最近あるインタビューを受けているとき気づいた。私のことを何もかも調べてきたインタビュアーであった。どうして私が関東学院大学に行くことになったかまで調べてきている。大学に行くときに「ある国立の大学の工学部に行く」と決めていたら、担任の先生は毎日私に「工学部は男性しかだめだ」と説教をした。私はそのことで卒業までの二ヶ月、高校に行かなかった。その先生にとっては、工学部とか建築というものは女性的なものではない、ということを私に説得したかったのだろう。そして、その先生の言い方は、「建築は男性の本当に知的で完全なる人がやるものであって、あなたのようにいつも絵を描いているようなタイプの人間は、何か楽しげなことをすればいいのだから美術系の大学に行きなさい」というふうな感じだった。それで、「家をつくるとかまちを考えることは、そこに住んでいる子ども、女性、老人について考えることではないでしょうか」とその先生にとても高飛車に言ってしまったこともあった。

インタビュアーによって、なかなか希望することが聞き入れてもらえずに悩んだ当時の

▼3……菊竹清訓、篠原一男

ことをよく思い出した。そんなことで、どこかで「建築は生活や文化であると考えたい。なのにどうして社会は技術者あるいは業者としか考えられないのだろう」という疑問が長く私のなかにあったようだ。

私は公共建築の設計を公開して、意見交換をしながらやってきた。〈新潟市民芸術文化会館〉という大きなものをつくるのには七年近くかかった。どうやって公開の形態を、新潟市のような人口約五十万人の都市で行ったらいいかと考えた。そして、建築内容、運営と企画づくりの公開を行うワークショップを開くというかたちをとって三年間に百回近く開き、私はコーディネーターを務めた。『スーパースタッフ』[4]という本はスタートのときにつくったもので、ワークショップの最後をまとめていないのだが、そういうワークショップをして、実際どう使ったらいいか、どう運営したらいいかとか、どうボランティアとして参加したらいいかとか、公共ホールが近隣商業のあり方や人びとの生活を横断したところでどういうことをもたらしたらいいか、など多岐にわたる内容になっていた。

グリーンアイランド

〈新潟〉のコンペに提出したテーマとして、私は「グリーンアイランド」という言葉を掲げ、ビルで埋め尽くされた都市にグリーンを導入してつくり直すことを提案した。環境づくりとして建築も立ち上げることだった。

埋立地で地下がつくれない状態で、ランドスケープを一四ヘクタールぐらい整備するのだが、駐車場がとてもたくさん要求されていて、グラウンド全部が駐車場になってしまう。その駐車場のうえに、浮島のような形態の「はらっぱ」をつくっていくという提案。埋立地である敷地が非常にドライなアスファルトだったので、地盤を改良して林のなかの駐車

▼4…長谷川逸子・建築計画工房、一九九五年

〈新潟市民芸術文化会館〉
駐車場のうえの浮島を支える樹形の柱

場をつくり直す。建物の屋上もみんなグリーンと水で覆ってヒートアイランドを防ぎ、そのエリアを緑と水の潤いのある環境に整備する方向でランドスケープデザインを考えた。「環境としての建築」という考えは、住宅をやっていた頃からの考えで、都市の空間が自分の皮膚感覚に見合うような空間にしたいという発想からスタートした。都市も建築も私たちの生命維持装置みたいなものだから、全体がビルディング化されドライになってしまったいま、もっとリラックスできるグリーンアイランドとして、新しい第2の自然として都市を再編集するべきではないかというテーマを掲げてつくり、いま多くの市民にとてもよく利用されている。

そんなふうに、意見交換とかワークショップとかさまざまなやり方でつくっていく過程を通して、「つくる側の論理」にプラスして「使う側の論理」も入れていくことをいろいろと試みてきた。意見交換をすると、そこにやはりその地域の人たちの生活、衣食住から文化、伝統、歴史というようなものも全部意見のなかに出てくる。そういうものを設計と運営のなかに反映していけることもあるわけである。それは私にとって大変メリットなのである。私は、地域に根ざしながら世界に通じる建築をつくりたいと思っている。単にハードを残すだけではなくて、ソフトづくりのプロセスを残すことによって、そこに長い変容のプロセスも残せる。七年のプロセスをオープンにすることで、そのまちにみんなが共有できる、形ではないものが残せたと思っている。

いろいろな意見があり、大きな建築づくりは精神的にきつかった。自分でコンペ要項を読んだときに、何でこんな大きい建築をつくるのだろうと思った。コンペの直前にある都市計画家と対談したときに、東京でウィーンオペラだとかベルリンフィルとかやっていると、一〇数%の人が新潟からチケットを買って見にくることが「ぴあ」で報告されている

〈新潟市民芸術文化会館〉
2018年現在、樹木が大きく育ち、緑豊かな環境になっている

と言われた。なぜそうした地方にコンサートホールがないのだと。新潟につくれば成り立つとか、よい企画をする人がいっぱい住んでいるとか、新潟にはクラシックに親しむ伝統があるのだという話をされた。偶然にそのお話を伺った後に、コンペが行われることになったので、新潟ならばこの大ホールも成立するかもしれないという可能性を感じてやってみようと思った。そこで文化の歴史を調べに地元の図書館に行くと、都市のアルケオロジーもなかなか面白いものだった。いつも私はそういうものを調査して、人に会って、そのまちは面白いなと思うと本気でやる。本気でやったときは大体コンペに入るかなという気がする。〈新潟〉は最初から本気で、まちに出かけて行ってやり出したという思い出があった。

浮世絵の風景

新潟にはまだ福島潟という美しい湿地帯の風景が残っていて、新潟そのものも大きな浮島である。かつて一番人口密度が高くて、佐渡に金山、銀山があった頃には、世阿弥とか阿国とかもやってきたという歴史が残っている。まだ大きな河口があって、そこに浮島がたくさんあり緑の多島美をつくっていた。花見をしたり、能舞台が開かれたりしたようだ。この水辺の敷地にその時代の優雅さがイメージされた。しかし、その後近代化していく過程で水路を残しながら、河を次々に埋め立てていく。敷地は明治の頃埋め立てられた土地で、非常に地盤が悪い。水路が残っていた明治から戦前までの、美しい女性と柳と水路のまちの写真が残っている。しかし、いまはもうどこのまちとも同じようなビルディングが立ち並ぶ現代的な地方都市である。

私はこのよき時代の浮世絵のようなものを見たときに、こうした風景をもう一度持ち込んでランドスケープの設計をしようと思った。日本は水辺に都市ができて、そこは非常にポテンシャルが高くて、エネルギッシュで、市が立って、人びとが集まってきた。そして商業もそうだが、芸能や芸術文化も残してきた。いま、新潟や佐渡に日本で一番たくさん能楽堂があり、そして重要無形民俗文化財の綾子舞のような歌舞伎踊の原点の踊りといわれるものなどいろいろな伝統芸が残っているし、昔話もたくさんある。そういうものをどうやってこの公共建築で継続していくかということをテーマにしてきた。そうしたものは大体野外で展開されてきて、いまでも綾子舞は必ず野外で行われている。ここで、行政がプログラムしていたものはオペラハウスのような劇場、二千人収容のアリーナコンサートホール、それから能楽堂と、専門家が使うような三つのホールの設計だった。私はプラスして、市民の人たちがずっと守ってきた伝統芸能を展開する場をどうやって提案するか考えた。プロの専門ホールであると同時に、アマチュアの新潟フィルハーモニーもジュニアオーケストラも発表したいということについても考えなければならない。そうしたことだけではなくて、風土をつくってきた文化や芸術もどうやって長く持続させるかというときに、このはらっぱの浮島を野外ホールとして使おうと発想したわけである。「はらっぱ」こそ公共空間の原風景と考えている。屋外パフォーマンスシアターとしての群島はまだ工事中で、七つの浮島全体はできていない。

コンペのとき、水の玉みたいな模型をつくった。〈山梨〉のまさに蓮のうえに三つの水の玉が乗っていてゆらいでいるような建築をつくった直後だったので、新潟だからこそ、そういう水をイメージした建築を続けてつくろうと思った。でき上がってくるとちょっとかたい感じがするが、全部で七つの群島システムをつくることになる。

古図・浮島に集まる人びと

空中回廊

空中回廊でつながった白山公園は回遊式の日本庭園で、一番古い都市公園である。敷地との間にあった道路を埋め、さらに信濃川沿いの道路上にも浮島を延ばして、堤に直接下りられる。こうして隔離していたウォーターフロントを浮島で結びつけ、まちと一体化を図るようにした。かつてここは公会堂と夜間学校があって、全部アスファルトの駐車場だったので、土壌を新しく入れ直して、丘のように全体をグリーン化した。周辺には岡田新一氏がつくった音楽文化会館とか佐藤総合計画の設計の県民ホールとか体育館があるが、そうした古い建物も道路でまちと隔てられ、さらに地盤面から各々別々にアプローチしていた。大体そうした建物が全部ホールを持っており、奈落があって、ロビー階の高さが全部六メートルである。私も六メートルに設計して、それらをスパゲッティみたいな空中回廊で全部つないだ。古いものと新しいものをつなぐネットワークとしての空中回廊は、共同でプログラムをつくり出し、市民によりよい活動を提供することを期待したものである。

ここは新潟地震[5]の流砂現象で建物が崩壊した敷地で、ちょっと掘ると水が出るから掘ることは禁じられていた。そこでグラウンドレベルに駐車場をつくって、五メートル間隔に樹木を植えて樹海をつくり、その上部をはらっぱのようにした。樹木を海に見立てて浮島をつくったわけである。全面駐車場七百台の条件で、全部を人工地盤にしている案が多かったが、予算的には厳しく、貧しいデッキになりかねない。そういう空地ができにくい制約のなかで、私は緑と水の多島美と群島システムを導入し、多様な空中庭園であり、フリースペースとして自由に利用できるはらっぱ空間を提案した。

浮島はそれぞれ特徴ある風景のなかにある。野外で能をするとき、まちの人たちは信濃川にステージを浮かべていた。そんなものを欲しいということで、それをしつらえた。当

▼5…一九六四年。石油コンビナートの炎上、液状化による鉄筋コンクリート造集合住宅の転倒など、その後の防災に大きな影響を与えた

〈新潟市民芸術文化会館〉
浮島から本館を見る

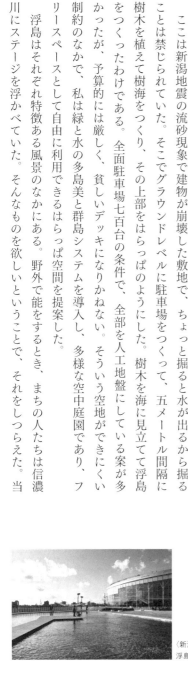

初はこれも単なるはらっぱだったけれども、コミュニケーションとして建築を立ち上げる過程のなかで出てきた水上ステージである。下に水路があったところはもう一度上に復元するような形で水路があるとか、綾子舞もできるような小さな子どもの劇場も大体こんな場所がいいと考えて設計した。

そんなことで、それぞれの空中庭園は特徴ある水と庭園風の植栽がなされている。建物の屋上はレンズ形に盛り上がった緑の丘となっている。緑の大きな丘に上ると相当遠くの信濃川から日本海の方まで見えることから、市民が大勢集まってくる。

大体一四ヘクタール全域を緑化している。この一、二年、市役所と協力して温度計を屋上庭園に設置している。夏だと四~五℃ぐらい、市役所よりもこちらの方が温度が低くて、随分ヒートアイランドを防いでいることがわかってきた。

三つのホールを分散して建てる行政の企画に対して、私は一つのヴォリュームに三つのホールをまとめる卵形の建築をコンペで提案した。一つにしたのは、プロとアマ、コンテンポラリーなものとトラディショナルなもの、日本のものとヨーロッパのもののクロスオーバー、いろいろな演劇とか音楽とかもコラボレーションして、これまでにない新しいパフォーミング・アーツをつくる機会をここに立ち上げ、新潟での独自の創作活動を夢見たかったからだ。ソフトプログラムを組んでプランをつくり、コンペでも提案した。

実際、オープニングのプログラムで、そうしたプロとアマチュア、日本的なものとヨーロッパ的なもののコラボレーションの企画は大変な成功で、東京からも新しいプログラムとして人を呼び、そして本当に二千席が埋まることに毎度毎度驚いていた。コラボレーションをテーマにした公共ホールと、グリーンアイランド化をテーマに、都市と河川をつなぐランドスケープをここに実現することができたという実感が沸いた。

〈新潟市民芸術文化センター〉
本館屋上庭園

ブリッジは建物の真ん中の大通りを通り抜けている。この建物は夜遅くまで開いていて、ティールームやレストランもある。イベントや演目がなくホールが閉まっているときでも、ロビーや大通りは開いていて、インフォメーションセンターやショッピングなども利用できる。外のスパゲッティみたいなブリッジから入ってきて出ていく通り抜けが自由にできる。

ゆらぎのまち

ランドスケープでは、七つの浮島をテーマにした楕円形の鏡が浮いていて、ゆらぎの風景をつくっている。私は新潟を「ゆらぎのまち」と名づけて、そこから起ってくるさまざまな活力に期待しているところがある。私たちはグローバルな時代を迎えて社会の変化にだじろぐより、その変容のプログラムを楽しみ始めている。それを私は「フラクチュエーション」[6]というテーマでヨーロッパにメッセージを送ったことがある。新潟はまさによき日本を代表する都市だなという感じがする。

もし沖縄につくるのであればこんな重装備のサッシュにはしないで、オープンテラスのようにした。ロビーもひとつの浮島のようなイメージを導入したかったので外でいいと思っていた。しかし、新潟の気候とコンサートホールの遮音のこともあって、ここではロビー階に透明のダブルスキンガラスを入れた。寒冷地で大きなガラス面を入れれば、コンペ二次審査のインタビューで質問されることはわかっていたので、重点的に検討を重ねた。三六〇度、大体三五〇メートルぐらいの長さを季節によって自然光と太陽熱をうまく利用するための方法を導いた。その結果、天気がいい日に行くと大体照明はつけていない。光と熱をセンサーで感知して、いま太陽光を入れた方がいいか、閉めた方がいいかを決め、

▼6…fluctuation。揺らぎ、波動、振動、変動のこと

コストコントロールとも連動するコンピュータを設置した。そして、二枚のブラインドが微妙に動いてデリケートな光の量をつくる。積極的に必要とするときはうえに上がるとか、生き物の皮膚が開いたり閉まったりするような感じで太陽光を利用する。新しく開発したディテールを導入した大変テクノロジカルな幔幕になった。実際に使いはじめてみると、このダブルスキンは考えていた通り性能良く、寒冷地に適していたといえる。

多彩なホール

このコンサートホールは同じ二千席のサントリーホールより空間はコンパクトにできている。それは市民の活用を意識し、音がストレートに伝わるホールにしたいという考えからである。しかし、ロシア国立交響楽団のように大きなオーケストラ、百何十人という大編成のプロにも音響は評価された。

能楽堂もちょっと特殊である。茶道や華道の先生たちや日本舞踊の人からも、能楽堂を使ってみたいと言われた。能の専門家以外の人びとが茶会や舞踏にも使いたいというときに、どうも松羽目の象徴性が強すぎるため、それを外すことができるようにした。松羽目の後ろの中庭には竹林をつくって、自然光が入ってくるようになっている。ここでお点前をしたりお花の先生が教えたり、現代音楽でフランスの人がダンスをしたりというプログラムも企画されている。

シアターは、現代シアターが企画されていたが、市民は洋ものも和ものも見たい、使いたいという。間口の狭いプロセニアムアーチがコンペのときの要望だった。市民は佐渡で歌舞伎がすごく盛んなのでやりたいし、伝統ある日本舞踊もと要望があった。プロセニアムアーチが上と左右に動いて、プロセニアムアーチの形が日本的なスペクタクルな形にも

〈新潟市民芸術文化センター〉能楽堂、左は鏡板と橋掛かりの壁板を外したところ

なるものを提案した。大臣囲いや本花道を仮設としてつくるとか、現代演劇の専門ホールであり ながら、装置をもって多彩な出し物を可能にするシアターとなっている。

暮らしと一体化する建築

コンペをすると、先ほど話したように自分の提案を行政に引き受けてもらえる。道路を埋めたり、河川の方まで公共の場を下ろすためには建設省［現国土交通省］にも協力をいただいた。道路を二つ跨いで、それまで寸断されていたまちが公園とウォーターフロントと一体化し、都市の緑化再編成も可能になった。こうしたことがいろいろな人のコラボレーションで可能になった。しかし、公開されていないコンペの仕事がやってくると、私たちはどうもフォルムをつくる彫刻家のように、シンボリックな空間づくりの部分のみを頼まれる。

〈山梨〉でも、建築は全部メインの博物館を地下に埋めてしまって、そしてなるべくインドアガーデンのようなグラスハウスだけをうえに出した。それは大変気持ちがよく、ストレスケアになるというので、多くの人がそこへ来てぼうっと富士山を眺めたりしていた。そうした心地の良さから大変好評で、何もないのだけれども多くの人がやってくる。しかし、大勢の人が来ることがわかると、突然にしてこのエリアにホテルや遊園地が次々につくられて観光地化してしまう。私たちの国では、建築を通して快適な環境整備を一生懸命努力しながらつくっていっても、隣接地に人を集めるために遊園地がつくられたりして全体を荒らしてしまう。

夏にオーストリアにいたときに、スイスのチロル地方やいろいろなところへ建築を見るために出かけたけれども、「ワンダフル」、「ビューティフル」と何度も叫んでしまった。

本当に美しい山々を見て、そしてその風景に感嘆してしまった。どうしてこのように美しくなっているのかと生徒に聞くと、「自分の家の両親も義務で、山の草刈りをします」と答えた。観光というものの維持をみんなでしているそうだが、日本では観光が癒しとかストレスケアの場ではなくて人集めで、せっかく環境を美しく整備しても、異質な建築が出現して周辺が痛み出すというような結果もある。

私がソフトをよく考えるタイプであるということで、建築ではなくて、ソフトづくりを頼んできた〈大島絵本館〉というところがある。初めに、何をつくってどう利用することができるかという本を一冊つくった。だが、結果的には、町の建築家がやることになっていた建築も担当することになり、運営にもかかわることになった。〈絵本館〉は絵本をつくる場所で、印刷もしたり、絵も描いたり、ポエムもつくったり、音楽もつくったりする場所なのである。町長が全国からそういう作業を本当に好きな人を募集して、その家族が住みに来るということであった。〈大島絵本館〉を見学に行った人はいつも、私に「どこよりもすばらしい建築だ」と言ってくれる。そこで何を見て来たのかというと「そこにいる人たち」と「活動」だと思う。建築を超えて人がイメージをつくる。

公共建築をつくりながら、でき上がった後の活動が活発になるよう、かたちとしては見えないものも残して、長い持続を期待していくことを常に考えている。

・・・インタビュー

つくるより使う側の論理で建築を考える

袋井月見の里学遊館

「GA JAPAN40」一九九九年九月

〈袋井月見の里学遊館〉は、既存の公民館の建て替えに伴い、新たにプールなどのスポーツ施設を含んで、生涯学習センター的なあり方をめざすという内容のプロジェクトです。

県を代表するような文化施設には補助金が支給されるという動きがあって、木工室や調理室などが教室のように並ぶ従来型の公民館ではなく、もっと積極的に地域の文化を育てていくような場所にしようということになりました。私たちが新たに加えたものは、文字・文などのワークショップシステム。月見の里の辺りは、三大書家の橘逸勢が書を残していますし、遠州三山がある場所ですから古い書画が受け継がれ、いまも市民の間で盛んです。これをもっと現代的に捉える場をつくろうと考えました。

また、コンペ当初、多目的ホールとされていたものは、もう少し専門的なコンサートホールとして音響を備えたものにしようと考えています。この町を調べてみると、かつて田園ソサエティというグループが小澤征爾を呼んできて、五千人規模の野外コンサートを企画したことがあったのです。音楽イベントを企画する積極的な中年層がいるというので、その活動を継続させようと思いました。

——プランを見ると、外部空間が内部に入り込んでいて、内外の関係を意識した計画になっていますね。

たくさんのコーナーが外部にも出てくるようなイメージがありました。庭には木をたくさん植えて気化熱をとったり水を流したり、屋上を緑化するなど、パッシブソーラー[1]的な要素を庭のなかにたくさん取り込んでいます。それはもちろん外の活動場所にもなります。また、敷地東側の公園を含んだ計画なので、そこに野外コンサートホールをつくろうと思っています。全体をグリーン化して、公園のなかの建築になると思いますね。

内部は、さまざまな内容のワークショップと、ホール、プール、個々の活動に関した内容の図書館などで構成されています。一階のつなぎの部分はサロンといって、いつでも自由に人びとがやってきて情報交換する場所になっています。壁面はガラスと細長い壁で構成され、そこにワークショップで活動したものを展示することを考えています。つくることと見せること、そしてその情報を集める部分が、全部外に向かって流れていくような感じです。だから、サロンは展示室であったり、ミーティングルームであったりする広いものにしています。

――長谷川さんは、一貫してソフトづくりの重要性をいわれていますが、ここではどう展開されているのですか。

私はつくる論理より使う側の論理で建築をつくりたいのです。だから、使われる部分に時間を費やすんですね。〈新潟市民芸術文化会館〉では、建物が完成するまで延べ百回近くワークショップをしたのですが、相当効果的だったと思います。建物の形式としても運営のあり方としても、コラボレーションをテーマにしていました。コンサートホール、劇場、能楽堂、練習場を一つの建物のなかに納め、新潟に残っているトラディショナルなものとコンテンポラリーなもの、あるいはプロとアマチュアがクロスオーバーをテーマにしてつくるといったことを考えたのです。オープニング期間を終わって思うに、それが成功していて、市民が大変興味を持ってたくさんいらっしゃる。いままでにない公共建築の運

〈袋井月見の里学遊館〉屋上

▼1…太陽熱を直接利用して蓄熱／断熱する仕組みを、機械によらず、素材や構法などを工夫し建築物でつくる方法

営ができていると思います。それには、行政の人たちがワークショップ全部に参加したり、公開して設計を進めたことで市民の意識も高めたことが大きい。また市民が、歌舞伎やオペラ、音楽などさまざまなクラブをつくったりして、ワークショップで学習したことを発揮しているのです。だからコラボレーションで良いものがつくれる。ボランティアも上手くいっていて、運営が相当積極的になされています。最近では、モーツァルトの「魔笛」が、プロとアマチュアのコラボレーションで上演されました。私は舞台装置、美術、衣装を担当したのですが、市民がボランティアで、衣装を縫ったり舞台装置をつくったりして楽しく作業しました。そんなことが可能な状況が町にできているのです。

〈袋井〉でも、ソフトづくりの企画書をつくって町に納めたところ、ワークショップをやったらどうかと言われて、早速実行しています。最近では、粟津潔[2]さんに書のワークショップをやっていただきました。すると習字の先生だからといって上手いわけではなくて、小学校一年生が一番うまかったりする。書というものが芸術として、またコンピュータのなかでも、いろんなレベルで扱えるんだということを知るわけです。そういう形で人びとにデモンストレーションして、でき上がったらどう使用するかを考える作業をしています。それと同時に、〈ふれあいエスプ塩竈〉や〈大島絵本館〉などで積極的に活動しているボランティアの人たちを〈袋井〉に呼んで、市民の企画や運営参加はどうあったらいいかということをディスカッションする予定になっています。袋井市の行政はそういう市民活動を引き受けたいという姿勢なのです。人件費も安くて済むし、みんなに好かれるものにするためにはどうするか柔軟な姿勢で取り組んでいる。具体的には、ものづくりや食のワークショップなどを、建物が完成するまで約二年間、月に一回程度やっていく予定になっています。

▼2…(一九二九－二〇〇九)グラフィックデザイナー

──つかう側に立った見方と、建築家の作品として成立させたいという意識とが、ものをつくるうえで対立することはないものでしょうか。

私の場合は大抵設計コンペですが、いつもその場所の調査をして、どういう活動をいままでしていたか、それを持続させるにはどうしたらいいか、そのためにはどういう形式の建築がよいかを考えてコンペに参加するのです。そうやってつくりあげた論理を壊すほどの要求はそう出てこないですね。その後の細かいこと、どんな風に使いたいかとか、面積を広くしてほしいといったことで変更しても、私にとっては大きな問題ではない。ですからコンペのとき提出した形式を変更したことはないです。矛盾を引き起こすというよりは、市民はどんな活動をしたいかという夢を描くわけで、それを引き受けられる大きさをチェックし、装置の導入を考えるのです。

──長谷川さんのお仕事には〈藤沢市湘南台文化センター〉を初めとして、生涯学習センターなど福祉的な内容の建物が多いように思います。ある意味で社会状況を反映するものだと思うのですが、この間の変化はどう捉えていますか。

人びとのライフスタイルは次々と変わってゆくことを実感してきました。私は、バブル直前の、コミュニティを大切にしたり積極的に生き甲斐を求めているような時代に、〈湘南台〉をつくったので、パブリックの大切さを教わったように思うのです。〈湘南台〉のときは、使い方のシンポジウムをやると女性ばかりで、男性は仕事が忙しくて遠いという感じがありましたが、〈すみだ生涯学習センター〉のときは、行政はさておき、下町の男性たちはすごく熱心に町のことを考えていると知りました。そして〈新潟〉では町の人がみんなとても熱心なんだと知るわけです。さらに〈袋井〉では、行政はすごく自由で開かれていて、私の意見を聞き入れてくれるという非常に理想的な状況なんですね。子どもはもとよりサラリーマンの男性までが、新たなライフスタイルを探している。積極的に奉仕活動をしたいという人もいる。割と理想的にいろいろな層の人びとが関わっていることを感じます。

公共建築は人びとの生活を横断してあるものだと思うのです。私がつくってきたのは、普通の住民の生活に関わるものが多くて、スペシャリストが使うといったものではない。ある意味で、そういうパブリック性について考えながら建築を考えたい。私の設計手法も以前よりスムーズに受け入れられるような気がします。

――今後の活動として思い描いていることはありますか。

単に建築だけではなくて、長く続く文化や歴史の自然との関わりを読み込みながら、環境としての建築づくりに興味を持っています。どんな建物であってもインテリア化した空間だけをつくれば済むというものではないと思うのです。そこで閉じている世界は何の意味もない。都市を構想するなかに建築を存在させるということをやりたい。もっと大きなスケールで場所づくりをやっていきたいと思っています。〈新潟〉でも、浮島の多島海をイメージして外部空間をつくっていますが、都市のなかにさらに拡張していくことで、都市を再編集していけるのではないかと考えているのです。少しずつそういうことに耳を傾けてくれる社会ができてきています。〈袋井〉にしても、建築のあり方が周辺に広がっていくなかで環境をつくることを活動の一部にしたいですね。例えば、〈大島絵本館〉では、絵本館にやって来る子どもの活動場所としてふれあい公園を計画したのですが、お年寄りがやってきて月見や花見をしている。そして、そういう場所が必要なんだという意識が隣町に広がって、はらっぱ的な場ができてくる。ランドスケープの提案も含めてグリーンアイランドの再構築を積極的に提案していきたいと思っています。

〈袋井月見の里学遊館〉(2017年)アプローチも緑に包まれている

・・・公共建築の評価に思う

地方都市に随分たくさんの公共建築が建てられてきた。講演などで出かけるたびに、建築家たちの仕事に厳しい批判があることを知る。それは東京にいて目にする建築メディアの発する批評とはまったく異なるものだ。評価は評価する人の立場上の価値観でまったく異なったものになる。地元の市民やクライアントとしての市長をはじめ、行政人・地元の専門家がいろいろな意見を持っている。まだまだボランティアやＮＰＯによる市民参加が進んでいない日本では、つくる側と使う側、あるいは管理する側と管理される側という二項対立の構図を残し、時には使う市民にとっては居心地の良い空間とは言い難いものが多い。

特に管理する側の人材が少ないことが多く、管理のしやすさをもってよしとして、市民に快適さや自由さを提供することまでできないこともある。空間の新しさを提案し、そのことの評価を得たい建築家の立場と、地元の人たちの意見とがとてもかけ離れたものになっていることもある。実体の映っていない一枚の美しい写真を建築雑誌に発表するという作家的活動をする建築家の場合、特にメディアの評価と地元の評価との落差は大きい。常に新しさを求めてやってきた建築作品は、その新しさのために主旨が伝わりにくいうえに、自分たちの生活からかけ離れすぎ、使用形態を見失って酷評を生み出すことになってしまうこともある。このことは建築家に限らず、構造や設備等のエンジニアの人たちも建

「公共建築」二〇〇二年十月号

物に必要以上の大胆な構造や設備を導入し、学会や業界で評価されても、地元ではその装備が充分活用されていなかったり、高い運営経費に不満を募らせていることもある。

建築の設計プロセスに利用者に関わりを持ってもらうため、私はコンペに入ると直ぐに提案図や模型を公開し、その後に市民と意見交換（これまで団体の代表をもって市民参加としているが、それでは利益団体の交渉になりやすいので、不特定の利用者に参加を募る）を相当数（三十から百回）開き、意見を導入しながら実施設計を終える。そして施工監理期間を利用して行政の人たちや市民にさまざまなワークショップへ参加してもらい、企画運営やボランティアについて学習し、そしてデモンストレーションとして実際の運営活動もやってみる。

そのようなワークショップを私はディレクションする。皆にプロセスに参加してもらい、人づくりや活動の支援やネットワークなどを残してこの経過を運営者に引き継いでもらって設計と監理の仕事を終わる。初めての公共建築である〈湘南台文化センター〉からこうしたプロセスで仕事をしてきたが、それぞれの地域でワークショップを変えていかなければならないほど、まちの人たちの生活環境や関心のレベルは違うものだった。

また、都市は常に新しいもの異質なものを引き受け変化していき、固定したものではない。歴史の現在も未来も読み込みながら、変化を引き受ける手法を導入していかなければならない。それだけではなく、市民生活を豊かにすることに関わるこの仕事を進めるには、他者性を自己のうちに取り込み、その社会との接続を持たなければ、共生の場としての公共建築は成立しない。市民参加の設計選定コンペに招待された自信作が二等賞になったことがある。審査講評として、長谷川の考える不特定市民とのコラボレーションは無理だと判断し、完結度の高い作品を選定したという。市民参加という行政のコンペの主旨を変更したという審査講評が新聞に掲載され驚かされたことがあった。市民参加では低レベルの建築しかでき上がらない、建築家は強い建築を残さなければ社会的責任は果たせないと考える人がまだまだ多い。立ち上がった立派な建築を自由に利用すればよいともいう。しかし私の経験では、プロセスへの参加がとても大切で、それによって完成後の市民活動が活発になり、ボランティア精神も生まれる。

公共建築を市の権威のシンボルであったり、建築家の作品というものではなく、生活を横断したところに位置づけたいと私は考えている。ポピュリズムを軽べつし、市民を低レベルと決めつけるのは日本の政治運営に近いものだ。行政も司法も構造改革をめざしているが、強い建築家たちと一緒で、国民生活をテーマにしながら企業や行政という大きな力の側に立って人びとに犠牲を強いている社会には、まったく豊かさの実感が得られない。そのことに気づかず、構造改革がなかなか進まないと嘆いているこの国の今日が、私たちが公共建築を立ち上げる現場でもある。

第六章

「ランドスケープ・アーキテクチャー」

解説

本章には、二〇〇〇年代後半から二〇一五年までの、グローバリズム拡大との関わりが読み取れるテキストを集めた。アートの産業化と並走するように、グローバルな資本の流れがそのまま建築になったようなアイコニックな建築が台頭し、インターネット上で消費されていく。インターネット上で提供される情報が増え、「建築文化」誌が廃刊（二〇〇四年）になるなど、日本の建築ジャーナリズムにも変化が現れた。

　それぞれの地域で育まれてきた伝統や文化が不可視化されていくなかで、人びとの身体や生活に継承されている地域性を顕在化させるような建築を、長谷川は「ランドスケープ・アーキテクチャー」と呼ぶ。論考との混成になるが、「ランドスケープ・アーキテクチャー」の実践として、国内外の三つの作品解説を加えた。章末には、九〇年代に世界各地のコンペに招待作家として参加するなど、グローバリズム拡大初期の体験を語ったインタビューを置いた。

「ランドスケープ・アーキテクチャー」（二〇一〇年）「建設ジャーナル」誌による長谷川逸子特集号のための書き下ろし論文である。美しいローカリティの強く残る地方での仕事を紹介しながら、グローバリズムが席巻する時代にこそ、ランドスケープ・アーキテクチャーが必要であると論じる。掲載時、本文末尾にあった記述の重複を削除した。

「ポピュラーミュージックのように　日常生活からのまちづくり」（二〇〇六年）は〈珠洲多目的ホール〉の作品解説。

「日本の高い技術がつくる表層建築への批判を聞く　ケネス・ブラウン汎太平洋建築文化賞を審査して」（二〇〇七年）は、同賞の審査員として、世界的に再びローカリズムへの評価が高まっている状況をレポートした。

「地域の環境モデルとしての建築」（二〇一四年）は長谷川事務所が刊行した小冊子に収録された〈ふじのくに千本松フォーラム〉の作品解説。原題「PLAZA VERDE」を、内容を反映したものに改題した。

「公園のなかのオフィス　上海漕河経三号地オフィス」（二〇一八年）は作品解説に敷地周辺の状況やコンペ案の骨子などを書き加えたものである。この作品は「a+u asia edition」（二〇一六年）に掲載されている。

「海外で起こったこと」（二〇〇八年）は〈カーディフベイ・オペラハウス〉国際コンペの顚末から、建築家の職能観の違い、日本現代建築への評価までを語った小巻哲によるインタビューである。〈カーディフ〉については日本のメディアではほとんど紹介されていないため、参考資料として「GA JAPAN 10」（一九九五年一月）に掲載された記事を添えた。

・・・ランドスケープ・アーキテクチャー

「建設ジャーナル」二〇一〇年八月号

仕事で各地に出かけると、どこでも同じような開発が導入されてきたために、各地方の特徴が次第に薄れて、おかしくなってきていると痛感する。

かつて、私は〈白の家〉などに触発されて、東工大の篠原研究室に入った。はじめの二年間、民家に惹かれて日本中を歩き回った。当時すでに篠原先生は「民家はキノコ」であるという言葉を捨て、モダンなコンクリートボックスの住宅を立ち上げていたが、私はその言葉に惹きつけられていた。地域ごとにまったく異なった粘菌が根付いたかのように、独自の野菜などの産物から民家まで立ち上がっている各地の在り方に、途方もない豊かさを感じていたのである。

同郷だった家具デザインの大橋〔晃朗〕さん[1]と意気投合して出かけ、骨董品店や釣り具店で面白いものを探し歩いたりしながら、民家を次々と見て歩いた。民家見学は東北の後藤家から始まって沖縄にまで及んだ。屋根のスタイルの面白さ、その地方の文化に根ざした間取りや建具などのディテール、その地方の材料を用いた快適な環境、独自の工夫を凝らせたさまざまな民家や町並みなど、見るものすべてに感激していた。

しかし、この頃各地を訪れても、そうしたものが次第に見えなくなり、失われていっているのをまざまざと感じている。民家や町並みはその地方の生活や文化を集約したような存在だが、そういう目に見えるものだけではなく、地域固有の文化や伝統、長く続いてき

▼1…〔一九三八－一九九二〕家具デザイナー。東京工業大学で白の家をはじめとする六〇年代の篠原作品に携わる

た芸能から衣食住まで企業の商品で埋まり、いろんなものが消えていっている。変わりゆく日本の風景を見ていると、これからの建築がどうあったらいいのか、深く考えさせられる。

先日、大磯に出かける機会があった。まちのなかに市民が守り育ててきた美しい大木の森があるが、維持管理が大変なので、森を売ろうという企画が町で進んでいるという。みんなが大事に守ってきた森は、長く引き継がれてきた地域の環境の大きな構成要素であり、市民のものであり続けてほしいと思うのに、経済効率の追求がそれを壊してしまう。これに類することが他にも少なからずあって、経済的思考は、各地に独自に引き継がれてきたものを失わせているひとつの原因になっているのだと思う。

〈四の坂タウンハウス〉という集合住宅は、地下一階・地上二階または三階建て、二十九戸の住戸がすべてお互いにどこかでつながっている長屋形式の低層集合住宅である。敷地は新宿区の中井、林芙美子記念館の隣で、もともとそこに長く住んでいた人たちの庭にあった大きな銀杏などの樹木が沢山残っていた。長い年月をかけて成長した大きな樹木は、個人の庭にあるものでも、その地域の共有物というべき性格を持っている。私は設計コンペのときに、これらの樹木を残しながら、五メートル角の正方形平面とそれを繋ぐ不整形なガラスの空間を持つ住戸を配置していった。コンペが終わってからわかったのだが、新宿区からは敷地の木をすべて残しなさいという指示が出ていた。そのために樹木を残した私の案が選ばれたのであった。しかし、このようなケースでも、受け継がれてきた環境を守ろうという区の公共的な方針と、目先の経済的な成果を上げなければならない事業とはなかなかフィットしてくれない。建築することが、環境と経済の自己矛盾を抱えた戦いのような様相を呈してしまう。こうしたことがあちこちで起こっている。

〈中井四の坂タウンハウス〉
林芙美子記念館の樹木が後ろにある

今春、香港大学の卒業設計のレビューに招いていただいた。香港は、建築物、住宅さえもがほとんどみんな超高層タワーで、ものすごい密度で都市を埋め尽くしている。まるで近未来SF世界のような垂直性の強い都市に生きる若い人たちは、きっとそういうタワー型のビルディングの絵を描いているのだろうと思っていたが、そうではなかった。多くの学生たちが、低層の、水平方向に広がるような建築・都市の姿を描いていた。江戸の街の様子を絵画で見ると、建築が多くの緑に埋もれるように都市ができている。武家屋敷にはそれぞれに庭園があったし、かつての城下町にはいまでも「御花畑」という地名が散見される。武士たちの間で御花畑をつくるのが流行って、それが庶民にも広がって、江戸はさながら花の町のようであったという。日本だけではなくて、近代以前のアジアの多くの都市は、建物を覆い隠すほどの緑に包まれていた。香港大学の学生たちが描く水平的な都市イメージは、いまの都市の在り方を否定し、緑とともに水平に広がってきたかつてのアジアの風景を取り戻そうとしているかのように見えた。

そのすぐ後の日経アーキテクチュアのコンペ審査会でも、ローカルな敷地を選択し、ローカルな風景を展開しようとする作品が多く見られた。三点も入賞作品を出した新潟の長岡造形大学の学生たちの作品には、とくにそうした志向が強かったように思う。なかでも「棚田風景に佇む東屋」という作品には、はじめから惹かれた。棚田の斜面の谷に隠れるように地域の公共的な建築が設けられ、棚田が見えるもので、地域の風景を大事にしながら新しい提案をしている。地域の気象の多様性なども組み入れた環境の提案に「詩」を感じ、立原道造賞[2]にも相応しい作品だと感じた。

この半年くらいの間に、立て続けに一種のローカリズムを主張する作品にあちこちで出会い、いま、日本でも世界でも、若い人たちの間で、自分たちの生活している地域の環境

▼2…「日経アーキテクチュアコンペ」のなかに二十歳代の若手建築家を対象とする最高賞として二〇〇五年に創設

〈中井四の坂タウンハウス〉
林芙美子記念館との間の歩行者通路

を大事にしたい、そういう気持ちが芽生えてきていると感じた。長岡の学生たちと話をすると、彼らは東京で建築の仕事をしたいとは思わない、地元で建築の仕事をしたいとはっきりいう。なんとなく大都市に若い人たちを惹きつける先端のものがあると思い込んでいた私にとって、これはちょっとしたショックだった。

昨年、ハワイで開催されたアメリカ建築家協会の汎太平洋賞の審査でも同じようなことを体験したことを思い出す[3]。日本からも、黒川紀章さんの〈国立新美術館〉（二〇〇七）など、先輩から若い建築家まで、各世代から多くの作品が参加していた。が、どうも世界中から集まってきた作品のなかで、少し雰囲気が違う。そのせいか他の国の審査員たちに日本からの作品が評価されない。もちろん、審査はそれぞれの所属国に依らないことが前提ではあるが、日本人である私としては少々気が揉める。審査員には、日本はもちろん世界中の建築を見てきているであろう「アーキテクチャル・レコード」誌の編集長、アイヴィ・ロバート（Ivy Robert）氏なども入っている。技術的に高度な挑戦をしている、完成度も高い、意欲的な作品が多数あるのだからもう少し評価してくれても良さそうなものではないか。しかし、どうして日本の作品を評価してくれないのか、審査の経過のなかで徐々にわかってきた。

おおむね、審査員たちの意見をまとめると、白いアブストラクトな作品、どこが日本の建築なのか感じられないような作品、インターナショナリズムに未だに無批判に乗っている作品にはもう興味が持てない、そこに生きて生活している人間たちの気配や活気・個性が伝わってこないと面白くないというのである。日本の現代建築がモダニズムに対して無批判であるなどということはありえないと言いたいが、あらためて世界の新しい建築作品を見ると、地域の独自の材料や伝統的な文化を新しい現代的な感性で積極的に取り入れて

▼3…American Institute of Architectsの主催するケネス・ブラウン環太平洋建築文化賞、旧名Pan-Pacific Architecture Citationのこと。一九九五年創設、アジア太平洋地域のすぐれた現代建築に与えられる賞。このときのことは本章後出「日本の高い技術がつくる表層建築への批判を聞く」参照

いる住宅や建築が多く、しかもそれぞれが新鮮で美しい。彼らがめざしているものは、単なる過去やアノニマスな風土建築への回帰とは一線を画している。そうした作品と比較すると、日本からの参加作品には、日本の伝統文化や固有のものを積極的に取り上げようとする姿勢は少なかった。それが、自分たちの立ち位置に対する無自覚、現代世界に対する認識の甘さととられたのである。それは私にとって大きな衝撃であった。

グローバル経済の急速な拡大に伴い、世界はより小さくひとつになっていく。フラット化の進行は不可避であり、そのなかでより賢明に生き抜こうと声高に喧伝される。より大きな資本がその他の資本を呑み込み、より巨大な流れとなって世界中に展開する。それはCGがそのまま出現したような華やかなグローバル建築となって世界各地の街角を飾る。新しい特殊な技術や高価な材料がひとつの建築のために開発され、アクロバティックで刺激的な建築を出現させ、それらが映像となって繰り返し世界各地に配信される。グローバル化は、国境を越えた情報の交換、さまざまな組織形態の革新、人間や物品の移動の自由拡大など、大きな恩恵と新しい世界観をもたらした。反面、ルールなきパワーゲームと化した世界資本の拡大競争が、各地のデリケートな環境サステナビリティのバランスを壊し、長い時間をかけて築き上げられてきた固有でローカルな風景や、そこに生きる人びとのコミュニティや生活様式を壊してしまう。グローバル化は新しい世界像を生み出しつつあるが、それは未だ、持続可能な成熟したものにはなっていない。

この状況のなかで、建築がなすべきことについて熟慮することが求められている。私たちはどうしても、フラット化する世界イメージを先取りするようなニュートラルな均質性の表現、巨大な世界資本が持ちつつあるパワーのより魅力的な表現、繰り返し世界中で再生される刺激的な映像としての表象性の追求に目を奪われてしまう。しかし、一方で、グローバル化のもたらす危険性や影の部分にも目を向けること、各地域で熟成されてきた固有の伝統や文化や環境や独自の生活様式が破壊されてしまう前に、現代的な感性をもってデザインし再生すること、新しい世界を多様性に満ちた持続可能なものに成熟させていくことなどについて熟慮しなければならないのではないか。

ケネス・フランプトン氏は、「批判的地域主義（Critical Regionalism）」という概念を用いて、地域固有の文化は、閉鎖的で変わらないものではなく、歴史的にも異種の文化圏の影響を受けたり与えたりしながら、常に変動しつつ成熟してきたのであり、クリティカル・リージョナリズムとは、ただ、古きものに固着するのではなく、近代化・国際化の影響を積極的かつ批判的に吸収しながら、なお、地域のアイデンティティを洗練させていくダイナミックなものとしてとらえるべきだ、と訴えた。このグローバリゼーションの現代にあって、リージョナルな文化や伝統をリフレッシュして、私たちの身体や感性に接続していく必要性はさらに高まってきている。それは、現実の経済効率の追求と矛盾してしまったり、すでに見えなくなっている地域の固有のなにものかを手探りでつかみ出したりしなければならなかったりと、より困難なことかもしれない。しかし、汎太平洋賞審査会では、そこに向けて挑戦している若々しい作品に魅力を感じたし、香港や新潟では、地域の問題に真剣に取り組んだ学生たちの作品が面白かった。フラット化が進行し、各地の固有のものが見えなくなっている状況のなかで、逆に、若い世代の人たちのなかに、確実に地域へのまなざしが芽生えてきているのを頼もしく感じた。

私はその地方に長く受け継がれて続いてきたものや人びとの感性を持続させたところに建築をつくってきた。建設行為には必ず破壊が伴う。だから建築に携わる者は、その敷地が担ってきた地域のなかでの役割や環境に対して鋭敏であろうとすべきだと感じていた。

既存の環境を引き継ぎながら、新しい「第2の自然」として建築を立ち上げること、地理的条件や気候を考慮して環境負荷をより少なくする材料や技術をデザインに組み込むこと、地域で長く使われてきた材料や伝統的な技術・産業などを取り上げていくこと、地域の歴史的な風景と接続するように建築をデザインしたり、伝統芸能に開かれた場を設けたり、ひとつの公共建築を作るのにも、地域の人びとや子どもたちとワークショップを重ね、そこに生きる人びとの身体やふるまいのなかに引き継がれている感性をひきだすこと……、そうした膨大な作業を通じて、新しい異物としての建築が地域の人びとに受け入れられ、新しい環境として地域のなかに根付いていくようにという期待を込めて、建築の設計をしてきたように思う。

新潟では、現代舞踏のトップダンサーにも劣らない美しさで、ごく普通の小学生たちが伝統的な綾子舞を踊る場面に出会った。子どもたちの身体のなかに伝統的な文化が引き継がれているのを鮮やかに見る思いだった。珠洲では、地域毎に音色も異なる複雑な竹笛の文化に出会った。夏のお祭りでみんなが竹笛を吹くので、子どもたちも竹笛が大好きなのである。能登半島の豊かな自然や美しい珪藻土の色は、子どもたちのすばらしい色彩感覚を育んでいるのではないかと思われた。湘南台には数十種類にも及ぶ蔓植物の植生があったし、氷見には日本海沿岸独特の植生があった。丁寧に見ていくと、まだまだ現代にも、地域に固有なものがちゃんと息づいている。

かつて各地の民家に感激しながら歩きまわった私は、そうしたものに触れるのが嬉しく、新しい建築がそこに繋がっているようにしたいと願う。そのようにデザインしなければ、建築はその地域に根付いていかない。開発行為は、持続してきた文化や歴史も人びとの生活もときには犠牲にしてまで経済活動として行われている。グローバリゼーションという

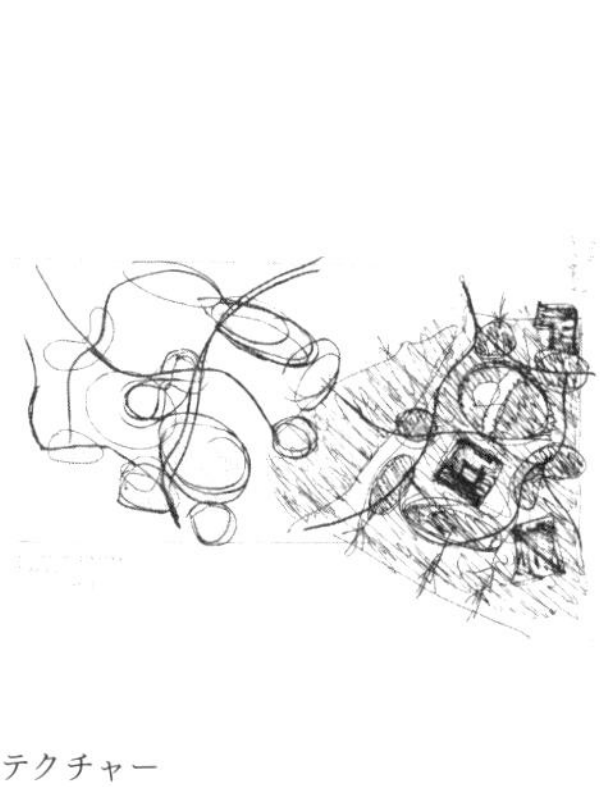

〈新潟市民芸術文化センター〉
左：かつての信濃川の風景を想起させる福島潟の風景　右：群島をイメージしたスケッチ

経済的現象とオーバーラップする世界は、ユニヴァーサルという多様な文化的な枠組みや共同性を確立しないままグローバル建築の時代を向かえた。建築は本来生活文化と同じでさまざまなレベルの出来事を複雑に包み込んで成立するインクルーシブなものでユニヴァーサルを基とすべきものだ。地球上のある固有の敷地に建設される建築には、そこに新しい情報や感性を吹き込むものであると同時に、その敷地の地形的・生態学的な属性から、地域の目に見えない歴史や文化や人びとの感性にまで繋がっていながら、地域全体を生まれ変わらせるものでありたい。それが私がめざす建築の公共性であり、環境としてのランドスケープ・アーキテクチャーである。

・・・ポピュラーミュージックのように
日常生活からのまちづくり

珠洲多目的ホール

珪藻土、風、音

珠洲市は能登半島の先端に位置し、世界一とも言われる珪藻土の埋蔵地である。私はこの材料とのつき合いは古く、空気清浄に効果があるから、と喉の弱かった私のために珪藻土の煉瓦を積んだ部屋を父がつくってくれたときからである。それからクリニックなどを設計する際にたびたび利用してきた。今回、珪藻土塗りのホールを考えてほしいと市長から依頼され、音響設計のヤマハと共に、音響材料としての珪藻土の可能性を研究した。

珪藻土は一千二百万年前の植物プランクトンの遺骸が蓄積してつくられる、空隙を持った材料である。多孔質なために吸音性を示す内装材として考えていたが、音響材料としては孔が微小すぎて、グラスウールなどの多孔質系の吸音材料のようには機能しないことがわかった。また焼物にすると、五％程度の微小な中高音域の吸音力を有するが、左官では柔らかな反射材として機能することがわかった。さらに風が吹き込むと空気が動き、呼吸しているように感じるクリーンな材料である。ホールでは、柔らかな反射材として使用しているが、実際に音を鳴らすと暖かく豊かな音に響いていくような不思議さが感じられる。珪藻土はホールだけでなく、島状にある事務室や多目的ルームやキッズルームなどの内壁や、市民ロビーの一〇〇φのミラーが埋め込まれた壁にも使用し、さらには外部にある音

「新建築」二〇〇六年九月号。珠洲多目的ホールは公称〈ラポルトすず〉

〈珠洲多目的ホール〉
珪藻土を用いたホール内観

の広場の土間にも塗り込んでいる。

市民ロビーは外部のランドスケープへと繋がっていくように、芝柄のカーペットとして内外のない空間をつくっている。はらっぱにできた水たまりのように、鏡面研磨されたアルミのベンチが白いレースのようなパンチングの天井を柔らかく映しながら、まちの人びとを迎えている。

珠洲市では子どもから青年まで夏の祭りで竹笛を吹く風習が残っており、子どもの頃から練習しているらしく、みなとても上手である。まちにある須々神社には源義経が奉納したとされる「蟬折れの笛」が奉納されているなど、地域の音との関わりはとても深い。そこでワークショップを通して竹笛に次第に興味を持っていくうちに、建物のなかに音のミュージアムをつくることとなった。百本の世界各地の竹笛を集めた音ミュージアムや、外部には海の音や風の音、虫笛の音、水琴窟の音など、音のある広場をつくり、また音楽を中心に据えた多目的ホールは、ロビーに一日中まちの人がふれあえるようなものにしようと話し合った。

ランドスケープ・アーキテクチャー

日本という変化の激しい社会のなかで、その変化を設計へと展開していくことは建築の課題である。変化とは社会だけでなく、自然の絶え間ない移り変わりや人びとの流動的知性も含めて思考しなければならない。私は社会制度や秩序立てられた自然／人工、弱い／強い、軽い／重い、開く／閉じる、という二項対立的な考え方をやめて、物事を一体的に捉えようとしてきた。抽象的なことと具体的なことを同じレベルに置くことで、全体性を持ったインクルーシブな場を切り拓いていきたい。それが環境としての建築であり、まち

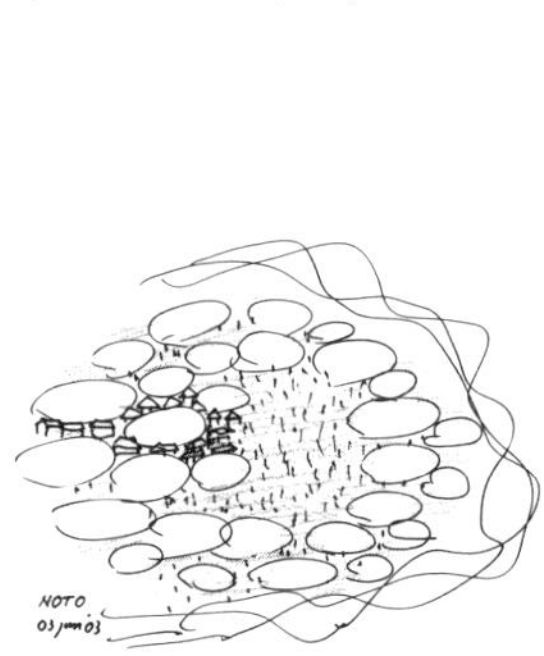

〈珠洲多目的ホール〉
雲に囲まれた能登のイメージ

〈珠洲多目的ホール〉雲のように屋根が広がる

に開かれた建築である。それを「ランドスケープ・アーキテクチャー」と名付けてきた。「ランドスケープ・アーキテクチャー」は経済的あるいは都市的なアレンジメントのレベルを超えて、そこに新しいパラダイムを求められるのではないかと考えている。光や風の刺激が私たちに快適さを感じさせるように、都市や建築もこうした身体のリズムに通じたゆらぎを感受する装置であるべきだと考えている。使う側の持つ未来への期待は計り知れず、流動する活動を引き受けられるほどの余白を残しておくことが、「ガランドウ」＝「ヴォイド」という状態へと向かわせてきた。かつて、子どもの頃にピクニックをしたり、音楽や演劇をテントのような仮設装置のなかで見る体験をしたことを思い出すと、その「はらっぱ」のような場こそ公共空間ではないかと考えている。「はらっぱ」のような空間は、カジュアルであり、自由で快適な場であった。「ガランドウ」＝「はらっぱ」も建築の形態が消えた快適な状態であり、そのような変化や多様性を引き受けられる場をつくりたいからである。

まちに開かれた建築

建築設計のスタート時には、クライアントから基本的な方針や事業内容などが与えられるが、私は地域の歴史や市民活動などを調べたうえで、その地域に必要と考えられる空間を加え、さらには運営内容も自由に提案していくやり方をしてきた。

〈新潟市民芸術文化会館〉では、屋外で行われているさまざまな伝統芸を支援しようと、外部にいくつものパフォーマンスの庭を提案し、分散するアリーナコンサートホール、シアター、能楽堂の三つのホールを卵形のひとつの建物に入れて運営を合理化し、クロスオーバーによる新しい創作活動を期待するコンセプトを提案した。またワークショップを続けていくなかでホールの集客人数の大小、ランニングコストやイニシャルコスト、企画運営のあり方が課題となり、施工の間の三年間、繰り返し市民と意見交換を続け、建物をつくってきた。

建築のプログラムの多くは、建築の側にある内容に終始している嫌いがあり、まち・住民の生活と繋がるためのプログラムが不足している。公共建築が権威のシンボルとして建築家の孤高の作品にならないためには、市民のライフスタイルを横断したところに建築を位置付けるべきである。そのために、私から見れば市民参画は建築を組み立てていくうえでの必要条件である。このポピュリズムを低レベル化と捉えられることもあるが、私は保存性と流行性、または一般性と普遍性を併せ持つ、ポピュラーミュージックのような建築をつくりたいのだ。

地域には長く続く歴史と結び付いた日常生活があり、それはきわめて保守的なものである。その保守的な身体性を超えて、公共建築が出会いの場や活動の場として大いに利用されていくことで、いままでにない新しい公共空間が市民の生活のなかに溶け込んでいく。社会に開かれた建築をめざしてガラス建築をつくっても、結果は単なるデザインだけの建築になることが多い。大いに利用され、施設の活力がまちを興すほどのものにしようと努力をしなければ、公共建築をつくる意味はない。市民参画のプロセスを導入してつくる姿勢を取ることが、いつも多くの人びとが集まる場をつくり、建築を輝くものにする。

共に生きるためのまちづくり

二十世紀はコンピュータによるＩＴ革命の時代であり、建築設計も多量の情報を処理し、建築を取り巻く多くのものまで含めてデザインしやすくなってきた。そうした情報通信機能はそれ以外の付加的な機能が充実し、もはや遊びの道具へと変化してきている。二十一世紀に入り、次なるステップとして、今日の不安定な社会状況から防災や危機管理の時代へと移行してきていると感じている。バリアフリーの促進やセキュリティなどの技術優先の動きが設計に要求されると、そこに自由度を失っていくようにも見える。しかしいま、高齢化していく社会にあって求められていることは、楽しい日常生活や美しい風景、快適な環境なのではないだろうか。そして、そのことを進めていくためのキーワードは、共に生きるという意味の共生だと考えている。空気や水や緑を含む環境の問題は、まちの人が皆で共有しなければ実現に向かえない。環境への配慮は住みやすい世界をつくり、楽しく自由なライフスタイルへと繋げていく。まちづくりの編集がいまもっと積極的に進められていくべきである。まちづくりは専門家によるものではなく、もっと日常生活のなかで思考されるべきである。自由なコミュニケーションを通して、まちの人と共につくっていくプロセスによって、まちの人にも公共空間の大切さを知ってもらえることを、ここ珠洲市の仕事でも実感している。

・・・日本の高い技術がつくる表層建築への批判を聞く
ケネス・ブラウン汎太平洋建築文化賞を審査して

アジア建築家評議会、アジア太平洋建築センター、ハワイ大学建築学部の三者が主催するケネス・ブラウン賞[1]の審査がハワイ大学で行われた。この賞はアジアと太平洋地域の建築家の作品に与えられるもので、かつて丹下健三先生、菊竹清訓先生が受賞した「汎太平洋賞」を引き継いでいる。二〇〇二年の前回には、大阪の建築家の遠藤秀平氏が受賞し、一躍世界の建築家になっている。今回は日本の若い建築家からも多数のプロジェクトが提出されていた。審査員は、「アーキテクチュアル・レコード」の編集長のロバート・アイヴィ氏、シンガポールで活躍するオーストラリア人のケリー・ヒル氏、そして私だった。

評価されない白く透明な日本の作品

審査の初日、各自それぞれに残したい作品をピックアップしていった。私は〈岐阜県立森林アカデミー〉(北川原温、二〇〇一)と〈情緒障害児短期治療施設生活棟〉(藤本壮介、二〇〇六)、〈日本盲導犬総合センター〉(千葉学、二〇〇六)の日本からの三点を含む作品を残していたのだが、初日が終わってみると、他の審査員の方々が選んだ日本のプロジェクトは〈岐阜県立森林アカデミー〉のひとつだけで、他はすべて外されていた。[2]

アイヴィ氏は建築雑誌のエディターらしく、前日のレクチャーでは今日つくられている

「新建築」二〇〇七年六月号

▼1…2007 Kenneth F. Brown Asia Pacific Culture and Architecture Design Award.

▼2…最終的に日本からは岐阜県立森林アカデミーが大賞のひとつに選ばれ、新国立美術館(黒川紀章、二〇〇七)と情緒障害児短期治療施設生活棟(現児童心理治療施設)が入選した

世界の建築を紹介し、学生とのディスカッションでも政治や経済のグローバルな動きと絡ませた建築論を語っていた。それだけに彼が日本の建築の動向をどのように見ているのかを知りたいと思い、二次審査会の前に、日本の建築を選ばれていない理由を伺ってみることにした。アイヴィ氏曰く、まず、〈日本盲導犬総合センター〉では、その蛇行する回廊や外部空間を交互に挟むという形式に、犬の拠点としての空気が伝わってこない、よくできてはいるがそれ以上のことを感じられない。一方〈情緒障害児短期治療施設生活棟〉は、白い箱の重なるビレッジ風の写真の背景が空も緑もなぜか黒く焼き込まれ、その抽象的写真のせいか子どものための空間として感じられない。内部はたしかに美しいものだが、内部を広場的に利用するということも写真からは伝わってこない、と手厳しい。日本のディテールの美しい建築を見ると、クライアントや利用者は本当にこの建築を喜んで使っているのだろうかと思ってしまう、とヒル氏も同様の感想を抱いていた。白く、透明で、明るく、美しそうで、抽象的に見える作品は、非現実的で生活の喜びが伝わりにくい、日本の多くの建築は技術力も高く美しいが、人びとが楽しく使っている様子が感じられないというのだ。

アジア諸国の建築家の魅力

世界で評価をされている日本の若い建築家の仕事も、多彩なアジアの建築の前では、「インターナショナルスタイル」と位置付けられてしまう。私も次第に、アジア諸国のプロジェクトの持つ魅力に目を開かされ、シンプルなプログラムでありながら、時間もテーマに導入しながら美しい空間をつくり上げているアジアの建築家のプロジェクトに惹きつけられていった。

審査の結果、大賞に輝いたのは、バングラディシュの〈手づくりの学校〉[3]（設計ヘリンガー・ロスワグ・コーポレーション、二〇〇七）と、日本の〈岐阜県立森林アカデミー〉の二つだった。バングラディシュの学校は、地域のマテリアルである土や竹やサリーなどを使って、地元の人の手によってつくり上げられたものだ。竹の構造の美しさや、土の空間に丸く埋もれて読書する子どもたちのいる暖かい写真、その地域の身体性を持続させながら、やさしさと同時に現代の美しさを立ち上げている。

〈岐阜県立森林アカデミー〉は、木造建築の開発と普及、同時に森林の活性化をめざして、地域に根差した教育の場をつくっている。間伐材を活用した格子組み構造や樹状構造を開発しながら、地域との連携のなかで施工している。木のぬくもりの感じられる場の快適さが伝わり、活動する人たちの生活が伝わる良い提案であると評価された。

この二つのトップ作品だけでなく、九作品の優秀賞のなかの作品にも、同じように地域性や時間の持続性をテーマにしたプロジェクトが多かった。

マレーシア・マラッカの、超過密で、とても細長い町家へ今日的空間を挿入した〈ヒーレン通りの店舗〉[4]（ＳＣＤＡアーキテクツ、一九九九）。内部を壊すことで現れる古い壁に挟まれた長いヴォイドのなかに、鉄やガラスなど新しい建築を挿入し、過ぎし時間を持続させながら現代を対比させ、現代性を謳い上げている。

バングラディシュのダカの大きな家〈メグナの住宅〉[5]（シャトウット・アーキテクチャー・フォー・グリーンリビング、二〇〇五）は、都心の垂直建築でありながら緑と水が立体的に建築と絡み合い、アジアンフィーリングの美しい景観をつくっている。地域の煉瓦などの素材とモダンなガラス刺し子が交錯し、住み心地のよさを感じるプロジェクトである。

また中国海南島の〈ボアオ・キャナル・ヴィレッジ〉[6]（ロッコ・デザイン・アーキテクツ、二〇〇

▼3 … Handmade School in Bangladesh. Heringer-Roswag Cooperation.

▼4 … Heeren street Shop House. SCDA Architects.

▼5 … Meghna Residence. Shatotto Architecture for Green Living.

▼6 … Boao Canal Village. Rocco Design Architects.

二）は、水辺の村というアルケオロジーを再編集することで、水辺の快適な住環境を立ち上げるやり方のなかに、敷地の持つ特性を生かしたプロジェクトである。

多様性の時代のなかで日本は

携帯電話やインターネットなどといった近年の技術革新によるグローバル化の波は、アジア諸国も巻き込みながら、これまでの先進国であるアメリカ、ヨーロッパ、日本などを中心としてきた世界とは異なる変化を起こしつつある。グローバル化はそれぞれの国の事情で異なる方向へと向かい出している。アジアの国々はそれぞれの国で培った時間を引き寄せながら、歴史や文化を大切にし、穏やかなダイナミズムを発揮している。それによって、従来の先進国にはない地域の生き生きした生活が浮かび上がってくる。

西欧のモダニズムを学習し展開させてきた日本の建築は、風土に根差した伝統的なものが見えなくなってきて久しい。日本の建築は「インターナショナルスタイル」に向かい、人びとの身体が持続して持っていた時間や風土というものを失ってしまっているのではないか。グローバル化が進むいま、持続について考えることで、両者が相互的に高い水準で調和した新しい時代の建築が動き始めている。

・・・地域の環境モデルとしての建築

静岡ふじのくに千本松フォーラム

原題「PLAZA VERDE」
長谷川逸子・建築計画工房編
「ふじのくに千本松フォーラム プラザ・ヴェルデの建築」、二〇一四年

〈プラザ・ヴェルデ〉、「緑の広場」の愛称をもつこの建築は、市（キラメッセぬまづ）、県（コンベンションぬまづ）、ホテル（ダイワロイネットホテルぬまづ）の三施設が一体となった、沼津市、静岡県東部地域を象徴する建築です。「千本松原」をコンセプトに、長さ約二〇〇メートルの連続した南北の立面を緑化メッシュで包括して、三つの施設に一体感をもたせました。このファサードは、沼津の狩野川の河口から富士の田子ノ浦まで駿河湾岸に沿って続く、美しい千本松原の景観を建築として構成したものです。富士山、駿河湾、千本松原という美しい風景をもつ地域にふさわしい景観を形成する建築、未来につながる静岡県のシンボルとしての建築をイメージしました。

また、「千本松原」というコンセプトには、地域の環境とともにある新しい「千本松原」をつくり、地域の環境モデルとしての建築をたちあげる、という意味も込めました。緑化による環境負荷の低減、光や風などの自然エネルギーの活用など、二酸化炭素削減、ヒートアイランド対策、省エネルギー対策を積極的に取り入れています。屋根面をすべて緑化して、屋上は富士山の見える庭園とし、多くの花の産地がある静岡県の花々を集めた庭園をつくりました。さらに市施設と県施設の間の交流テラスにも花壇を設けています。緑と花が彩るエコロジカルで美しい景観によって、癒しとストレスケアの場となる建築をめざしました。豊かな自然とともにある文化芸術を特色とする地域として、地域に根ざしたも

のづくりにも結びつくよう、県産材を積極的に利用しています。長さ二〇〇メートルのエントランスギャラリーは、「森をつくる」をテーマに、天竜の丸太をたくさん使ってデザインしました。

〈プラザ・ヴェルデ〉の設計過程では、市民との対話集会を重ね、子どもからお年寄りまで、さまざまな要望を引き受けながら進めてきました。例えば、高校生とのワークショップを通じて、コンベンションぬまづの三階のホールBは音楽会もできるように音響設計を取り入れることになったり、キラメッセぬまづの二階のギャラリーにはスチューデント・ラウンジを導入することになりました。「活気あふれる交流の場」「優しい、使い勝手の良い施設」をめざして、多くの人びととの対話を繰り返すプロセスを通じて、この建築がより広く市民に開かれ、多くの人が多目的に利用できる公共建築に近づくことができたと思います。

プレイス——持続

設計にあたっては、まず地域の環境のなかに潜在している持続性をつかまえるため、まちの歴史を調べ、人びとの生活の歴史を知ることから始めます。芸術的活動、特に普段の生活のなかで目にする機会が少なくなっている伝統芸能やものづくりを可視化していきながら、設計を進めていきます。地域に持続している価値と建築を結びつけていく過程を通して、ひとつの建築をつくることが、「人と人」「人とまち」が自然につながるまちづくりにもなっていくのです。

さらに土地の風景を分析し、そのまちを美しくしている快適なイメージや喚起力のある環境のイメージを抽出します。土地利用計画という名のもとに、無秩序な開発が繰り返さ

〈プラザ・ヴェルデ〉
左：キラメッセの前の通路。天竜の丸太を用いている　右：外観

れたために荒れてしまった地域に、それまで持続してきたイメージと結びつけるように、緑、土、水、良い空気などの多様な要素を導入して、環境の再編集を行いました。それは「新しい自然」としての場づくり、環境としての建築をつくることです。さらに五感に訴える爽やかさと美しさを導入し、回遊できる遊歩ネットワークを整備し、ゆったりと快適に住み続けられる場をめざしてきました。それは多様な要素が相乗効果を最大限に発揮できる複合建築づくりの核であるといえます。

地域固有の文化は閉鎖的で変わらないものではなく、異種の文化の影響を受け、常に変動するダイナミックなものであると考えています。そのダイナミズムは、地域のアイデンティティを成熟、洗練させてゆくものでもあります。今日のグローバルな時代にあってこそ、都市の設計に向き合うとき、リージョナルな文化や芸術をリフレッシュし、現在を生きる私たちの身体や感性に持続させていく必要を強く感じています。

〈プラサ・ヴェルデ〉
屋上庭園

・・・公園のなかのオフィス

上海市南西部にある工業地区の跡地再開発の国際コンペであった。この一帯は一九九〇年代には工業地帯として繁栄したが、郊外への工場移転に伴って街が空洞化してしまったという。近くには木蓮（中国名：桂花）を数十種類植えた、江南の伝統的技法で造られた桂林公園がある。上海は鹿児島とほぼ同じ緯度にあるが東京に似た気候で、四季があって降雨量も多く、植生も豊かである。

私たちはコンペ案で、オフィス、SOHO、商業などを複合させ、街に開いた緑豊かなオフィス街として再生する事を提案した。このエリアの再開発のルールづくりを念頭に置き、街路樹が連続し、緑・土・水といった自然が溢れる「公園のなかのオフィス」というコンセプトを提示し、一等を得た。その後SOHO部分がオフィス街に変更になり、設計に入った。東西約三〇〇メートル、南北約一七〇メートルの広大な敷地に、ITやネット関連の新しい業種が主に入る十棟のオフィスビル（延床面積は約一七・五ヘクタール）を設計するため、敷地にランドスケープデザインを積極的に導入し、公園のように緑豊かな環境のなかにどのように建物を配置するかを慎重に検討した。敷地の外周はプラタナスの並木で囲み、周囲へのビル群の威圧感を抑え、ここで働く人たちがゆっくり散歩を楽しめるよう、街区の中心部には車が入れない遊歩道をつくった。

敷地の条件に合わせて北側には、高さ七〇メートル（十七階）と五〇メートル（十二階）の

上海漕河経三号地オフィス

作品集『長谷川逸子』収録の作品解説をもとに書き下ろし、二〇一八年七月三十一日

高層棟をそれぞれ二棟ずつ配置し、この二棟を二階レベルの空中庭園でつないでいる。この空中庭園はアウトドアオフィスとしてミーティングなどに利用してもいい。高層棟は、北側の幹線道路の騒音を緩和すると同時に、ランドマークにもなっている。敷地の南側には四階建てと三階建ての低層棟をそれぞれ三棟ずつ、隣接する棟との直接的な視線の交差が避けられるよう、角度を振って配置した。

平面形は高層棟、低層棟ともに四隅を角丸とし、大きなヴォリュームを柔らかい印象にまとめた。そのため内部から外を見ると広がりのある視界が得られる。高層棟は、南側隅部に数か所、二層吹き抜けの屋外テラスをつけた。低層棟は、立面から飛び出した箱形と内部の吹き抜けを組み合わせることで、階をまたいだ立体的な関係を生み出しながら、公園のような外部空間とものびのびと繋がっている。

高層棟のファサードは、ガラスと着色半光沢の大型タイル壁による外壁と、その前面にパンチングメタルを配したダブルレイヤーである。パンチングメタルは中国の伝統的な格子模様をモチーフにして、直径の異なる三つの孔を組み合わせたオリジナルで、立面上のガラス率を四〇％以下に抑えなければいけないという規定と、室内に少しでも多くの自然光を取り込みたいという要請の矛盾に応えている。私は、緑に包まれたオフィスビル群のイメージとともに、中国ではほとんどの女性が働いている状況を見ていたので、設計当初から、フェミニンな外観をもつオフィスビルを提案したいと考えていた。このパンチングメタルは建物全体がレースで包まれているような優しく軽やかな印象を生み出し、これまで世界中どの都市にも蔓延している男性的な、あるいは中性的な外観のオフィスビル群が形づくる都市空間とは違う、ここにしかない光景を実現できた。

〈上海漕河経3号地オフィス〉
レースのようなパンチングメタルから隣の棟を見る

中国での仕事

中国での最初の仕事は大連市の集合住宅の設計への招待だった。大連では行政から低層集合住宅の設計を依頼されたのだが、基本設計を終えた頃、経済活動が活発化するなかで民間のディベロッパーが入ってきて、超高層化を求められ、結局それでは良い環境づくりはできないと降りてしまった。次は上海から一五〇キロメートルほど離れた無錫市の集合住宅の設計への招待（二〇〇九年）だった。語山湖を南に見る敷地で、空地をゆったりとった緑豊かな高層棟エリアと、一戸が三百平米を超える低層テラスハウス〈江陰の別荘〉のエリアを複合した提案であった。低層テラスハウスエリアは竣工（二〇一二年）まで行ったが、高層棟はコンクリートが立ち上がったところで経済の波でストップしてしまった。中国社会の変化の激しさに驚かされたものである。その後、上海市で都市計画マスタープランとオフィスやショッピングなどの各街区の建築のコンペへの招待を受けて、マスタープランが通り、そのなかの一つの街区が、本文の〈漕河経三号地オフィス〉である。その後も、港湾近くのＩＴ工場のコンペ（二〇一五年）や、官公庁を含むオフィス街のコンペ（二〇一七年）などに毎年のようにトライしている。国内のプロポーザルコンペは、コンペ自体の運営の問題やコンペの予算関係のトラブルなどをよく耳にするようになった。デザインコンペからプロポーザルコンペへの移行に年々難しさを深めてきているこの十年近く、海外の招待コンペへの挑戦を続けている。

（二〇一八年）

〈上海漕河経3号地オフィス〉

〈上海漕河経3号地オフィス〉2階部分に設けられた人工地盤の空中庭園

・・・インタビュー　海外で起こったこと

一九九四年から始まった

――住宅以外の仕事のほとんどは、コンペで獲得したものだとお聞きしています。〈湘南台文化センター〉のコンペ以後はほとんどそうですね。

――一九九三年には〈新潟市民芸術文化会館〉を獲られますが、そのあたりから海外コンペに数多く参加されるようになります。九四年には〈カーディフベイ・オペラハウス〉、〈メルボルン・フェデレーション・スクエア〉、〈台中市役所〉[1]と、三つも出されていますね。

私は一九九二年から九三年にかけて、ハーバード大学に客員教授として教えに行ってました。実は、新潟のスケッチはボストンでチャールズ・リバーを見ながらスケッチしていたんです。信濃川ではないんですね(笑)。かつて浮島がたくさんあって、徐々に都市河川へと変遷していった信濃川とチャールズ・リバーを重ねていた。その大学の工房で削り出した、アクリルの楕円形を少し変形させた模型は、いまも私の机の近くにありますよ。コンペが九三年の始め頃でしたね。客員教授を辞めたら、そのハーバード大学からのスタッフがかなり増えたんです。じゃあ、せっかくだから外国のコンペをもっとガンガンやろうということになったんですね。

特に最初の〈カーディフベイ・オペラハウス〉は、長期間に渡るコンペでした。審査のやり直しやら度重なる面接とか、いろいろと事件があったんです。まずは一等を獲ったと

「カザベラジャパン」七百七十号、二〇〇八年十一月。二〇〇八年十月三日、聞き手＝小巻哲

▼1……台湾台中市庁舎国際設計競技、The New Taichung City Civic Center International Competition.

いうことで、BBCテレビ、黒川紀章さんとか国内外から続々とお祝いの言葉をいただいたんです。でも、なかなか肝心の主催者から連絡がこなかった。そうこうするうちに、「極東（ファーイースト）の歌舞伎（カブキ）の国の女流建築家（ウーマン・アーキテクト）なんかに伝統あるオペラハウスの設計をさせるべきではない！」といった記事が載った現地の新聞が届く。議論が巻き起こって、審査がやり直しになってしまったのですね。再度のインタビューでは、予算的な話など高いバリアが築かれていくのを感じました。審査を終えて日本に帰ってくると、今度はイギリスの大物建築家から、「私と一緒にやらないか」という連絡がきたんです。でもすでに私は、自分がやろうとしていた日本的な軽さを持った建物に対する氏の反発を強く感じていたので、お断りしました。再審査ではザハ・ハディッドさんが当選ということになりました。彼女は実現するものが少なかった頃なので応援していたのですが、結局はいまもオペラハウスは建っていないようですね。

しばらく後にウェールズにレクチャーへ行ったところ、私のコンペ案の写真パネルが貼られているのを見ました。「本当はこのオペラハウスが欲しかった」という声も聞きました。カーディフの湾岸を本拠とするウェールズ・オペラは、ここには本拠地がなくて世界中を船で巡行するんですね。日本にも船で来ました。私はそこからインスピレーションを受けて、港の敷地に寄港したオペラ・シップと名付け、赤いヴォリュームの船のようなホールを提案しました。私は〈湘南台〉や〈フルーツミュージアム〉などから〈新潟〉まで、敷地全体を新しい環境として編集しなおすというランドスケープアーキテクチャーの提案をしてきました。ウェールズというのはチャールズ皇太子のお膝下ということもあって、環境そのものを見直すという私の案には賛同していただいたようです。

イギリスではその後もいくつかのコンペに招待されたりしています。九七年のウェール

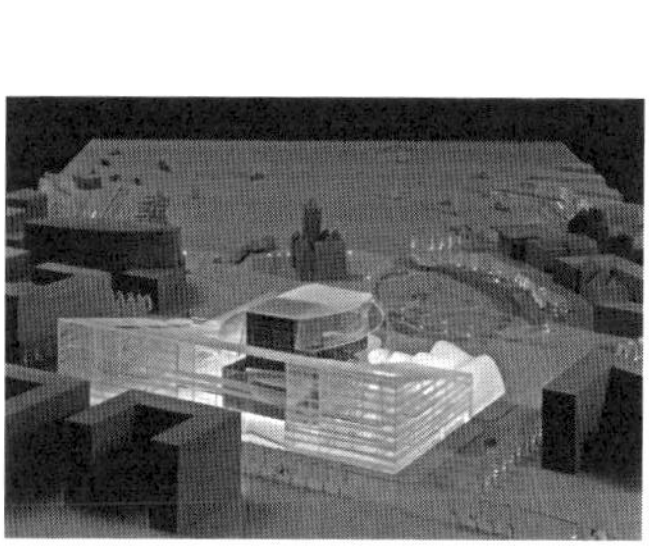
〈カーディフベイ・オペラハウス〉
「オペラシップ」がカーディフ湾に面している

ズ国会議事堂コンペではリチャード・ロジャースと戦いましたし、九九年にはロンドン・タワー周辺のコンペに招待されて上位に残りました。二〇〇〇年にはロンドンのサウスバンクのコンペに招待されました。そして二〇〇一年には、なぜかロンドン大学の名誉学位賞をいただいたんですよ。本国の建築家であるフォスター、ロジャース、ザハ、ピーター・クックさんたちが受賞パーティに出席してくれたのですが、建築家が貰うことのなかった賞だと、皆さん驚かれていました。私としては賞より仕事の方がいいのに……（笑）。まあ、いろいろなことに巻き込まれたというのが、私のイギリスでの経験ですね。

――「実」ではなくて「名」をくれたわけですね。

続出する事件

私は海外に縁故的な繋がりがないままの参加、つまり基本的に単独でコンペに参加してきました。ですからいろいろな出来事に巻き込まれるのでしょうね。同じ九四年には、マレーシアで国が主催するハウジング・コンペにも参加しています。そのときには、偉い政治家との対談が新聞の一面に大きな写真入りで載りました。すると「マレーシアでのライセンスが無いのに日本の長谷川が設計をしようとしている」ということが当時のＪＩＡ会長だった穂積信夫さんに連絡が入り、「ライセンスを借りてやったらどうですか？」とのご忠告をいただいたのですが、結局は基本設計だけで降りちゃった（笑）。いまは、アジアの各国でもわりと日本のライセンスが通用しますが、当時はそれができなかった。二〇〇一年の台北キャプタルプラザ[2]も最優秀賞をいただいたのに、今度は台風の復興に予算が回ったという理由で中止になった。ボストン、ロスのコンペも変なことがありました。一等賞をとっても実現しないという流れができてしまったみたい（笑）。

▼2…台北総統府広場国際設計競技、Taipei City Capital Plaza International Design Competition.

——最初の国際コンペからすごい巡り合わせですね。でもそれは、上位に残るからこそのお話ですよね。ところで、そうしたコンペ応募案におけるコンセプトは、国内と海外では連続したものと考えてよろしいのですか？　もちろん環境や人が違うので手法は違ってくるでしょうが、基本的には……。

そうですね。日本ならすぐに敷地を見に行きます。そして、その土地がたどった歴史などを繙いていきます。例えば、区画整理がなされる前の湘南台の周辺敷地は丘だったとか、新潟だと、かつては川のなかという埋立地。埋め立てられていない明治以前の信濃川には浮島がたくさんあった。その浮島での祭りや花見などの絵巻を見るんです。そうした原風景を知ることで、その繋がりのなかに何ができるだろうかと考えるわけです。そこから〈新潟市民芸術文化会館〉での、浮島が点在するような群島（アーキペラゴ）方式のランドスケープ・デザインが生まれてきました。ただし、伝統をそのまま継続するのではなく、土地の歴史を自分の思考のなかでメタモルフォーゼさせ、飛躍しないといけません。私はよくランドスケープアーキテクチャーという言葉を使いますが、それは土地と建築が繋がるような新しい提案をしていきたいということです。

ヨーロッパでも土地の歴史を調べるといった調査はします。でも、特に外国の敷地には周辺に歴史の読み込めるようなものが沢山残されている。地下都市とか牢獄とか都市には古代都市の遺産が埋め込まれ、日本のように直前まで川・丘・山という自然環境とはまったく違う。そうすると、やはり自分の感覚で今日住まう人びとに快適な場を提供しようと、明るさを持ち込むしかないわけですね。どう見たって私の応募案は「日本」ですよ。こういう軽いものは日本以外ではあり得ない。日本で築いてきた私自身の建築思考、「環境としての建築をつくる」という考え方を提案していくことになります。

——その「日本」というのは、概念的な日本解釈なのか、あるいは形態的なものなのでしょうか？　日本で見ているとあまり実感できませんが。

　概念も形態も含めてでしょう。私にあっては建築の構成の仕方のことだと思います。実際に組み立てていく際に、ヨーロッパ的な重厚さは描けないのです。日本の木造の組み立て方とディテールのシンプルさに由来しているのかもしれません。私の建築は鉄骨造が多いので、どうしてもその組み立て方が日本的に見えるのだと思います。おそらく、構造の基本に木造のフレームがある。日本の木造ラーメンですね。構造家の木村俊彦先生に、〈湘南台文化センター〉のときに「どうしてここまで細くしたいのだろう」と言われてしまいました。細い鉄のラーメンと薄い壁というイメージですね。また、〈山梨フルーツミュージアム〉ではフレームをすべて溶接してジョイントをなくしました。竹カゴのようなドームをイメージしていたので。それからジョイントのない自由曲線を皆が描くようになるし、溶接の建築がつくられるようになった。そういうディテールに日本的な織りの構成の仕方を見るようです。

——そこが、ヨーロッパ的な重厚長大な考えと衝突するわけですか。

　そう思っています。まさに〈カーディフ〉ではノーマン・フォスターに公開で一等になった長谷川案は「軽すぎる」、「百年持たない」と二次の招待建築家が大勢集まったときに言われました。

エンジニアリングを積み重ねる

〈カーディフ〉が評価されたこともあって、その後もいろいろな国からコンペに招待されました。新潟の後は中国広東省の〈汕頭大学〉や大連の住宅プロジェクトが特命でやって

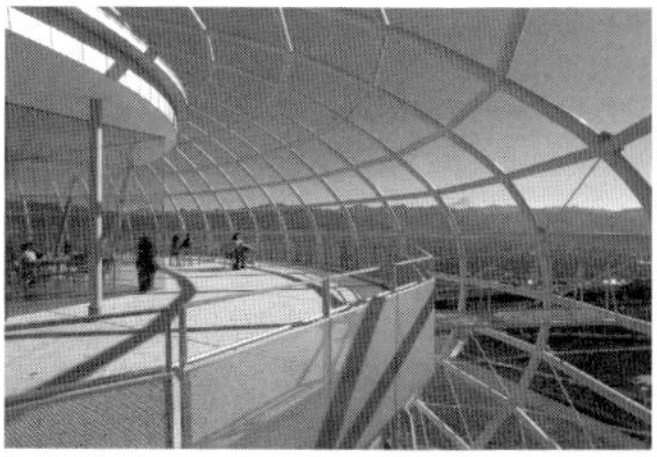

〈山梨フルーツミュージアム〉
竹かごのようなドームを実現するため
全溶接としてジョイントをなくした

きました。それも、実施になって地元の構造家と打ち合わせたところ、自分の考えが通らないことになり、基本設計が終わったところで降りちゃったんですけど（笑）。

現在はヨーロッパのある都市のコンペ[3]に参加しています。超高層を含んだ複合的な地区開発のようなものです。実は、それに応募する直前に、もうすぐ西新宿に完成する〈モード学園ビル〉（丹下都市建築設計、二〇〇八）のコンペに招待されていたのです。その趣旨は「超高層を」ということでした。名古屋のモード学園は高層ビル案で提出しましたが、新宿では超高層をめざしてスケッチを始めたのです。中層くらいの箱を空中庭園をはさみながら重ねて積み上げていくという発想をしました。スタッフに受けなかったので結局は出さなかったけど。いまできているのを見るに落ちていたでしょうね。でもコンペに招待していただいたことには感謝しています。つまり、このときに考えて描いたスケッチを延長したものが、現在進行中のイッシー・レ・ムリノー市のコンペ案の原型になったのですから。

ここにはいろいろなエンジニアリングの要素を含めています。〈湘南台〉の緑や〈新潟〉の省エネシステムなど私がいままでやってきたエコロジカルなエンジニアリングの考えを集大成して積み上げて、超高層にしているのです。例えば、〈新潟〉で効果が実証されているのですが、ダブルスキンのガラスの間に入れた薄いアルミ・パンチングメタルのオーニング二枚を上げ下げすることで、太陽の光と熱をコントロールするシステム。太陽電池のフィルム。マイクロ風車も。それは、直径五〇センチメートルくらいの風車をずらっと並べて発電する設備で、ナイターくらいの電力ならまかなえます。また、霧を吹いて冷却効果を出すシステムなどもあります。〈袋井月見の里学遊館〉の中庭で使った当時は、芸術で使うものなのでの粒が大きくて濡れてしまいますが、現在は高微粒子で細かくて濡れない霧が使われるようになってきているので、それも導入しました。

▼3…フランス、イッシー・レ・ムリノー市のセーヌ川にかかるイッシー橋周辺地区の開発計画（二〇〇八）

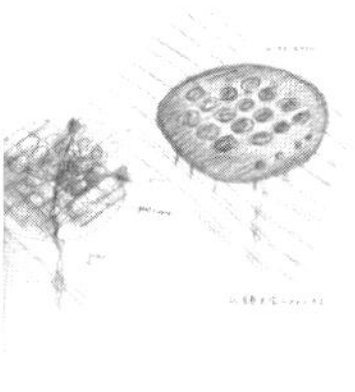

〈汕頭大学〉
イメージスケッチ

こうした環境的なエンジニアリングを考えながら超高層として組み立てるという提案は、最初は理解されにくいようでした。毎回のインタビューでは、エンジニアリングの部分が中心的な話題になっています。「日本のエンジニアはこんなに進んでいるのか」から、「エンジニアリングに固執しすぎると、後々古いものになってしまうのではないか」とか。でも、昔のように大きな設備機材を導入するものではなく、フィルムを一枚貼るとか、風車を回したり、カーテンを上げ下げするようなものなんですね。もちろん政府の意向としては、将来的なエンジニアリングの発達を見据えてはいるけれど、「現時点での導入は早すぎる。すぐに古くなる」と言うのです。でも、いずれいまの案より優れたエンジニアリングが開発されたら、改めて導入するのはたやすいことです。その時々でフレキシブルに替えていける軽装なものだと主張し、納得してもらえました。

これらは一九八五年に〈湘南台〉で初めて公共建築の設計をしたときから考えてきたことで、未だに古くなっているとは思っていません。私は、大学では構造を学び、篠原研究室では設備を研究していましたから、実はこういうことを考えるのは好きなのです。いろいろな人が、私は造形にしか興味がない、と思っているのかもしれませんけれど。今回は極力デザインを排除した合理的な箱を積み重ねているんです。でも、なかなかいい感じにできています。

——日本で考えてこられたことが、海外で理解されるという面白い状況なんですね。

フォスターやトム・メインが、ものごい形の超高層オブジェを出してきたときは、私のやろうとしていることを通すのは難しいだろうとも思いました。いまは、自分の考えるもので突っ走ります。オブジェ的な超高層は非常に男性的な行為で、造形的に奇抜なものを会社の威勢を響かせるようにつくるものです。私は超高層で造形的なものをつくるのは本

〈フランス・イッシー橋周辺地区開発計画〉

当に嫌だと、前々から思ってきています。

よく、日本のディベロップメントに関わるような人たちからは「長谷川は超高層が嫌いでフラットなものしかつくらない」と言われてきました。だから超高層が求められるコンペにはなかなか出せないというところがありました。しかしそうではなくて造形的な超高層ビルが嫌なだけで、垂直に重ねて都市に機能を集中させる建築が嫌いなわけではないんです。

——昔の話ですが、篠原一男先生は超高層をやってみたいとおっしゃっていましたよ。

篠原先生なら、すごいスタイルの超高層をつくったでしょうね。でも私は違います。私の考える超高層は形態の問題ではなくて、快適さと省エネのエンジニアリングを考えることなんです。〈湘南台文化センター〉から継続してきたエコロジカルなエンジニアの集大成を、海外の超高層のプロジェクトで提案できているというのはとても面白いことです。

——今回は初めて現地の建築家と協同されているそうですね。

いままで単独でやってきて、途中で止まってしまいましたからね。インタビューのとき、「今日は男性のパートナーは来ていないのですか？」と質問されたこともあります。言葉の問題もあるし。仮にコンペは獲れても、設計までで監理はできないというのもマズイと思うんです。ライセンスの問題もありましたから。これまで海外のコンペには数多く参加してきましたが、もし実現するとしたら初めてのことなんですね。

海外での反応——理解と相違

——それが本当に意外ですね。長谷川さんというと、海外の仕事のイメージが強かったものですから。レクチャーや展覧会も随分されていますね。各地での反応や手応えはいかがですか。

いろいろの国から招待されて相当出かけています。大体反応は良く、楽しんできますね。ヨーロッパが多いのですが、アメリカも単独ツアーで廻ったり、八束はじめさんと二人で分かれて六校巡回したりとか。ベルリンで展覧会をしたときは、旧東ドイツのドレスデンにレクチャーに行きました。夜など真っ暗で怖いのですが、学生たちはとても一生懸命で復活にかけていました。東側は面白くて、その後もいくつかの大学に行きました。コトブス大学［ブランデンブルグ工科大学］に伺うと、自分たちで施工して学校づくりを必死でやっていました。近年は、北京の清華大学にディプロマの指導で二週間ほど行ったこともあります。今年は、香港大学大学院のディプロマのジャッジに伺いました。

一九九八年には第七回国際建築ブエノアイレス・ビエンナーレに出かけました。第一回目から招待されていたのに、はじめて出席しました。世界中の建築家が集まって、一週間くらいの連続講義をするような企画でした。私は近くのル・コルビュジエの建物を見たいとのんきに出かけて行ったのに、その国際大賞をもらうことになってしまった。そのときは完成前でしたが、〈新潟〉が評価されたみたいですね。これも思いがけない事件でした。同じ頃、ヨーロッパでは巡回展[4]がパリ、ベルリン、オスロと回っていました。最終がロンドンの予定だったんですが、またちょっとした事件があって、取りやめ……（笑）。

一番印象に残っている展覧会は、一九八七年のオスロでの住宅展[5]ですね。きっかけは、八六年に「一連の小住宅」でいただいた日本文化デザイン賞だったので。それを見て面白いと思った方がオスロに招いてくださったんですね。そこでの私は、会場とされた一軒家のようなギャラリーをリフォームしたいと提案しました。当時、日本にはポリカーボネートはなかったのですが、ドイツのアーティストが使っているのを前に見ていて、その材料が面白いからバルコニーなどを全部ポリカで覆いたいと提案したのです。そうしたらアー

〈メルボルン・フェデレーション・スクエア〉コンペ模型。1990年代の国際コンペのひとつ

ティストや大工さんがドイツから来てくれて、リフォーム工事をしてくれたんです。それは当時、ドイツのシュテーデル大学にいたピーター・クックさんが全部手配してくれたようです。みんなで遊びながら、わいわい楽しく一緒につくったとてもいい展覧会になりました。そのときドイツから来てくれた建築家の何人かは、オスロに居ついちゃった。いまでは有名な建築家や教授になっています。オスロで新しい建築の歴史をつくっている。なんだか面白いでしょう。あの展覧会ほど後々思い出しても楽しいことはなかったですね。そんなこともあって、オスロには何度かレクチャーに行っています。

それでも、理解される国と、まったく理解されない国があることがわかりました。〈湘南台〉をやっていたころの、随分前のことですけれどね。ローマ大学で、「建築というのはアーティフィシャルなもので、〈湘南台〉のようにグリーンを重ねるような、ランドとアーキテクチャーを一体に考えるのは建築論としては違反だ」とひどく冷たく批判を受けたんです。しばらくして、またローマ大学から招待を受けました。そのときは、「あなたのランドスケープ・アーキテクチャーという考え方を非常に評価します」と言われました。かつてのことを話すと、「いまはもうそんなことを言う先生はいませんから、ぜひ来てください」と。結局は日本でインタビューを受けましたが、ローマには行きませんでした。スペインもダメでしたね。イギリス、フランス、ドイツ、オランダ、ノルウェーなど、北の方はなんとなく私のことを理解してくれるのですが、南に行くとランドスケープ・アーキテクチャーの考えが理解されないことがあったのです。

そういえば日本でも、〈湘南台〉で丘のような建築というイメージをつくるための屋上緑化を試みたんですね。いまは豊かな緑に包まれて本当の丘みたいになっています。当初はいろいろな意見がありました。ブッシュやツル植物を植えて丘をつくろうとしたことに、

▼4…「長谷川逸子」展一九九七–九八年。フランス建築学院（ifa）とオランダ建築協会（Nai）の共同開催

▼5…オスロギャラリーROM単独展

さきほどのローマ大学だけではなく、東京農大の先生がまったく同じことを私に伝えるためアトリエを訪ねて来ました。「建築にグリーンを持ち込まないで欲しい。都市のグリーンはいろいろなものを植える丘になってはいけない。都市には整然とした街路樹以外必要ない」とひどく怒られたことを覚えています。

――昨今の屋上緑化推奨からは考えられないお話ですね。

都市に自然を持ち込んではいけない。里山まで、と境界線を引いていました。都市では自然をちゃんとメンテナンスできない、と。私は市民と意見交換してメンテナンスの準備は整っていることを説明しましたが、「フィロソフィーとしていけないんだ」と恐い剣幕でした。イタリアにあっては都市のグランドも含めてアーキテクチャーであり、建築は自然とはまったく切り離されたものだから、「第2の自然としての都市」という思考は成立しないのです。

――自然観、建築観の違いということなのでしょうか。

哲学者フィリップ・ニス[6]さんは、庭園はいつも超自然であり、水平な広がりよりも垂直性を志向するものと話されていました。都市はものの集合でありアーティフィシャルなものであるという思考と、私の地面に近いはらっぱのようなフラット思考とは異なるものでした。私は都市あるいは建築と自然を融合させたいと思っているので、やはり彼とは対照的な考えでした。

――最近は、エコロジーやサスティナビリティといった考え方が普及して状況が変わってきたと思いますが……。

少し前に、東大の山本良一[7]先生と一緒にレクチャーをしたのですが、まず最初に「環境のことを一番考えていないのは、建築家だ。自動車メーカーだって考えている」と言われ

▼6 … Philippe Nys（一九四七―）

▼7 … （一九四六―）、環境材料科学、環境経営学

〈ストックホルム市立図書館増築〉コンペ模型。1990年代の国際コンペのひとつ（次ページは図書館内部）

たんです。その後に、私の〈湘南台〉から〈新潟〉までの建築を見て、「こんな建築家がいたんだ！　こんなエコロジカルな思考をする建築家にはビックリだ。ぼくは全然知らなかった」と謝られたことがあります。「でもみんながやってるわけではないし、認められているわけでもないんですよ」と答えたところ、「そうだろうな」と……。

ローマ大学から日本に私のインタビューをとりにきてくれた建築家からも、私の考え方を評価したいと言われたんですから、事情もずいぶん変わってきたのかなとも思います。

日本への評価軸

――そうした意識の変化は、コンペの内容にも影響を与えるようになるのかもしれませんね。ところで、先ほど「日本」的というお話もありました。日本の現代建築が世界で注目され始めたのは一九八〇年前後からだと思います。まずは住宅への興味、次第に一般建築の評価に移っていったように感じています。それは、丹下・黒川・磯崎世代に次ぐ世代が、メディアやコンペ、講演会、展覧会などを通じて、海外に飛び出し始めた時期でもあった。国内と海外の評価軸については、どう思われますか。

一九六〇年の世界デザイン会議に関わった先輩たちの後だと、伊東豊雄さんやSANAAがレム・コールハースとの関わりのなかで進出したし、磯崎新さんとの関わりのなかでシーラカンスの小嶋一浩さんはじめ何人かが進出している。さらには、海外でも評価を得られる考え方を持って活躍している貝島桃代さん、阿部仁史さん、坂茂さん、隈研吾さんなどがいる。日本の若い人たちへの評価は高いですからね。

私の場合、八〇年代から住宅が海外で評価され、展覧会もやってました。ヴェネツィア・ビエンナーレも招待で出展してました。住宅に続いては、一九九〇年完成の〈湘南台

文化センター〉が海外で高い評価をいただきました。でも、日本では評判の悪い建物だったんです。先日、サンフランシスコの先生がインタビューに来たときにも、「アメリカでは〈湘南台〉が高く評価されているのに、公共建築を設計するプロセスのなかで市民の意見を聞く方法への批判は、多木浩二さんもしているが、これはいったいどういうことなのか」と聞かれました。同じように新潟での市民とのワークショップについて、著名な編集者から「ソフトづくりや運営まで関わろうとすることはわからない」と言われたりしました。私は地域の意見を開いて、地域の人たちの生活やふるまいを知るなかで、ずっと続いているものを知って、新しい建築を生み出していきたい。建物の完成後でもちゃんと運営できるようにしたいとも考えていたんです。箱づくりの発注はするのに企画運営はまったく見えない公共建築に対する私の批判でもあったのです。ロンドン大学で名誉学位を受賞したときに、「シチズン・ワークショップ」という項目が読み上げられました。そうしたことも含めて外国では評価の対象になっていたんだと思いました。その頃、ダニエル・リベスキンドさんの奥さまが「ロンドンの美術館では、長谷川みたいに市民集会を開いているけれど、面白いことになっている」と話されたとかいうことを、ロンドンのサウスバンクのコンペのときにクライアントから聞かされ、いいなと感じた覚えがあります。

〈カーディフ〉に話を戻すと、階級制のあるイギリスのオペラでは休憩時間につかうバーにもクラスがあるの。私はバーのランク付けをすべて無くしたんですね。それがウェールズ・オペラの人たちに評価されました。イギリス人にはいろいろなところに階級別という暗黙のルールがあるんです。私は向こうの階級制度を壊してしまおうと、日本を持ち込んだのです。ハイクラスとは、一般のパブリックと完全に縁を切らないといけない。日本のように全員が中級意識でいる感覚、つまりコンサートホールにGパンで行くような感覚を持ち込んでしまう。それが〈カーディフ〉では驚かれながらも評価されたんですね。もちろんヨーロッパで集合住宅のコンペではこの考えは持ち込めないし、ダメですけど。

そういう日本的ソフトが評価されることは何度もあった。しかし一方で、表現という意味では評価されなくなっているという最近の傾向もあります。昨年、ケネス・F・ブラウン・アジア太平洋デザイン賞（旧汎太平洋賞）の審査をしたんです。[8]これは、丹下さんや菊竹さんも受けた非常に栄誉な賞なんです。遠藤秀平さんがコルゲート住宅で世界的に認められるようになったのも一九九八年に受賞したからですからね。

今回の審査員に言わせると、私が押す日本の建物は、どれもきれいすぎて生活も見えないし、日本的なるものも読めない。彼らとしてはインターナショナル・スタイルの時代からグローバルな時代に移った現在、それぞれの国の自分たちの生活がもっと見えるように設計すべきだという考え方なんです。かつては、世界の建築家はインターナショナルをめざしたわけですが、いまは経済原理からしてグローバルの時代になっている。クリティカル・リージョナリズム、つまりリージョナルな文化をリフレッシュして私たちの身体や感性に接続してゆく必要が以前より高まってくる。ところが、日本の作品は抽象的で変わることなくモダンで美しいが、今日的リアリティはないということでした。

——インターナショナルからグローバルへ移行していく時代にあって、日本だけが取り残されていきそうで怖いですね。

そう考える審査員たちでした。軽い建築なんていっても、もはや日本の影響を受けている外国の学生たちの方がよっぽど上手になっている。いろいろの国から送られてくるポートフォリオを見ても、どれもなかなかです。妹島さんや西沢さんたちの活躍を外国の若い人たちが見て、どんどん習得して自分たちの建築を美しくつくっていく。追い越されるか

▼8…「日本の高い技術がつくる表層建築への批判を聞く」「新建築」二〇〇七年六月号。本章収録

も。

——やっと国際舞台に上がってきたのに……。

メタモルフォーゼが必要です。つまり世代交代をしている世界には新しいステージがつくられつつあることを読みとらないと。

——インターネットを見ているだけで、すべてが理解できたような気にもなりますからね。

インターネットには載らないものが沢山あるのに。このごろはワークショップでよくザルツブルグに行っていますが、ズントーをはじめいろいろの建築を訪ねるんです。もちろん誌面でも良さがわかるのですが、実際を体験すると、とても快適で自然だと感じ取れますからね。

私たちの世代は意外でしょうが、よく旅をします。アジアもアメリカ大陸もいろいろなところに行きました。フランスでレクチャーがあれば時間をつくっては、アフリカに何回も行きました。オスロのときはノルウェー最北端まで。グラスゴーのときはネス湖の方まで。メキシコやブラジル……。世界には素晴らしい風景が沢山あります。地球について考えさせられますね。なにか世界を遊び回っているような話になってしまいましたね（笑）。でも、日本の建築の評価が続くためには世代交代をしていくべきで、もっともっと若い人たちに活躍してほしいですね。

参考資料　海辺に漂う結晶体としての「オペラ・シップ」　カーディフベイ・オペラハウス

ウェールズの首都カーディフの湾岸地区では現在大規模な再開発が始まっており、その活気の中心をつくり出すことがこのプロジェクトの目的である。

カーディフは海洋貿易の町で、港湾地区がその繁栄を生み出してきた。船はカーディフの活気を象徴し、新しい文化を持ち込み、人びとの交流を活発にする。われわれは新しいオペラハウスを船「オペラ・シップ」に見立て、敷地の中央に置き、その周りに他の施設を「波止場」として配した。湾のここそこから見え隠れする結晶体のような「オペラ・シップ」の特異な形状は、見る位置によりさまざまに表情を変える。

広場とオーディトリアムの間は無数の小さいトップライトを持つ連続した屋根に覆われた「オペラ・ピアッツァ」で、観客以外の人びとも自由に訪れることができる。ブイやタグボートの形態をしたレストランやボックスオフィス等はガラス面で仕切られ、一つの明るく開かれた空間として認識される。

オーディトリアムはこの計画の核であり、オペラハウスの持つ祝祭性と歴史、イギリスの演劇の文脈を継承し、かつ近代的合理性を兼ね備えたものとして考える必要があった。われわれは正十二角形を少し変形した平面を採用し、円弧の連なる形状を持つバルコニーを設定した。各層ごとに形態の違うこのバルコニーは音響上有利であり、かつこの計画で繰り返し試みている「ゆらぎ」のモティーフの表現である。

「波止場」はウェールズ国立オペラ（WNO）関連施設、オペラハウス事務施設などが配置され、斜めの大屋根と波状のパターンを持つ壁面でパッケージされている。「オペラ・シップ」と「波止場」の分離は機能上明解となるだけでなく、構造・基礎を完全に分けることによりオーディトリアムおよびステージに理想的な音響的環境をもたらす。

「波止場」は形態的には一つであるが、東ウイングにＷＮＯの施設、西ウイングにその他の施設を集約し、舞台は共有する構成である。

オペラハウス前の広場は再生される昔のドック「オーバルヴェーズン」を中心として人びとの集まる場所となる。ガラスのブリッジが走り、いくつかの浮島が浮かび、イギリス庭園のような回遊性を持つ親水空間を形成する。「オペラ・シップ」の広場側のガラス面にはさまざまな映像が投影され、時にはなかのオペラハウスの上演をリアルタイムで写し出し、この広場全体が巨大な屋外劇場となることを意図した。

（「GA JAPAN11」一九九四年十二月）

第七章

・・・「続いてきたものから」

本章には古谷誠章によるインタビューと、長谷川のロイヤル・アカデミー・オブ・アーツ建築賞受賞に寄せた比嘉武彦の祝辞を収録した。

古谷によるインタビューは、子ども時代にはじまり、菊竹事務所時代、篠原研究室時代、多木浩二との出会い、独立後のライフヒストリーと、〈湘南台〉〈山梨〉〈新潟〉といった代表作を関連させながら、丁寧に聞き取ったものである。対談は二〇〇九年十二月十八日に行われ、「続々モダニズムの軌跡（4）」として「INAX REPORT」誌（No.182）に掲載された。掲載時（二〇一〇年）の原題も「続いてきたものから新しい考えをつくる。」である。ここでは古谷誠章『十二組十三人の建築家』（LIXIL出版、二〇一四年）に収録されたテキストを転載させていただき、古谷の対談後記も添えている。

その他、長谷川のライフ・ヒストリーをインタビューしたものに、トーマス・ダニエル（Thomas Daniell）による複数回のインタビューがある。「AA FILES」七十二巻（二〇一六年）に掲載され、『*An Anatomy of Influence*』（二〇一八年）に収録されている。英文であることから、ここでの収録は見送ったが、同世代を中心に他の建築家との関係についても触れるなど、視野の広い内容となっている。また、生い立ちと教育をテーマとした中村政人によるインタビューを第二部に、この著作集のために菊竹事務所時代、篠原研究室時代に焦点をあてたインタビューを第四部に収録している。

比嘉武彦「ブリリアンス・オブ・ハセガワ」（二〇一八年）は〈新潟〉まで長谷川のスタッフとして在籍した比嘉ならではの建築家・長谷川論として末尾に配置した。ロイヤル・アカデミー・オブ・アーツ建築賞の受賞式は、二〇一八年年七月に一週間に渡って、さまざまなシンポジウムやイベントとともにロンドンで行われた。長谷川事務所OBOGの間でもお祝いをしようという動きはあったが、長谷川が固辞したことから、「喜寿のお祝い」として同年十二月一日の誕生日に合わせてOBOG有志によって祝賀会が開催され、五十名を超えるOBOGが集った。巻頭の今村による祝辞と本章の比嘉による祝辞はこの祝賀会の席でのものである。

・・・対談

続いてきたものから新しい考えをつくる

古谷誠章×長谷川逸子

古谷誠章『十二組十三人の建築家 古谷誠章対談集』LIXIL出版、二〇一四年。対談は二〇〇九年十二月十八日収録、「INAX REPORT No.182」二〇一〇年四月号掲載

菊竹さんにあって建築を本気で始めました

古谷誠章 まず最初に、どんな子ども時代を過ごされて、一体どうして建築家になろうと思ったのか、というお話からお聞きしたいのですが……。

長谷川 私は、その時々でなりたいものが次々変わるので、両親も驚いていました（笑）。最初になりたかったものは数学者。叔父が数学をやっていたんですが、すごく憧れて数学者になりたいと、一駅隣のまちまで数学の話を聞きに通いました。中学では植物に詳しい先生に出会って、今度は植物採集に、南アルプスとか伊豆とか、県内をくまなく先生に付いて歩いて「植物学者になりたい」。素敵な人に出会うといつも……。

古谷 影響されやすい。

長谷川 そう、すぐ行動してしまう。考えれば楽しく、いろんなことをやりました。母が日本画で植物の絵を描いていましたので「植物採集したものを描いたら楽しいよ」と勧められましたが、母のようにうまくいかないので油絵を始めた。それで、高校に入ると「藝大にいって油絵を描く」と言い出したんです。母は自分が教えるというのに……。高三のときに、友達が「うちの父は早稲田の建築科を出て、一人で住宅を設計している。母が手伝っているけど、非常に楽しそうだよ。建築科にいったらどう？」って言われたんですよ。建築は、それがきっかけですね。父も叔父も「京大しかいっちゃいけない」と言うし、学

校は女子校ですから「日本女子大の家政科にいくように」と言われて。不満が募って、それで、十二月頃から急に学校に行かなくなっちゃったんです。それまで欠席したこともないのに……。

古谷 不登校ですね。

長谷川 そうです。私ね、虚弱体質だったものですから、子どもの頃から健康のために、太陽によく当たるように軟式テニスとかヨットをやっていました。そんな時期に東京の大学にいっていた姉の友だちが関東学院大学に女子のヨット部をつくるという話を教えてくれて、建築科もあると聞いて、急にそこに行くことになったんです。でもね、大学に入って三年間ぐらいはあんまり学校にも行かないで、ヨットに明け暮れていました。神奈川県の国体の選手になって、自分で帆をつくったりして、私は、いつも横浜のヨットハーバーにいました。課題の模型もそこでつくって、それを横浜駅で誰かに渡して提出してもらうとか、代返をしてもらうとか……。学校は男性ばっかりで、みんな良い人たちだったから、どういうふうにやったのか、卒業できました。でも大学の三年のときに菊竹（清訓）さんに出会って、私はそのときに大変貌しました。それまでは建築に本気になっていなかった。絵を描いて、個展を開いていたくらいですから。

古谷 絵を描かれていたことは、何かで拝見しました。

長谷川 それがちょうど大学の四年になる春に、〈京都国際会議場〉のコンペ[1]がありまして、それに菊竹さんが誘ってくれたんですよ。びっくり……。

古谷 ちょっと待ってください。順序を正しますと、大学の三年のときにお会いになったというのは、学校に授業を教えに来ていらっしゃったのではなく……ですか？

長谷川 いえいえ、違うんですよ。黒川（紀章）さんとかがやっていたと聞いていますけど、

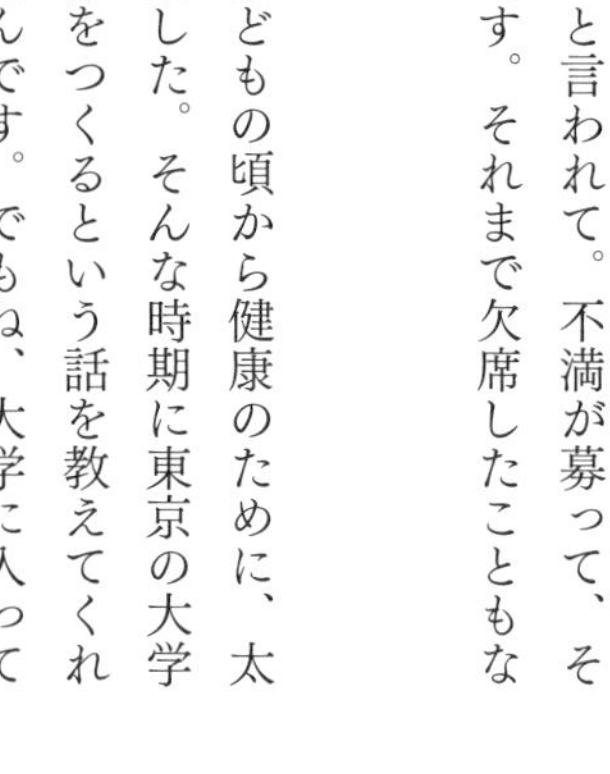

中学時代テニス部。前列右端が長谷川

▼1…国立京都国際会館コンペのこと、一九六三年。東京国立劇場コンペ、最高裁判所コンペとともに国主催の戦後三大コンペのひとつといわれる。最優秀賞は大谷幸夫。菊竹案は次点の優秀案であった。優秀案は他に芦原義信、大高正人の二案。一九六六年竣工

「建築学生会議」が、早稲田で展覧会をした。私はたまたま模型が上手だったものですから、二年生のときに提出した住宅の模型を、関東学院大学の先生が展覧会に出したんです。菊竹さんがそれを見て「この人を国際会議場の模型づくりに呼ぼう」という話になったらしいんです、内井（昭蔵）[2]さんに聞くと。

古谷 そうだったんですか。あの有名な京都国際会議場のコンペですよね。何人ぐらいでなさっていたんですか。

長谷川 十人ぐらいかな。「案が漏れるから」といって、学校に行っちゃいけないと言われましてね（笑）。

古谷 足止めされていた（笑）？

長谷川 学校は、英会話とキリスト教概論を欠席するとダメですから、ときどきお腹が痛くなって、その概論の授業に出席していました（笑）。内井さんに相談したら「卒業した方がいいから、お腹が痛くなっていいよ」って言われました（笑）。

古谷 もちろんコンペチームには学生は一人だけ？

長谷川 そうです。発表したときの雑誌に私の名前が出ているんです。そうしたら同い年の伊東（豊雄）さんとかより、年が一つか二つうえだと思われていたんですよ。

古谷 よもや四年生だとは思わなかった。

長谷川 それで、コンペが終わって夏休みに入ったら、ヨットが最盛期になったというのに、今度は内井さんから「設計を手伝って」と言われて、〈浅川アパート〉の設計にかかわっていたんですよ。それでヨットをやめたんです。

古谷 ヨットをやめて建築をやろう、と思い始めていたわけですね。

長谷川 そう。もうちょっと勉強して、本気で建築をやろうと思った。それで、藝大の大学

▼2…（一九三三－二〇〇二）建築家。創成期の菊竹清訓建築設計事務所のスタッフのひとり。一九六〇年代「かた」チームのリーダーとして活躍した

大学時代、ヨットハーバーで

院に行くことに決めたんです。試験の手続きをしていたら、菊竹事務所から「四月から事務所に来てください」と言われて、びっくりしたんです。その当時は、東大と早稲田のディプロマで一番をとった人しか採用しないと菊竹さんに聞いていましたから、菊竹事務所に行くことはないと思っていました。

古谷　相当、気に入られたんですね、やはり。

長谷川　菊竹さんに大事にしてもらったかな（笑）。

古谷　その当時、菊竹先生の事務所にいらした方というと、内井先生、遠藤（勝勲）[3]さんは別として。

長谷川　武者（英二）[4]さん、斉藤義[5]さん、土井（鷹雄）[6]さん……、すごい人ばっかりでした。次の年に、伊東さんを始め、一度に四、五人入ってきて、事務所の様子が一変したんです。

古谷　じゃあ、それこそ草創期の、言ってみればベテラン揃いだった。

長谷川　そのまま〈国際会議場〉をやったメンバーのなかに入れてもらったんです。

古谷　正式に就職されてからは何を担当されたんですか。

長谷川　初めに菊竹さんの提案で〈都城［市民会館］〉のスケッチを描いたんです。あんまり学校で勉強していなかったので、ああいうとんでもない絵を描けたんですね。菊竹先生には気に入られたんだけど、みんなには笑われた。

古谷　スケッチだけ描いて、その後、詳細な実施設計は遠藤さんたちがやられた。

長谷川　遠藤さんが実施していく。私は内井さんのもとで「かた」を……。当時、菊竹事務所は「か・かた・かたち」のチームに分かれていました。それ以後は「こんなものを夜中に描いた」と言って、菊竹さんにノンスケールの小さなプランとかエレベーションを渡されて「君、これを明日までに一／一〇〇に伸ばしておいて」と……。遠藤さんは怒るんで

菊竹事務所初日、内井昭蔵氏が撮影

▼3…（一九三四－）建築家。菊竹清訓建築設計事務所の最初のスタッフ。「かたち」チームのリーダーとして閉鎖まで四十年以上菊竹事務所を支え続けた

▼4…（一九六〇－二〇一二）建築家。創成期菊竹事務所のスタッフのひとり

▼5…（一九三八－）建築家。菊竹清訓事務所勤務、音楽に造詣が深く、コンサートホール設計を得意とする

すよ。「設計の終わり頃なのに、長谷川に何でこんなスケッチを渡すんだ！」って大騒ぎになる場面がよくありました。一番すごかったのは、たぶん〈萩［市民会館］〉だったと思う。

古谷 市民館の方ですね。

長谷川 そうそう、模型も見積りもできていたのに、菊竹さんはやり直したくて、私に小さいスケッチを渡したんです。大きな鉄骨のシェルターの架かった大型船のような建築です。清書して「菊竹さんからこれを渡しておくように言われました」と、遠藤さんにお渡ししたんです。

古谷 では〈萩市民館〉は全然違った形のものが進行していたんですね。もっと有機的なもの？

長谷川 もっと形態が複合したものでした。玄関に立派な模型も飾ってありましたし……。

古谷 突然に変わるわけですね。

長谷川 菊竹さんは、そういうところはすごいですよ。見積りまで出ているのに、やり直そうと思ったら実行する。

古谷 精神力で突き動かす。

長谷川 そう。「いま、自分につくりたいものが生まれた。前のままをつくるわけにはいかないんだ」とばかりに……。

古谷 本当は後に伺うべきかもしれませんが、いま、伺ってしまいます。長谷川さんが菊竹先生から教わった一番大きなものは何だとお考えですか。

長谷川 何かな。つくりたいものを本気でやること（笑）。

古谷 「本気さ」ですね。

長谷川 私はそれまで建築をやることにあんまり本気じゃなかった。趣味がいっぱいで、八

▼6…建築家。菊竹事務所最初期のスタッフのひとり

方美人のダメな人だったから……。

古谷 でも、意外にも、菊竹先生もいろんなことにものすごく興味のある先生ですよね。一途に……というよりは、やっぱり絶えず新しいものとか面白い考え方に好奇心を示されて、そういうことではものすごい。

長谷川 変化に敏感でしたね。だから変えたくなっちゃうんですよね、菊竹先生と家具づくり、照明、テキスタイルといろいろ一緒にやらせてもらいました。自分の身体感覚を大切にすることを教わりました。

篠原一男先生と、多木浩二さん

古谷 菊竹先生の事務所を辞めて東工大の篠原一男先生のところにいかれるわけですよね。それはいきなりですか?

長谷川 体力を使いすぎて、思考力が低下していそうな感じがしてチェンジしたかったの。菊竹事務所では、大きい建築のプランからパース書き、インテリアまでやっていましたけど、どうも自分は今後、こういうたぐいの大建築はやらないんじゃないかという気がだんだんしてきたんです。ちょうどその頃、〈白の家〉が雑誌に発表されて、「住宅設計が自分には合っている。住宅をやりたい!」と、思っちゃったんです。

古谷 〈白の家〉が発表された雑誌を見てですか? あの作品は、一九六八年くらい、七〇年よりちょっと前ですよね。

長谷川 六九年から私は篠原研にいきました。

古谷 あの時代は、僕はまだ建築の学生にはなっていないのでわからないのですが、〈白の家〉は、建築界のなかではどういう位置づけだったんでしょう。日本が終戦後から「最小限住宅」とかいろんなものを一生懸命につくってきましたけど、そこから大規模に工業化に移行していく変換期というか、そういう時期に発表されたわけですね？　いまから思うと、みんながワッと工業化しそうなムードになっているときに、篠原先生はちょっと外れたお考えをお持ちのように見えるんですが、長谷川さんは当時どう見ていたんですか？

長谷川　先生の初期の小住宅、〈土間の家〉や〈谷川邸〉（〈谷川さんの家〉のこと、一九五七）などは、戦後復興期の作品でしたが、〈地の家〉〈から傘の家〉などになると、社会性より芸術性を求めていた。社会がものすごいスピードで動いて、建築界はみんな万博へ向いていた時に、篠原さんは、まだ伝統から発言している建築家のように私には見えたんです、〈白の家〉も伝統の先にある美しい住宅と見ました。篠原一男を勉強しようと思って『住宅論』を読むと、日本の伝統について書いていて、そこからどうやって飛躍するか……というテーマに興味を持ったんです。私は〈京都国際会議場〉のコンペを手伝った後、菊竹夫人に〈スカイハウス〉を見せていただいた。そのとき、あのインテリアのスケールが菊竹さんの実家の広間だと知る。そして伝統的民家の持つ質のすごさを感じ、民家に惹かれてきました。住宅は、続いてきたものを新たに受け継いでいくことの先にあるものと考えていましたから。続いてきたものを今日の感性や身体で捉え直して、新しい建築を立ち上げて、その空間を共有する。特に東大の池辺（陽）先生や広瀬（鎌二）さんの鉄骨の住宅などは工業化を進めることだったし、増沢恂さんは最小限住宅という状況なのに、篠原先生は「伝統をベースに置いて住宅をつくっている人」のように見えて、それが魅力で先生のところにいこうと思ったんです。

古谷　アヴァンギャルドというよりは、むしろその逆だったかもしれない。それで先生に最初に会ったときに「先生の言葉で「民家はきのこ」という言葉が好きです。

篠原研究室お花見。
1969年

きのこみたいに菌が飛んできて、その土地に合った建築ができる……、そういう住宅をつくりたいです」と言ったら、「それは君、もういいよ。次にいかないと……」って言われた（笑）。当時、〈未完の家〉がスタートしていました。

古谷 そこからずれていたわけですね。

長谷川 それで、多木（浩二）さんが〈未完の家〉の撮影をするときに、「僕がいまどんなに変わってきているかを、手伝いながら勉強してきなさい」と言われて〈未完の家〉に行ってみたら、コンクリートの塊の住宅と出合うんです。そして、多木浩二の撮影に一人で立ち会ったんですよ。多木さんにもその日、初めて会ったんです。

古谷 それは篠原先生の矯正教育だったんですね（笑）。あの写真は多木さんはどのぐらいかけて撮影されたんですか？ 丸一日ぐらいかけて撮られた？

長谷川 そう、一日かけていました。菊竹事務所でやってきたことの自由さも楽しさもない「コンクリートボックス」を目前にして、戸惑いました。全部家具をどかして、裸の躯体を露出させて、ものすごく集中して撮っていらっしゃったのを覚えています。私はまだその頃は、「なぜ単純なコンクリートボックスでしかない建築を、一生懸命に撮るんだろう」と思っていました。素人みたいな態度で立ち会っていました（笑）。

古谷 こんなところに来ちゃったのかって（笑）。

長谷川 そう。〈白の家〉で「新しい自然が現れた」と書かれた先生が、抽象の自然や不確かなものを確固たるコンクリート空間に求めようとする。その矛盾に戸惑っていました。私がめざしていたことと、すごく違う方向にいっていると思った。あるときなんか〈谷川さんの軽井沢の別荘〉で、コンクリートのお墓みたいに、いろいろの大きさと厚さの壁を彫刻のように立てて「これが建築だ」と先生が言ったときに、「これは建築じゃありません」と言ったら、「明日、辞めろ」と言われました。それが一番象徴的な出来事ですね。しょっちゅう白澤宏規さんとか坂本一成さんに、「明日、長谷川を辞めさせろ」って言っていたようです。私はそれぐらいずれていたか、生意気だった。そういいながら十一年いたんですよ。怒られながらの十一年です（笑）。

古谷 篠原先生の系譜を見ていくと、〈未完の家〉がまさにターニングポイントで、そこからガラッと変わって、七〇年になった途端に、ほとばしり出るようにコンクリートが出てくるわけでしょ？ まさに、アヴァンギャルドになっていくわけですが、僕は長谷川さんも、どこかでアヴァンギャルドの方に改心したのかと思ったら、そうじゃないわけですね。ずっと抵抗されていたんですね。

長谷川 初めは、二年間は学生のつもりでいましたから、東北から沖縄まで、有名な民家を車で見学していました。民家は何でこんなに快適なんだと思いながら、日本中を歩いていました。

古谷 篠原先生は博士論文でも民家研究でしたからね[7]。篠原先生のあの変わりようは、何かきっかけがあったんでしょうか。何かを思われて、ああいうふうに変わった瞬間があるんですか？

長谷川 万博かな。伝統から飛躍するために、「コンクリートの箱」が一番明解な回答だったんでしょうね。私はそうは考えませんが……。

古谷 でも、その頃、菊竹さんとか黒川さんとか、みんなメタボリスティックな動きをされて、それが工業化とうまく符合していた面もあるし、万博以降もそういう流れがつながっていくわけですよね。

単に踊り狂っている万博的な建築家たちに対して、建築は違うものだという提案をする

▼7…「日本建築の空間構成の研究」一九六七年。東京工業大学学位論文

ためには、有機的なものや伝統的なものをつくるより、明快で的確なものをつくることで不確実なものを求める方向をとっていたんじゃないかな。

古谷 やっぱりコンクリートは鉄やガラスに比べて、もうちょっと泥くさいというか、浮つかないというか、そういう材料だったんですかね。

長谷川 扱いやすかったともいえます。だから鉄やガラスなどの軽々しい万博的建築や、その政治的状況に対抗できるものとして選んだんでしょうね。

古谷 結局、十一年も篠原先生のところにいたわけですよね。先ほどの菊竹さんと同じ質問ですけど、篠原先生から教わった一番大きなものは何ですか。

長谷川 建築は思考するものだということです。篠原先生は、男性的に作品性を求めた立派な建築家でした。しかし、不足していたものは生活のイメージでしょうね。建築家として作品をつくるなかで「敷地なんか見なくていい」とか、「クライアントの条件なんか聞かなくていい」と平気で言う。それらを全部、無視したところでつくり上げる作品性みたいなものが重要だった。一枚の写真のためにつくる。それを見ていて、私はこういうふうには建築をつくりたくない、生活の場としてつくりたいと思った。さっきの「民家はきのこ」は、その逆なんですね。地域特有の条件を満たすようにしてつくりながら、生活者の快適さを求める。そこに新しい考えを立ち上げようということなんです。

古谷 では、あまり教わったものはないと……。

長谷川 というよりも、反面教師にしていました。作品づくりを続けていくと、すごく立派なハイバックチェアが物干しになっていて、横でこたつに入っている。そういうような現実を見ていました。正直、私はずっと先生の秘書みたいなもので、設計料を取りに行く役目もあるし、原稿の清書もするし、先生が病気になってできないときは元気になるまで代

篠原研に入って間もない頃

理で提案を続けます。先生の気分が乗らないときは私が代わりに打ち合わせに行ったりもする。何とかして先生の案を通そうとクライアントを説得する役目もある。現場にも行く。何ていうんだろう、ああいう仕事って。

古谷 マネージャーですか（笑）？

長谷川 そうね、マネージャーかディレクターをやっていました。それを仕事と思ってやっていましたね。やっていて楽しくないことはないんです、先生が次に進めることをいつも見ていましたから。どれくらいたった頃か、私の親戚の若い男の子から「家を建てたい」という話があって、〈焼津の住宅1〉をつくるときに先生に言ったら、「君は年をとっているから、休みだけ使ってできるならやっていいよ」と言われたんです。それで、木造の図面を描いて、現場を夏休みの七、八月でやって、土・日を使って、少しずつ住宅をやり出したんです。土・日以外の日は学校に行かないといけないので……。

古谷 確かに、篠原先生のところにいる間に、最初の頃の住宅を発表していますね。

長谷川 一年に一つくらいの割合で、十軒くらいやったかな。

古谷 それは全部、いまおっしゃったやり方ですか。夜と土・日の休みを使うという……。

長谷川 そうです。学校では職員でしたから。

古谷 先生は長谷川さんの作品に対しては、どんな感想でしたか。

長谷川 批判という批判はないんですよ。ただ褒められたこともけなされたこともない（笑）。

古谷 でも関心を持って見て下さる？

長谷川 雑誌発表は見てくれていました。

古谷 現場というか、実作も見に来られた？

長谷川 いえ、それは見に行きません。

〈焼津の住宅1〉
内観、1972年竣工（長谷川撮影）

古谷　ずいぶん昔ですが、僕が篠原先生に早稲田の講演会でお目にかかったときに、「私はとにかく現場に行くのが嫌です」とおっしゃっていました。「何で図面を描いたら、そのままできないんですかね」っておっしゃっていましたよ（笑）。

長谷川　そうそう。研究室にいて「あの窓は、あと二、三センチ小さくならない？　図面を見せてください」って。

古谷　〈焼津の家〉もそうだし、〈徳丸小児科〉もまだ篠原研究室の時代ですか？

長谷川　〈徳丸小児科〉の設計をやって、少し規模が大きかったものですから、もう現場は見られないかなと思っていたら、クライアントの会計士の方に「事務所をつくらないと設計料を払えない」と言われたんです。構造計算に払わなきゃいけないし……と思って、それをきっかけに一年がかりで辞めさせてもらったんです。

古谷　ところで、篠原先生と多木浩二さんは、相当お親しいようにお見受けしていましたが、長谷川さんとも、かなりお付き合いはあったんですか？

長谷川　親しくしていただきました。多木さんは研究室にしょっちゅういらしていました。特に印象的だったのは〈焼津の文房具屋〉を見て、雑誌「インテリア」に最初に書いて下さった「多様さと単純さ」[8]という批評文は、それまでにない刺激的なものでした。

古谷　長谷川さんのいままでの来歴を辿ると、やっぱり折節に触れて多木さんが登場すると思うんですが、多木さんは長谷川さんにとってどういう存在で、一番影響を受けたのは、どういうところですか？

長谷川　「ＳＤ」で多木さんと対談[9]してとても楽になり、解放された覚えがあります。多木さんは、「建築を思考すること」を研究室でリードしてくれていた人なんですね。菊竹事務所にいるときは、日本の状況しかなかった。でも篠原研へいってからは、多木さんを通

〈徳丸小児科〉
低いアングルから見上げる構図には多木浩二氏の影響がみられる（長谷川撮影）

▼8…「インテリア」一九七七年六月号。第四部第二章収録

▼9…「建築のフェミニズム」「ＳＤ」一九八五年四月号。第三部第一章収録

して世界中の建築的思考がよく見えてきた。篠原先生が磯崎（新）さんとも付き合いがあり、研究室にいらっしゃることもあって、世界の建築家が話題になっていた。異分野の美学とか哲学も入ってきますので、非常に複数の考え方をコミュニケーションすることができました。私はずいぶん傾倒したと思います。しかし、うちのOBの比嘉（武彦）さんは「多木さんに傾倒しすぎたことが失敗だった」と言うんです。「自分の考えをずっと通していけば、もっと違う建築ができたはずだ。もっと世界的な建築家になれたはずだ」とか。でも、スタッフのなかでも賛否両論あって、多木さんと議論をして、私がそれに影響を受けると、それをスタッフが批判する……、それを繰り返してきた。そういう刺激的な状態が良かったですね（笑）。

独立して個人事務所を……

古谷 〈徳丸小児科〉がきっかけで独立されたそうですが、〈松山・桑原の住宅〉は、その少し後ですか？

長谷川 すぐ後です。徳丸先生の紹介でしたから。

古谷 おひとりでやられたわけですね。

長谷川 篠原先生の紹介で、すでに志鷹（正樹[10]）さんという東大を出たスタッフが一人いました。

古谷 志鷹さんは、もういらっしゃっていたんですか。

長谷川 いました。けど、〈桑原の家〉のときは電話番でした。ですから〈桑原の家〉も、ほとんど一人でやりました。

古谷 独立してフルタイムで設計するようになると、夜と休みだけでやっているときとは、

▼10…（一九五七－）建築家。長谷川事務所の最初のスタッフとして眉山ホール、湘南台文化センター、山梨フルーツミュージアム、新潟市民芸術文化会館など多くのプロジェクトを担当した

何か違いましたか？

長谷川 熱中できました。でも、大学の給料が入らなくなったでしょう。

古谷 そうですね、今度は固定給部分がない（笑）。

長谷川 住宅だけで食べていくのは大変ですよね。私は、かなり前から作品を発表していたものですから、いろいろな人が事務所に入りたいといって訪ねて来るんですが、無給では雇いたくはないと思うと、スタッフをどうしたらいいかが一番難しかった。〈桑原の家〉ぐらいまでは、志鷹さんはまだ図面が描けなかったから、次の〈AONOビル〉のときに初めて現場に出したんです。

古谷 あるときに長谷川さんに伺った覚えがあるんです。「志鷹さんは学生からいきなり来たから、現場も何もわからなかったけど、例えばパンチングの開口率の計算は、彼しかできないんです」とおっしゃった。そういうキャラクターの方だったんですか？

長谷川 そうです。学生時代はアルバイトの経験もなかったらしくて、最初は模型もつくれなかった。篠原先生は、どうして紹介してくれたのかと思ったくらいの人でした。しかしまあ、計算のできる緻密な人なんですよ。

古谷 それがすごく印象的でした。ところでパンチングメタルはこの作品が一番最初ですか？

長谷川 それまでにも、住宅で間仕切りや家具などには使ってはいたんですが、なかなか丸い穴のパンチングメタルが手に入らなかったんですよ。バスの運転席の横の辺りに花模様のパンチングメタルが使われていて、それで雨戸なんかをつくっていたんです。〈桑原の住宅〉の施主が、たまたま鉄とか非鉄を扱う材料の会社を経営していて、「アルミに丸い穴を開けたい」って言ったら、すぐに一枚つくってくれたんです。「どんなものでもできま

〈桑原の住宅〉パンチングメタルが光の粒を落とす

すか？」と聞いたら「できる」と言うんです。いろんなパンチングメタルをつくりたいけど、どれが一番いいかわからない。パンチングメタルは普通四五度に穴が開いているけど、六〇度にすると、たぶん影が違ってくると考えたんですね。志鷹さんがいろいろと計算して、開口率の計算式までつくってくれて……（笑）。

古谷 パンチングのですか？

長谷川 そうです。穴と間隔がどうなれば、どのくらいの開口率になるか……。それで三十枚ぐらい穴を開けてもらって、昔の新宿の事務所の外階段にザッと並べたんです。それを夕方に見ると、四五度と六〇度の影が全然違うんですよ。六〇度は楕円になっていくのに四五度は単に丸がだんだん小さくなるだけなんですよ。

古谷 そうなんですか。

長谷川 実験をして、〈桑原の家〉で「こういうのをつくってほしい」と特注したら、アルミのパンチングメタルのカタログができていました。

古谷 大量に使ったのは〈桑原の家〉だったんですね。しかも、今度は堂々と表に出してこられた。

長谷川 そうですね。

古谷 最初の頃は、仕方なく使っていたにもかかわらず、ずっと使ってきた理由は何だったんですか。

長谷川 建物全体に木洩れ日のように光が落ち、つぶつぶでパッケージされている建築をつくりたかった。

古谷 丸い雨戸みたいなものが付いている家がありましたね。

長谷川 それは〈池袋の住宅〉ですが、あそこでも可動の雨戸です。いろいろな場所に使っているんです。

古谷 しかも、輪郭が丸ですよね。丸いものに穴を開けるには、耳を残して開けないと、ダメでしょう。指定して開けるということですよね。

長谷川 枠を残すと固いものになるから……。

古谷 しかも、〈桑原の家〉は隣り合うパネルが、一瞬シームレスに見えるんですね。継ぎ目がないように。

長谷川 大きな一枚に見えるように……。

古谷 ちょうど合うように切るには、鬼のように精密な計算が必要だと思ったんです。そうしたら、その計算を専らやられるのは志鷹さんだとおっしゃったので……。

長谷川 彼は計算が好きなんですよ。私は嫌いだけど（笑）。

古谷 でも良いコンビだったわけですね。何となく、〈桑原の家〉が発表された以降は、「長谷川逸子」とくれば「パンチングメタル」と、もうほとんど代名詞のように、みんなが認識するようになったと思うんですよ。

長谷川 そんな感じになりましたね。

古谷 今回、資料を読み直していたら、〈桑原の家〉のときに、「光のつぶつぶのようなものがある空間をつくりたい」というようなことをおっしゃっていて、すごくそれが印象的でした。そもそも、光のつぶつぶみたいなものを欲しいと思われたのは、何か原風景とか、そういうものがあるんですか？

長谷川 私は駿河湾の深いところの漁港で育ったんですが、海っていつもつぶつぶと光っているんですよ。そして、私の家族だけじゃなくまちの人たちも海に行ってはピクニックしていました。まだ寒いのに、海に行くと砂が温かいんです。焼津には春一番に「浜ゆき」

〈AONOビル〉
屋上にて

という行事があって、市民がみんな海に出て、思い思いに過ごすんですね。太陽が強くなってきて、海はキラキラしていて穏やかで……、そういうものに包まれている感じが一番素敵ですし、心が落ち着くんですね。その「美しい光のつぶつぶ」をどう表現したらいいかわからなかった。パターンとして描いてもダメで、本当の光のつぶつぶをつくりたいと思って、それでパンチングメタルをどんどん追求しながら使い続けていった気がします。

古谷 つぶつぶの追求は、いまだにずっと続いていますよね。

長谷川 そう。〈すみだ生涯学習センター〉では全体をパッケージしています。建築が面の固まりになるのが、ダメなんです。単につぶつぶなんだけど、つぶつぶの空気に包まれる。どこか素材ではない光の粒の面に変わる感じですね。

「ガランドウ」の感覚

古谷 資料を拝見していましたら、長谷川さんも「ガランドウ」という言葉を、ずいぶん使っていらっしゃってびっくりしました。

長谷川 そうです。私のつくる空間は「ガランドウ」と「はらっぱ」です。住宅のようなものはガランドウ。公共建築をやるようになってはらっぱと言うようになった。公共建築でびっくりしたんですが、大体、複合建築をやると、図書室は何平米、ホールは何平米って細かく書いてありますね。私は、一応は尊重するんですが、実は、その合計のガランドウそのものをつくっていることがあるんですよ。つまり、情報をいっぱい集めて、先の先まで延々と持続する建築をつくる方法を考えたい。表現としてもそういうものが欲しいわけですね。そこの枠のなかに閉じ込めるのではなく、少しでもいいから、はみ出していけるような場であってほしい。

古谷 「ガランドウ」というのは僕も本当に好きで、この間も、僕は『がらんどう』[11]という本を出しちゃったんです。まさにおっしゃったように、何かこまごまとしたもの、それに即応するように空間をつくるよりは、もう少しざっくりと大きなガランドウであった方がいいと、いつも思っているんです。

長谷川 私は小さいときに、焼津の高草山のお寺に母にしょっちゅう連れて行かれて、夏なんかそこに泊まって座禅をさせられたりしましたけど、お寺はガランドウです。広いところで昼寝をすると、とても気持良かった。民家も本当にガランドウでしょう。そういう方が、時間が読み取れる。またいろいろな活動の空間に対応できる。住宅設計で施主と長いことコミュニケーションして、いろんな情報を得ながら、たくさんの情報を詰め込んだ末に「ガランドウ」をつくろうと考えたんですね。公共建築でもそうなんです。しょっちゅう私は違反していると思いますよ（笑）プログラムもよく読むんですけど、このプログラムは一体、誰から情報を収集してつくったんだろうという疑問を抱くことが多い。だからコンペのときは、とにかく大きな空間というか「場」をつくっておいて、後々、どうにでもなるようにしておく。いまのためにつくったらすぐに古くなっちゃいますから。

古谷 本当に僕もいつも思うんだけど、そのときに考えると一番良い条件なのかもしれないけど、その組み合わせが十年、二十年、そのまま通用するとは思えないようなものまで、こまごまと決められてしまいますよね。

長谷川 日本は機能主義というものを建築の最高のものとして、プランをつくってきた。外国に行くと変化するプランの提案はいらないという考え方もありなんです。私たちはやっぱり機能主義にがんじがらめになっている。ビクトリア朝の建築に二百年、三百年たってもあんなに上手に住めるのは、何もない空間「ガランドウ」だからですよね。菊竹さんも

〈鴨居の家〉
リビングダイニング。二層吹き抜けのガランドウである

▼11…王国社、二〇〇九年

ベースは民家ですから、「空間は機能を捨てる」そして「自由を獲得する」と言っています。そのことへの賛同もあります。

古谷 僕も「ガランドウ」という感覚は、まさに空間性だと思う。こまごまとした設えや壁も時々はつくるかもしれないですが、それは取っ払ってもいいようなものなんです。ガランドウという感覚は、民家やお寺のなかにあったと言われたので、すごく納得がいくんです。もしかすると、さっきの光のつぶつぶの方は完全に篠原先生のカウンターだと思うんですが、ガランドウの感覚の方も篠原先生はお持ちなんじゃないですか？

長谷川 そうですね。強い空間を立ち上がらせるためには、ガランドウでないと……。こまごまと間仕切っていたらできませんからね。

古谷 できませんね。だから半分は反面教師だったかもしれないけど、半分はやっぱり影響されている。

長谷川 でもね、私はああいう象徴的なガランドウをつくる気はないですよ。もっとカジュアルな、もっと日常生活に密着したガランドウです。篠原先生のが「教会」だとすれば、私のは「バザール」みたいなものですよ。

古谷 まあ、それはそうでしょうが、でも篠原先生はもともと民家を研究してこられた方だから、吉島家とか、最初はああいう感覚だったんじゃないかと思うんですよ。

長谷川 そうですね。

古谷 それから〈白の家〉もそうだったかもしれないし、その後、材料はコンクリートに置き換わっていくけど、なんかガランドウをつくられていたような気もしますね。

開かれた理想のコンペ

古谷　一九八五年の終わりに〈湘南台〉のコンペがありました。僕は、とにかくあのコンペは、長谷川さんに負けたと思っているんです。このシリーズって、なぜか僕、コンペに負けた方にお会いすることが多いんですよ。伊東さんとメディアテーク[12]、柳沢（孝彦）さんと二国[13]でしょう。

長谷川　出していたんですね。

古谷　出しました。僕は九位だったんです。あのコンペは応募案が二百十五ありました。あんなコンペはなかったですからね、あの当時。

長谷川　そうです。経験のある人しか公共で建築はつくれないことに、篠原先生はいつも怒っていました。

古谷　確かに当時は、公開という名前のコンペがあっても、結局、割合、手堅いものしか当選しなかったですからね。〈湘南台〉のときは、それこそ槇（文彦）さんとか磯崎さんが審査委員に入っていて、非常に柔軟そうな感じで、だから待望のコンペだったんです。それで出してベスト九が選ばれて、その末席が僕だった。ところが入賞三点、佳作五点で、結局、八人ということになって、議論した末に落ちたのが僕です。それは大層、悔しかったんですが、長谷川さんの案を見た瞬間に、僕はこれに負けたんだと思いました。おこがましいですけど、案の方向性などは、極めて近いものがありましたけど、形態は僕の方はもう一つでした。

長谷川　私もびっくりしたんだけど、伊東さんの案も似ていたんですよね。それと信じられないことに、坂本一成さんとか、みんな地下を使ったんです。私は自分だけだと思って出したのに、みんながやっている。「公共建築を地下に埋めたら落とされるよ」ってスタッフ

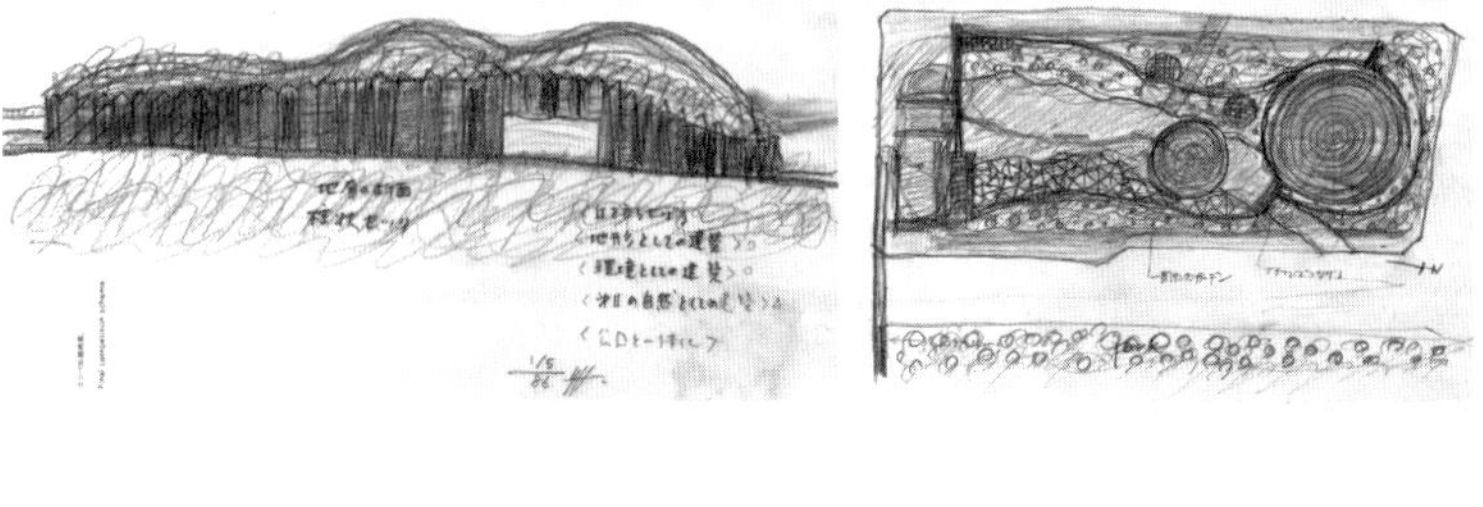

〈湘南台文化センター〉「丘」をイメージしたスケッチ

に言われたんですよ。

古谷　僕のは地下まではいかなくて、二メートル上がって一メートル下がるという、緩やかにウェーブする地盤をつくって、そのうえにヒラヒラしたものが載っかっている案です。

長谷川　私も最初はほぼ似たような案を描いていたんです。敷地を見に行ったら、おばあさんが「昔は丘だった。このはらっぱでヨモギを採ったよ」と言われて、丘をつくろうと思いまして、帰りの電車のなかでスケッチしたんです。それこそエントランスだけあって、全部建物が埋まっている案。そうしたら、みんなに「そんな案は出さない方がいい」と言われたんです。「公共建築は立面が立派じゃなきゃ通らない」、「出しても通らない」と……。

古谷　当時はそういう傾向があったと思います（笑）。

長谷川　毎日少しずつ「上」に出していったんです。エントランスだけ出して、徐々に一五％、二〇％くらい出していってコンペに出した。そうしたら、やっぱり市民とか行政の人に「何でそんなに地下に埋めたいんだ」と言われて、私は「建築をつくっているんじゃないんです。前にあったはらっぱをつくっているんです」と説明したんだけど、さらにうえに出させられて、結局、床面積の三〇％が地上に出て、七〇％は地下になった。大体、私はコンペに当選する案ではないと思っていました。

古谷　そんな感じですよね、あの案は……。

長谷川　私にとってコンペの初挑戦でした。スタッフの全員が「入らない」って、断言していました。しばらくして、私は初めてロサンゼルスでレクチャーすることになって、翌日、成田から飛び立つという日に、清家（清）先生から「二日後に（第二次審査の）インタビューに来るように」という連絡があったんです。私は「どうせコンペは落ちるから、ロサンゼ

▼12…せんだいメディアテークコンペ、一九九五年

▼13…第二国立劇場（現在は新国立劇場と改称）コンペ、一九八六年

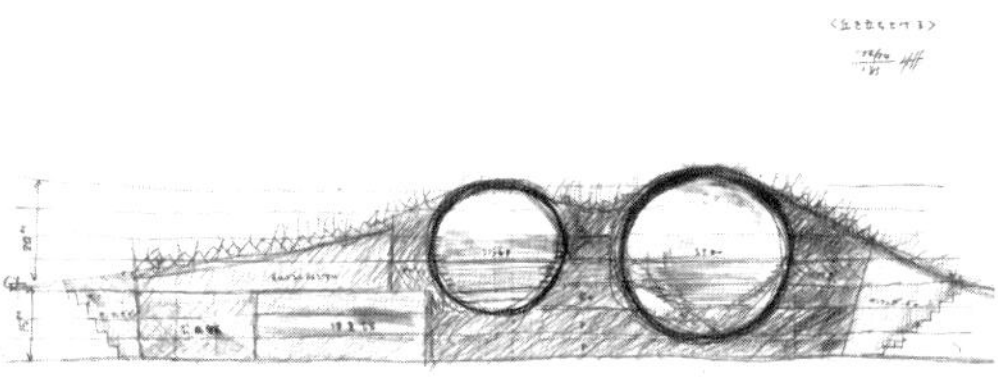

〈湘南台文化センター〉
断面イメージ

ルスのレクチャーの方に行きたい」と言ったら、みんなが「何てことを言うんだ。インタビューに行ってください」と言われて、チケットを損した覚えがあります（笑）。受からないつもりでインタビューに行きました。

古谷 少なくともドローイングや模型からは、受かろうとしてつくられたものではない感じが伝わってきました。

長谷川 提出の前の晩まで、私は一人で手を真っ黒にして直していましたから（笑）。他の人たちは、みんな墨入れして出しているのに、私だけ鉛筆だったんです（笑）。

古谷 そうでしたよね。

長谷川 熊本にレクチャーに行ったときに、木島（安史）さんに怒られました。「コンペというものは墨入れするものだ。鉛筆の図面を出すとはなんだ！」と。それにしても、ずっと評判が悪かったんですよ。

古谷 竣工してからもですか？

長谷川 そう。「あんなものは建築と言わない」とか、一期が完成したとき、ある評論家には「行ってみたら、彼女が言うはらっぱとせせらぎには人は山ほどいたけど、建築はなかった」なんて書かれましたし、とにかく、竣工したとき、「公共建築でこんなものをつくってはいけない」……、みたいな感じでした。

古谷 竣工までに、三年ぐらいかかったんでしたっけ？

長谷川 一期工事三年、二期工事五年です。二期に分かれていたので。

古谷 最初からそういう計画でしたね。長谷川さんは、それこそ入ると思わないコンペで一等をとって、それからの方が大変だった。でも、あれは、非常に画期的なコンペで、とにかく「長谷川さんに成功してもらいたい」という感じが、周りに多かったと思います。

長谷川　そうですか？　伊東さんは「俺がとるつもりだった！」と怒っていたらしいです。始まって、まちの人は「庭園をつくりたいのなら屋上につくればいい。一〇メートル地下に埋まっている分を、全部地上に出してください」って言っていると市長さんに言われました……。子ども館の展示計画もそう簡単ではなくて、ものすごくコミュニケーションをして、まちの父兄や子どもとも意見を交換した結果、大手展示会社に出さないで手づくりでつくることになり、私の考えでつくった。後々も変更可能な大空間にして、いろいろなアイデアを盛り込んで、なかはオモチャ箱をひっくり返したような展示になりました。

古谷　すごいな（笑）。

長谷川　市長さんに、説明させてくださいと言って初めて、すごい回数を市民と話すことになるんですね。市民は「近くに大建築家が設計した体育館があるけれども、立派すぎて自分たちは使えない。今度の文化センターは自分たちのものにしたい」……と言って、すごく熱心なんです。建築界でも建物そのものは全然評価されないし、市民参加をやっていることにも批判が多かった。「建築家がそんなに市民のところに下りていっちゃいけない。もっと権威を持ってつくれ」という手紙が来たり……（笑）、さまざまな批判を受けました。〈湘南台〉の頃は、公共建築は政治のシンボルみたいになっていて、権威のある人しかつくれなかったでしょう。それを壊したといって、相当、大建築家からも批判を受けたんですよ。

古谷　市民の側からと建築界からと、両方から非難されていたわけですね。

長谷川　完成してからは市民の非難はありませんでした。市民参加のやり方は、いまはもう一般化していますけど。当時、建築界ではすごい批判を受けました。でも、〈湘南台〉を機に若い人もコンペに通るようになった。

〈湘南台文化センター〉
現場にて

古谷 市民は喜んでいるんでしょ？

長谷川 ええ、よく使われていますから。

古谷 つまり、最初にパブリッシュされたときは、模型のときに抱いたイメージとはちょっと違ったんですね。でも明らかに市民からは喜んでいる雰囲気が伝わってきましたし、葉山（峻）市長が竣工時のあいさつで「建築と人間と自然が交流する施設だ」ということを堂々と言われた。「建築と人間と自然」と、ちゃんと並べておっしゃったのも、ちょっといいなと思いましたし、清家先生も「初めての開かれた公共建築だ」と書かれている。[14] ですから、できたときには少し認められたように思ったんですけど、そういう感じではなかったんですか？

長谷川 それは審査委員だから、二人とも。そうじゃない人からは、やっぱり非難ごうごうでしたよ。

古谷 清家先生は審査委員長だ。

長谷川 しかし、すごい不思議なことがあるんです。〈湘南台〉が終わってから、日本では評価されなかったんだけど、イギリスやフランス、アメリカではすごく評価されたんです。私はその後、外国のレクチャーやコンペにたくさん招待されているんです。コンペでもオペラハウスとか、チルドレンミュージアムは一等になりました、実現しなかったけど……。私はいつも、利用者の意見を聞いて建築をつくりたいと思うんです。意見を聞いて、そのとおりにつくるわけじゃないけど、その地域に持続してあるものを知って、未来に向かってどうやって開いていくか、そういう課題をこなしていきたいと考えているのです。その考え方がイギリスのロンドン大学では評価されて、レクチャーに行った。そしてノーベル賞をもらったような人たちと一緒に大学から名誉賞を頂いて、[15] 事務所全員が招待されたん

ロンドン大学名誉学位授与記念写真

▼14…「設計の審査」「建築文化」一九九一年一月号

▼15…一九九一年、ロンドン大学名誉学位。The Honorary Degree award, University of London.

ですよ、ロンドンに。ザハ（・ハディッド）さんも（ノーマン・）フォスターさんも、そのパーティに来てくれました。それにしても、受賞の理由にちょっとびっくりしました。もともとヨーロッパではクラスが残っていて、権威的な上部の人が建築家ですから、「利用者の意見を聞いて設計する方法論」に驚いたらしいんです。日本では、その後、みんながやり始めたと思うんです。でもその手法をつくり上げるのは本当に難しいんですよ。

古谷 国内では評価されなかったかもしれないけど、外国で評価されたわけですね。たしかピーター・クックも文章を書かれていたような気がします。

長谷川 はい。レム（・コールハース）さんも見に行ってきたと、報告に私のアトリエに来たことがありました。

古谷 そうですか、レムも……（笑）。

溶接で建築ができるのか……

古谷 長谷川さんの事務所では、〈湘南台〉ぐらいからコンピュータで図面を描かれましたか？

長谷川 いえいえ。コンピュータは〈山梨フルーツミュージアム〉からじゃないかな。異なった四分の一の楕円がぶつかって変形した種のような形を描くのにはコンピュータじゃないと描けなかったんです。私は〈フルーツミュージアム〉のときはハーバードにいて、ロンドンでレクチャーしたときに〈フルーツミュージアム〉の話をしたんです。そのときは、すでに、大体模型で形ができていたんですが、オーブ・アラップ（事務所）に「解析させてくれ」と言われたんですよ。それでお願いすることにして、打ち合わせをボストンとロンドンと日本の三ヶ所でやったんです。できてきたら、ドームのフレームはストローみたいに架けたいと思っていたのに、〈湘南台〉のコンペ案にたくさんあったように丸いジョイントがいっぱいあった。「ジョイントピースはいらないです。模型どおりにストローが曲がったみたいにつくりたいです」と言ったら、「できない」と言うんです。「日本には造船の技術があります。溶接すればできます」って言ったら、「できるはずがない。造船と建築は違う！」って言うんですよ。それで、「横浜の三井造船に問い合わせて、できると言ったら解析をやってくださいね」と言って問い合わせたら、「できる」と言われたんです。そこにいらっしゃったセシル（・バルモンド）さんたちは、「日本では溶接で建築ができるのか」とびっくりしていた。その後、〈フルーツミュージアム〉はオーブ・アラップの代表作になったんですよ。初めて建築の曲線がジョイントなしでつくられたと……。後に、フォスターさんのイギリスの〈大英博物館・グレートコート〉（二〇一〇）など、溶接の時代に向かいましたね……。

古谷 今回の特集には〈フルーツミュージアム〉は入っていないんですが、とにかく〈湘南台〉の経験がありますので、僕たちは、もう長谷川さんが何をやられても驚かなくなっていました、当時は。

長谷川 日本では、あれも受けないんですよ、本当に。造形的な建築だと思われている。単に楕円形が四つ重なるだけで歪むんですが、すごくオモチャみたいに見えるらしくて。それなのにヨーロッパでは高く評価されるんだから、おかしいですね。できたときはきれいでした。その後、隣にホテルの設計をするようにとか、いろいろ頼まれたのですが、「あそこはぶどう畑だけの方がいいんです」と言って辞退したら、他の人が周りにいっぱいいろいろとつくったんですよ。

古谷 僕は〈茅野市民館〉（二〇〇五）を設計しているときに何回もあの前を通っていましたし、

もちろんできたときには、早速、見に行きました。竣工後まもなくでしたから、とてもきれいだった。印象的だったのは、内側のいろんなところに日よけのブラインドがいっぱい入っていたことですね。

長谷川 電動で動く、普通のブラインドですよ。

古谷 普通のブラインドですが、ピースごとに入っているのは、あそこが最初でしょう？

長谷川 はい。あれが〈新潟市民芸術文化会館〉のファサードのオーニングの原型です。外にドイツ製のセンサーがあって、なかにあるセンサーとの温度差でブラインドが自然に動くという、簡単なものなんです。空気の動きとブラインドだけの、冷暖房なしの建築です。

古谷 それがとても印象的でした。つまり、模型では彫刻的なもののように見えたんですが、実際、なかに入ってみたらブラインドが付いていて、そのブラインドにメカニズムがあって、「本気さ」加減が出ていた。あそこまでやってブラインドを使うのか……という、一種の執念のようなものが表れていました。

アイランド・ホッピングとは……

古谷 新潟は、「アイランド・ホッピング」という言葉で設計の基本的なお考えを説明しておられますね。水に浮かぶ島々を自由にポジティブに移動するというか……。

長谷川 そうです。建物だけではなく、その周辺を含めてつなげていて、いわゆるランドスケープとして全体をデザインしたわけです。そして、かつて信濃川に浮遊していたような、浮島をイメージしてまとめた床装置によってシンプルなパフォーマンスガーデンだけで場をつくって、ブリッジでつなげることを考えた。特に建物のロビーを空中庭園として見立てるためにガラス張りにしたわけですが、寒冷地ですから機能を確保するために、テクニ

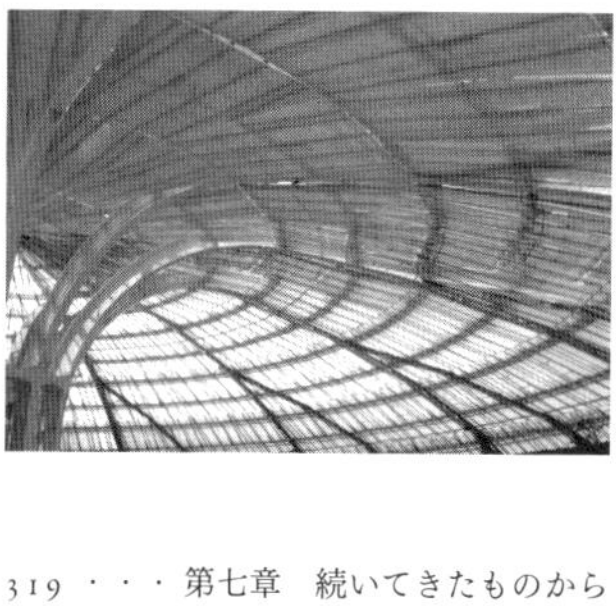

〈山梨フルーツミュージアム〉
ブラインドの入ったドーム
（くだもの広場）

カルな装置が必要だったんです。

古谷 そこで〈フルーツミュージアム〉の経験が〈新潟〉に活かされるわけですね。

長谷川 コンペのときに、全部がコンピュータでコストを計算して動くシステムを提案したんです。〈フルーツミュージアム〉の試みをさらに発展・応用して、今度はもっと積極的にエアコンディションのエコロジカルな面を考えたんです。ガラスのダブルスキンの間にパンチングのオーニングを入れまして、センサーで開閉させて、太陽光を制御したわけです。あのパンチングメタルは、ローコスト運営で効果を発揮して、その分、企画・運営費にかけられたんです。あれは外国では、相当、評価が高いですよ（笑）。いっぱい発表しましたから。

古谷 要するに二枚のパンチングメタルの目が重なり合うことで開口率、遮光率をコントロールするんですね。

長谷川 開口率を五段階で調節して、さらに二枚のパンチングシートを二メートルごとに上下させてずらすことによって、光をコントロールする。私は学生のとき、松井源吾[16]先生がいらしていたので構造を選択しましたし、篠原研のとき、〈未完の家〉のクライアントであるPS暖房という冷暖房会社のカタログづくりを手伝いながらエンジニアリングのことをよく学んだんです。だから私にはエンジニアのような側面があるんです。

古谷 そうですよね。そういうある種の細部を支えるメカニズムみたいなものが、僕は長谷川さんのひとつの特徴かなと思っているんです。最初の住宅でパンチングメタルを使い始めた頃は「皮膜」とおっしゃっているけれども、それが小さな家ではなく、どんどん規模の大きな建築になっても、光の粒の問題はずっと続いていて、でっかくなって陽が入ってくれば膨大なコストがかかるような大きな規模の建築になったときでも、いまだにその光

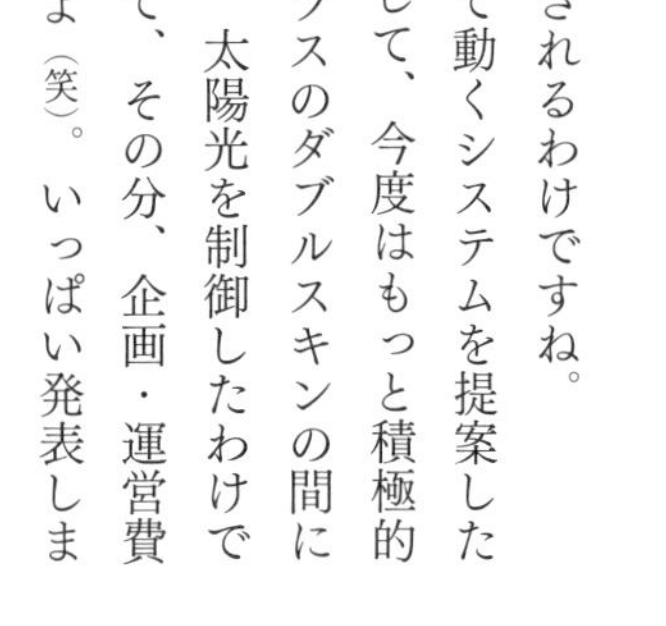

〈新潟市民芸術文化会館〉
二重パンチングシートによるオーニング

▼16…（一九二〇－二〇〇九）構造家。早稲田大学で教鞭をとりながら、菊竹清訓をはじめ著名建築家との協同が数多くある

の粒を何とかしようとしている感じがするんです。しかもそれを精微で不思議なメカニズムで解決していますね。例えば（ジャン・）ヌーベルの〈アラブ世界研究所〉（一九八五）とは、ちょっと意味が違う。パンチングメタルを単にずらすだけみたいな感じが面白いですね（笑）。ローテクじゃないかと思うんですよ。

長谷川　ローテクです。テクノロジーは身体感覚とつながることで建築になる。

古谷　その単純素朴さと精微な感じが組み合わさって、いまの長谷川さんの大きな規模の建築の皮膜になると、やっぱりそれぐらいの性能が要求されますね。

長谷川　最初にパンチングのオーニングをつくった会社にビデオを見せてもらったら、とてもスルスルと上がってスムーズすぎてギョッとしたんです。「そんな格好良く上げちゃいけない」と言って、二〇メートルもあったのでパーキングのタワーに二枚吊るしてもらって、自分で階段を上っていって動かし方をチェックしたんですよ。「いや、それは早すぎる。ゆっくり上がらなくちゃ」って言ったら、「何でそんなにローテクにしちゃうんだ」と。でも私、手で上がるぐらいの上がり方をしてほしいと話して、わざとスローに動くようにしたんです。

古谷　要するに、それはヨットから来てますね（笑）。

長谷川　そうです、ヨットの帆の動きです。みんな格好良く動くって期待していたのに、「ゆっくり！」って言われたから、本当に期待外れだったんでしょう（笑）。でも、あれはローテクなものです。

古谷　面白いですね、ローテク。規模が大きくなっているから、電動的にならざるを得ないんですが、それがまさにヨットを操っているように、自分の手でやっているような感覚を持ち続けたいということですよね。できるものなら、本当は手でやりたいみたいな感じで

左：〈ミウラートヴィレッジ〉
右：〈新潟市民芸術文化会館〉
でのワークショップ風景

すよね。

ところで、〈新潟〉の場合もコンペから実現に至るまで、少し時間があったと思うんですが、〈湘南台〉で始められた市民参加のやり方は、〈新潟〉のときはどうでしたか？

長谷川 すごい回数やりました。設計から竣工式のときまで七年間ですよ。ある日、馬場（璋造）さんから、「すごいワークショップをやっているらしいけど、みんなが批判しているぞ」、「どれだけの意味があるのか」と言われたことがありますが、でもやり続けました。〈新潟〉ではコンサートホール、劇場、能楽堂という異なる種類のホールを透明な幔幕で囲ってあえて一つにパッケージしたんです。つまり交流を重視した異種のクロスオーバーができるようにしたいと、その可能性を求めていました。能楽堂は（野村）萬斎[17]さんに来てもらってレクチャーするとか、次々に東京からベテランの人たちに来てもらってレクチャーをするというやり方を百回ぐらいやったんですよ。市民の人たちはすごく芸能が好きで、音楽も好きですから市民活動のためのワークショップも続けました。例えば二千人のコンサートホールをどうやって使うかといったときに、私は「サントリーホールに来たベルリンとかウィーンとか有名な公演は、全部〈新潟〉にも持ってきてください」って頼みに行ったんです。いま実際、それをやっています。そうすると東京で見られなかったときは、〈新潟〉で見ることができるわけです。そのためにはちゃんとしたレセプションが必要です。レセプションのワークショップをして人材を育てた。いまもしっかりやっています。先日も、〈新潟〉にベルリンフィルのコンサートを聞きに行ったら、金沢や富山の方からも大勢来ていました。

古谷 ある程度、継続している感じですね。

長谷川 継続していますね。ダンスカンパニーをつくりたいという希望も実行してくれて、

〈新潟市民芸術文化会館〉
左：オープニングの日
右：竣工式のスピーチ

▼17…（一九六六－）能楽師、俳優。九四年、二世萬斎を襲名

世界的に活動する有名なダンスカンパニーも育っています。[18] 蜷川（幸雄[19]）さんも〈新潟〉でオリジナルの舞台劇をつくっていますし、一流の音楽家も来る。だからすごい稼働率です。

古谷 僕はやっぱり新潟という場所が、東京からの距離も含めて、あそこだけが持っているポテンシャルみたいなものが当然あると思うんですよ。本当はどのまちにもあるんでしょうが、新潟には新潟特有のものがある。それがかなり活かされている。もうちょっと田舎になると成立しないでしょうね。

長谷川 新潟は市民の文化レベルの高いところです。確かに規模は違いますが、氷見にも珠洲にも素晴らしい文化があります。一見わかりにくくても、ワークショップをやるのは潜在している文化を引き出す意味もあります。

古谷 そういう意味でも「ガランドウ」には中身がなきゃいけないんですが、その中身は建築家が一人でつくれるものじゃないですからね。

長谷川 そうですね。いろいろな人たちとコラボすることで肉づけをしていく、そのことが実行できた。ああいうすごいことはいつでもやれるわけじゃないけど、可能性があることを将来に残しておかないとね。

学校の新たなモデルになりそうな……

古谷 学校（静岡大成中学校・高等学校）をつくられたでしょ。ちょっとだけ今後のことも含めてお聞かせいただきたいんです。これは長谷川さんの出身校ですね？

長谷川 そうです。昔は女学校でした。いまは男女共学ですけど……。

古谷 これはある種、いままでの集大成的なところもあるし、いままでに試されたことの結

▼18…Noism。新潟市民芸術文化会館の舞踊部門芸術監督・金森穣の率いるダンスカンパニー

▼19…（一九三五–二〇一六）演出家。多くの作品を新潟市民芸術文化会館で上演した

晶でもあるかもしれないと思って見ていましたが、ここで試みられたことは、ひと言でいうと何ですか。

長谷川 この学校は静岡で一番古い女学校だったのですが、音楽・美術・習字などが盛んで、日本的な茶道・華道などにも取り組んでいます。最初に学校側と協議して、既存の敷地にグラウンドを確保しつつ要求された諸室を組み合わせていくと、六階建ての都市型の学校にするしかないと決めていました。それから、中学・高校の通常のクラスルームの授業だけじゃなく、学年を越えた活動を行うためのコミュニケーションや、選択授業の枠を越えたコラボレーションを重要視すべきだと……。それを受けて垂直に空間を積み重ねて、フロア間の関係を活発化させるような装置をどう組み込むか、それを設計のテーマにしました。それで、それぞれの教室が学年ごとにまとまりを持ちつつ、吹抜けのステューデントホールを介して他の教室群ともつながりを持つようにしたんです。さらにステューデントホールの箱をつなぎ合わせるように階段をつくって、垂直方向に広がる街路のように、ホールを立体的な構成でつくったわけです。

古谷 〈新潟〉の「アイランドホッピング」は割合、直接的に理解できましたが、あの学校でおっしゃっている立体的な群島とか立体的な飛び島という感覚は、新たな都市のモデルになりそうな予感がします。

長谷川 それはありがとう。これまでは水平建築ばかりでしたので、垂直空間へのトライだったんです。

古谷 もう一つ最後にお尋ねします。聞きにくい話ですが、〈眉山ホール〉の一件がありましたよね。長谷川さんは、どういうふうな受け止め方をしていらっしゃるんですか？

長谷川 〈眉山ホール〉は、学校の新しい理事が大学をつくるための資金づくりのために壊

〈静岡大成高等学校〉
グラウンドに面するファサード。大きなパンチングのBOXがステューデントホール

されたんですよ。やっぱり都市というのはお金が動き、得体の知れない人たちが壊したりつくったりするところがあるんですね。私はものすごく抵抗したんです。正当な論理に聞こえなかった。古いものをどうやって持続させるかは考えなくて、経済活動のために、とにかく建築を取り壊し、敷地を売るという考えです。いまでもあれは残しておいた方がずっと良かったと思いますし、学校の発展にもなった。いつでも拡大したり開発するときには付きまとう問題かもしれませんね……。

古谷 都市は確かにもっと違う、例えば経済的な理由に左右されたり、翻弄されるなかで、うたかたのように浮かんでは消え、浮かんでは消えするものですからね。

長谷川 建築を含む文化的都市づくりを開発の行為に取り入れない限り、世界の都市はどんどん貧しくなるでしょうね。実はいま、初めてオフィスビルと住宅を開発することに関わっています。フランスのコンペ〈イッシー市都市再編成〉をフランスの友だちと一緒にやりまして、一等賞になったんです。いままでやってきたような技術を全部詰め込んだ、エコロジカルな超高層の提案です。いままでの集大成ですから、〈新潟〉に入っているエコ計画もあるし、〈袋井月見の里学遊館〉の中庭で霧を発生させて涼風を送るシステムとか、小型風車とか自然空気取り込みのテラス、超高層のなかにオフィスと中層のハウジング、低層のショップ、庭園、いままでやってきたあらゆるエコエンジニアリングを導入したプロジェクトです。

古谷 そのプロジェクトは、フランスのどこのコンペでしたか?

長谷川 セーヌ川のポン・デ・イッシーのたもとに建つハイテク超高層です。そのエンジニア提案に、みんな最初すごく驚いた。しかし、超高層を形だけでなく、快適さを実現させるためのエンジニアリングを詰め込んでつくることが評価されたんです。

〈イッシー市都市再編成〉
緑豊かでエコロジカルな超高層を提案した

古谷 すでに進行中ということですよね。

長谷川 進行中です。

古谷 最初に伺ったように、長谷川さんは個性のある人に会うと割と影響を受けやすい。でも、本日、初めてゆっくりとお話を伺ってみると、昔とあんまり変わっていない感じがしますね、もちろん、そのつど、菊竹先生にも篠原先生にも多木さんにも影響を受けていらっしゃる。でもやっぱり最初に感覚的に持っていた、きらきら光る「光の粒」は、ずっと追い続けているし、失礼な言い方ですけど、ゆらゆらしているようだけど、結局やりたいようにやっていらっしゃるという感じがしました。

長谷川 建築を考えたりつくったりすることが、すごく楽しくて好きです。だからいまは割と良い職を選んだと思っているくらいです（笑）。

古谷 もしかしたら静岡の学校と、フランスでとられたコンペのエコロジカル超高層は、関連し合っているのかもしれませんね、やっぱり。これは長谷川さんが提示する都市のモデルになる。何かそういう可能性を感じて、楽しみにしています。ぜひもう一度、みんなをあっと言わせる建築をつくっていただきたいと思います。

・・・
対談後記

ゆらゆらと漂うように、でも、しなやかな芯を持つような

古谷誠章

『十二組十三人の建築家　古谷誠章対談集』LIXIL出版、二〇一四年。対談は二〇〇九年十二月十八日収録、「INAX REPORT No.182」二〇一〇年四月号掲載

長谷川逸子さんには、三十年近く前に、僕がまだ早稲田の助手だった頃に東大の生産研究所でお会いした。当時、博士課程にいた小嶋一浩さんらがプライベートなレクチャーに招いた折である。初期の住宅を見せながら、しきりと「初めの頃の私は（面一の納まりなどに）無理しているなぁ」と言われていたのを思い出す。僕たちから見れば、長谷川さんの軽やかでシャープなディテールには、憧れにも似た共感を抱いていたものだが、当のご本人はそのピリピリとした感じが気に入らなかったのかもしれない。今にして思うと、もっとずっと自然なものを希求していたのだろう。

その原点は静岡の海面に輝く光にあった。さらに若い頃に全国レベルの腕前を誇ったヨットの操船感覚が、どうやら今も長谷川さんの脳裏に潜んでいて、そのつくり出すぼわんとした空間には、いつも風をはらむ帆が張り巡らされているかのようだ。改めて時間をかけて対談をさせてもらって、つくづくそう思った。さまざまな超一流の人びとに大きく影響を受けながら、しかし同時にしなやかな自分自身の芯を保ち続けているような、そんな姿が見えてくる。

新潟の市民会館がオープンして、マース・カニングハムのダンス公演を観に行った。ジョン・ケージのスコアによる前衛的なオーケストラ演奏と、刺激的なパフォーマンスを楽しみに行ったわけだが、それは同時に長谷川さんの建築がどんなふうに使いこなされる

のかを期待したためでもあった。さまざまな楽器の奏者は指定の時刻になるとそれぞれの音を発するのだが、それまでどこをどう動き回っていてもいい。ステージだろうと客席だろうと二階席だろうと、思い思いに楽器を抱えて動いている。僕はその時に初めて一見、体育館か何かのようにやや拡散的に感じられるこのホール空間の意味が実感できたのである。つまりは「がらんどう」だったのだ。演奏者が自由に動き回ってくれたおかげで、観客である僕もが公演中に自由に席を移動する楽しみを味わえた。もっともそんな行儀の悪いことをするのはほんの少数派だったが、この出入り自由な雰囲気が長谷川さんの建築の真骨頂だと感得したのである。

これから先の長谷川さんがどこへ向かうのかは今も定かではない。でも対談の最後に触れたように、もしこの出入り自由さが本格的に立体化できたら、建築の新たな次元と呼べるものになるかもしれない。

（ふるやのぶあき／建築家）

ブリリアンス・オブ・ハセガワ　Brilliance of Hasegawa

比嘉武彦

長谷川さん、このたびはロイヤル・アカデミー・アーキテクチュア・プライズの受賞おめでとうございます。先ほどご本人から、自らの生い立ちを含め、受賞に至る経緯をご紹介いただいたわけですが、久しぶりにお会いする長谷川さんの何ら変わらぬご様子を伺いつつ、実はそれは建築を志す以前からずっと持続されているものだったのだということに気づかされ、大変感銘を受けました。それをあえてことばにするならば、ちょっとわかりにくい言い方になりますが、強いものや長いものにけっして巻き取られない「繊細さ」という感じでしょうか。

私自身もほんの少しだけ関わっているこの日本の建築界は、ご存知のように男性が圧倒的に多いわけですが、彼らは常に自ら進んで強いものや長いものに巻かれ続け、贈与と交換の互酬関係のなかで、日々なれ合い、集団的なプレゼンスを形成しています（笑）。けれども、長谷川さんは常に群れることなく、何ものにもまつろわない単独性を維持されており、それはほとんど気品といってもいいのではないでしょうか。

この長谷川さんの何ものにもまつろわない単独性は、おそらくそのまま他の人たちが考えている建築と長谷川さんが追い求めているものとの差異に由来しているのではないかと思われます。建築観の違いというよりも、そもそもの位相の違いといったようなものです。みなさんもよくご承知かと思いますが、長谷川さんは必ずしも建築をやろうと思ってはいないのでは？というフシも多々あるわけです（笑）。長谷川さんのご著書に『生活の装置』という本がありますが、つまりは建築ではなく生活の装置なのであると。装置は何かと何かが組み合わされて作動するものなわけです。
先ほど長谷川さんは、学校社会には全く適合できなかったが、なぜかヨットはすんなりなじんで大きな大会で優勝するまでになった、そしてヨットを自分でつくりたいという思いが建築を志すことにつながっていったというようなお話をされましたが、このエピソードには長谷川さんのエッセンスが秘められているような気がします。長谷川さんの何ものにもまつろわない単独性というものは、広い海原の中でたったひとりでヨットを操る長谷川さんの姿に重なり合ってきます。

つまり長谷川さんがつくろうとしていたのは、はじめから建築ではなく船だったのではないかと思うわけです。長谷川さんはヨットをやめて建築をやりはじめたわけですが、今度は社会という海を渡っていくための船に取り組みはじめたのではないかと。だから長谷川さんがつくる建築はまわりから少し浮いている。そうでないと進めないからです。そして船を操るためには、身体と船とが連動した装置となりつつ、刻々と変化する風を受け、波をとらえなければならない。けれども海と一体化しては沈んでしまう。あくまで単独者でなければならない。単独者を維持しつつすべてが相互に関係し合う系となる必要がある。これは長谷川さんがとりあえず建築と呼んでいるものの特長そのものではないでしょうか。社会は海。そして長谷川さんの建築／船は社会に一体化するのではなく浮かんでいる。

今回の受賞については、日本ではなく、イギリスからということに極めて意義深いものがあると思います。そこには自ら評価軸を構築し、歴史を絶えず更新していく彼らの矜持のようなものを感じます。
そもそも近代建築は多分にイデオロギー的であり、その担い手は常に大陸が中心でした。建築というものは大陸的な概念といっても過言ではない。それに対して近代建築に対する異議申し立てはイギリスが中心であったといえましょう。世界を均質化し、人々を抑圧する建築のダークサイドに気がついた彼らは、街ごと歩き出したり、気球で移動したり、文化が生み出されるファクトリーをつくるといったような大胆な提案を行い、強いものや長いものに巻かれ続ける人々を救い出そうと試みました。新しいパブリックのかたち。それは建築へのアンチテーゼであり建築のオルタナティブを求め続ける情熱です。そしてこうした夢が夢で終わったかに見えたその先に、はるか東の彼方に湘南台文化センターと共に長谷川さんが現れた。そこにはイギリスの建築家たちの夢の転移のようなものがあるのではないでしょうか。少なくとも彼らにはそのように見えたのではないかと。建築に対する異議申し立てが大陸の西と東のエッジで共鳴し合ったわけです。同じ海の民としての？　実は彼らも船をつくろうとしていたのかもしれないですね。

そういえば、確か長谷川さんがはじめて臨んだイギリスのコンペは、カーディフベイにたつオペラハウスだったわけですが、そのときのコンセプトは〝OPERA SHIP〟でした。やはり長谷川さんははじめから船をつくろうとしていたわけです。

ところで長谷川さんのこの何ものにもまつろわない単独性は、世阿弥の「初心」ということばを思い起こさせます。このことばは誤解されて人口に膾炙している感がありますが、もともとの「初心」にかえるという意味は、新人だった頃の初々しい気持ちに戻るといったようなことではありません。そうではなく、自らを様式化するのではなく、常にそのときどきに持てるものを用いて、そのときどきでしかできない芸を生み出すという境地を語っています。そうすることによって、老いさえも花になりえるのだと。

スタイルの一貫性に拘泥することなく、プロジェクトごとに自らの枠を打ち破り、まったく異質なものや技術、人々を巻き込んでいく長谷川さんは、常に初心だったといえるでしょう。

海は常に初心で臨まないとたちまちのうちに飲み込まれてしまうわけです。そしてこの初心こそが今も変わることなく長谷川さんの何ものにもまつろわない単独性と気品を立ち上らせているのではないでしょうか。

このような方のもとで仕事ができたことにあらためて誇りを感じます。

本日喜寿を迎えられました長谷川さんが今後ともますますご活躍されることを願ってお祝いのことばといたします。

（二〇一八年十二月一日）

『長谷川逸子の思考』の構成について

『長谷川逸子の思考』は、最初の作品発表をした一九七二年から二〇一六年までの長谷川の論考や作品解説・講演録・インタビューなどのテキストの選集である。『ガランドウと原っぱの建築』(二〇〇三年)に収録された比嘉武彦との対談をベースとして、関連テキストを集め、二〇〇三年以降のテキストを補った。長谷川逸子・建築計画工房(一九七九年設立)では長谷川のテキストを継続的にファイリングしており、その膨大なファイルに国会図書館や大学図書館などから若干の拾遺を加え、収録すべきテキストを選出した。論考からインタビュー、そして多木浩二をはじめとする他者の批評をも組み込んでいるのは、長谷川自身の希望にもよるが、単なる著作集ではなく、長谷川の思考の軌跡を辿るテキスト集とするためである。

『ガランドウと原っぱのディテール』は第一章「ガランドウ(初期住宅)」、第二章「第2の自然(湘南台文化センターほか)」、第三章「原っぱ(新潟市民芸術文化会館ほか)」、第四章「つなぐ建築(二〇〇〇年以降)」と年代順に構成されている。これに倣って一九七二年から一九八四年までの初期住宅群に関連するテキストを第四部「ガランドウ・生活の装置」、一九八五年から一九九二年までの〈湘南台文化センター〉(一九九一)を核とする第三部「第2の自然」、一九九三年から二〇一六年までの著作を第一部・第二部として、時代を遡るように構成した。『ガランドウと原っぱのディテール』から十五年以上のときを経て、すでに歴史的段階に入った一九七〇年代のテキストから始めるより、現在から遡行するほうが若い世代には理解しやすいのではないかと考えたからである。

第一部「アーキペラゴ・システム」は〈新潟市民芸術文化会館〉(一九九八)を核とし、第二部「はらっぱの建築」は〈新潟〉と並走していたプロジェクトを集めた。同時期のテキストを二部に分けた第一の理由は〈新潟〉に関するテキストの物理的な量であるが、〈新潟〉に結実する一九九〇年代の思考のディテールは、むしろ、より小規模な公共建築や経済重視の社会と向き合わざるを得ない集合住宅、七〇年代の思考と繋がっている住宅を語るテキストによく読み取れるからでもある。

各部の序章に『ガランドウと原っぱのディテール』の該当章を配置しているが、今回の出版にあたって、長谷川・比嘉両氏の意向で一部修正補足している。第三章「原っぱ」は、〈新潟〉とその他のプロジェクトで分けて第一部と第二部に分けて収録し、まだ計画段階のプロジェクトを含む第四章「つなぐ建築」は住宅関連だけを残して削除し、新たな論考と置き換えた。……………(編集:六反田千恵)

初出一覧

「持続するプレイスをつくること」——未発表、二〇一八年十二月一日

今村創平「第一回ロイヤルアカデミー建築賞受賞に寄せて」——未発表、二〇一八年十二月一日

比嘉武彦＋長谷川逸子「アーキペラゴ・システム」——『特集長谷川逸子　ガランドウと原っぱのディテール』第三章後半、「ディテール」二〇〇三年七月別冊

「継承されてきたものを未来に引き継いでいく建築」——書き下ろし、二〇一八年四月二十六日

「新潟市公開コンペへの挑戦」——「公共建築」一九九四年七月号、原題「N市公開コンペへの挑戦」

「公共建築とコンペティション」——「JA」一九九五年三月号

「建築としてのソフトを立ち上げる」——日本建築学会劇場小委員会「劇場・ホール設計におけるコンサルタントの役割」一九九五年十月

「プログラムのコンペへ向けて」——「建築とまちづくり」一九九五年十月号

多木浩二＋長谷川逸子「形式としての建築から公共としての建築へ」——「SD」一九九五年十一月号

「真のローカリティはグローバルに開く」——発表不詳、長谷川逸子・建築計画工房所蔵稿

「世界に開く建築を求めて」——「SD」一九九五年十一月号

小嶋一浩「アクティビティを喚起する等身大の公共建築」——「SD」一九九五年十一月号

多木浩二＋長谷川逸子「建築と社会」——多木浩二『建築・夢の軌跡』青土社、一九九八年

N-PACワークショップに託すもの——日本音響家協会「Sound A&T」一九九六年四月号

「市民参加ワークショップのコラボレーション」——日本建築学会設計方法小委員会、日本建築学会シンポジウム資料、一九九七年

「劇場芸術講座による市民参加のシステムづくり」——N-PACワークショップ資料、一九九六年冬から九七年一月頃

多木浩二「形式とプログラム」——不詳、『世界の建築家シリーズ10選　長谷川逸子』メイセイ出版、一九九七年所収

「浮遊するパブリックスペース」——「新建築」一九九九年一月号

「アーキペラゴ・システム」——「GA JAPAN36」一九九九年、原題「群島システム　あるいは都市の編集」

「公共建築と都市」——東西アスファルト事業協同組合・田島ルーフィング株式会社『私の建築手法　長谷川逸子・伊東豊雄・佐々木睦朗・妹島和世・内藤廣』一九九九年

「アイランド・ホッピング」——「建築文化」一九九九年八月号

比嘉武彦「プレゼンス・オブ・ハセガワ」——「建築思潮05」一九九七年三月

多木浩二＋長谷川逸子「生きられていく公共空間」——和文未発表、中国建築工業社「住区　特集長谷川逸子」二〇〇二年第三号

「「つくる側の論理」から「使う側の論理」へ」——川勝平太・嶌信編、次世紀の暮らしを語る懇談会『居心地のよい国ニッポン　ジャパニーズ・ドリーム』嶋中書店、二〇〇〇年

「つくるより使う側の論理で建築を考える」——「GA JAPAN40」一九九九年

「公共建築の評価に思う」——「公共建築」二〇〇二年十月号

「ランドスケープ・アーキテクチャー」——「建設ジャーナル」二〇一〇年八月号

「ポピュラーミュージックのように」——「新建築」二〇〇六年九月号

「日本の高い技術がつくる表層建築への批判を聞く」——「新建築」二〇〇七年六月号

「地域の環境モデルとしての建築」——長谷川逸子・建築計画工房編「ふじのくに千本松フォーラム／プラサヴェルデの建築」、二〇一四年、原題「PLAZA VERDE」

「公園のなかのオフィス」——作品集『長谷川逸子』収録の作品解説をもとに書き下ろし、二〇一八年七月三十一日

「海外で起こったこと」——「カザベラジャパン」七百七十号、二〇〇八年十一月

古谷誠章＋長谷川逸子「続いてきたものから新しい考えをつくる」——『十二組十三人の建築家　古谷誠章対談集』LIXIL出版、二〇一四年

古谷誠章「ゆらゆらと漂うように、でも、しなやかな芯を持つような」——同右

比嘉武彦「ブリリアンス・オブ・ハセガワ」——未発表、二〇一八年十二月一日

作品概要

塩竈ふれあいセンター

宮城県塩竈市東玉川9-1
1998年7月竣工
敷地面積:7,022m², 延床面積:4,167m²
地上3階
RC造, 一部S造

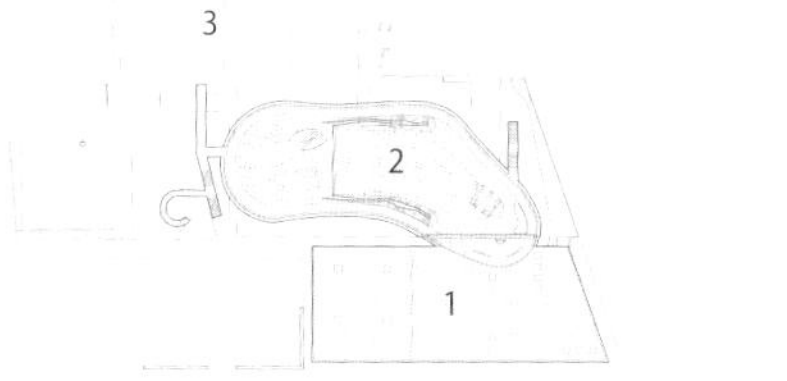

site plan 1:3000

1. 塩竈ふれあいセンター
2. 空中庭園
3. 既存公民館

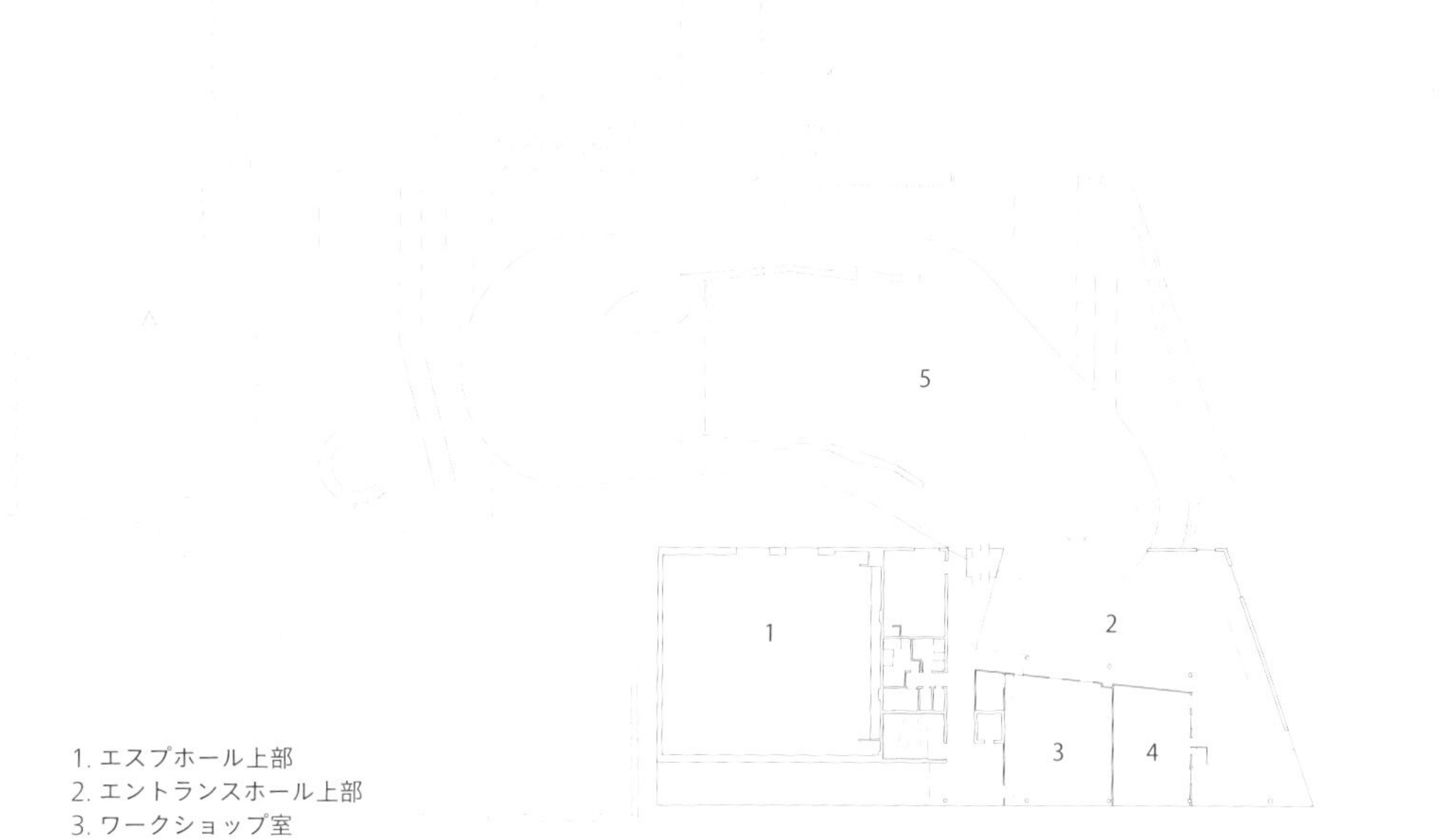

1. エスプホール上部
2. エントランスホール上部
3. ワークショップ室
4. 会議室
5. 空中庭園

3F plan 1:1000

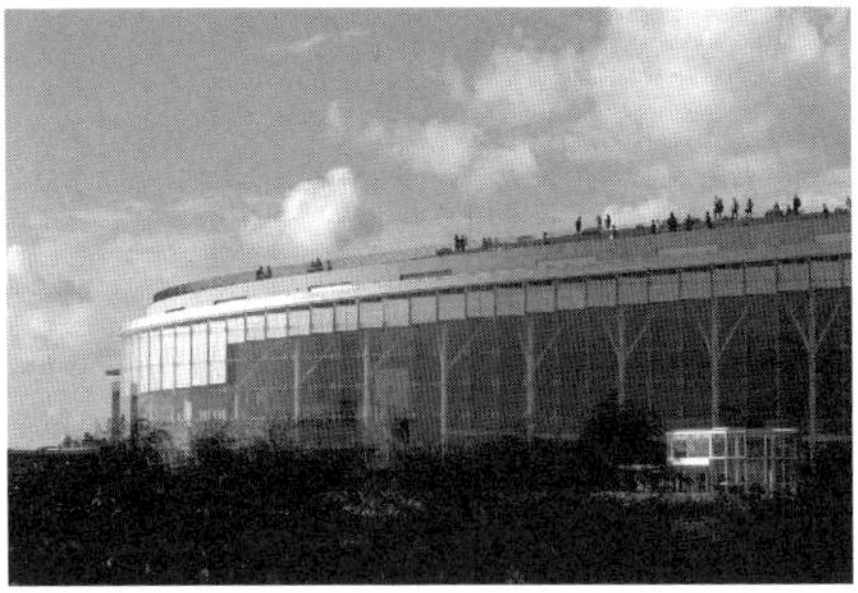

新潟市民芸術文化会館

新潟県新潟市一番堀通町3-2
1998年5月竣工
敷地面積:140,143㎡, 延床面積:25,099㎡
地上6階
SRC造

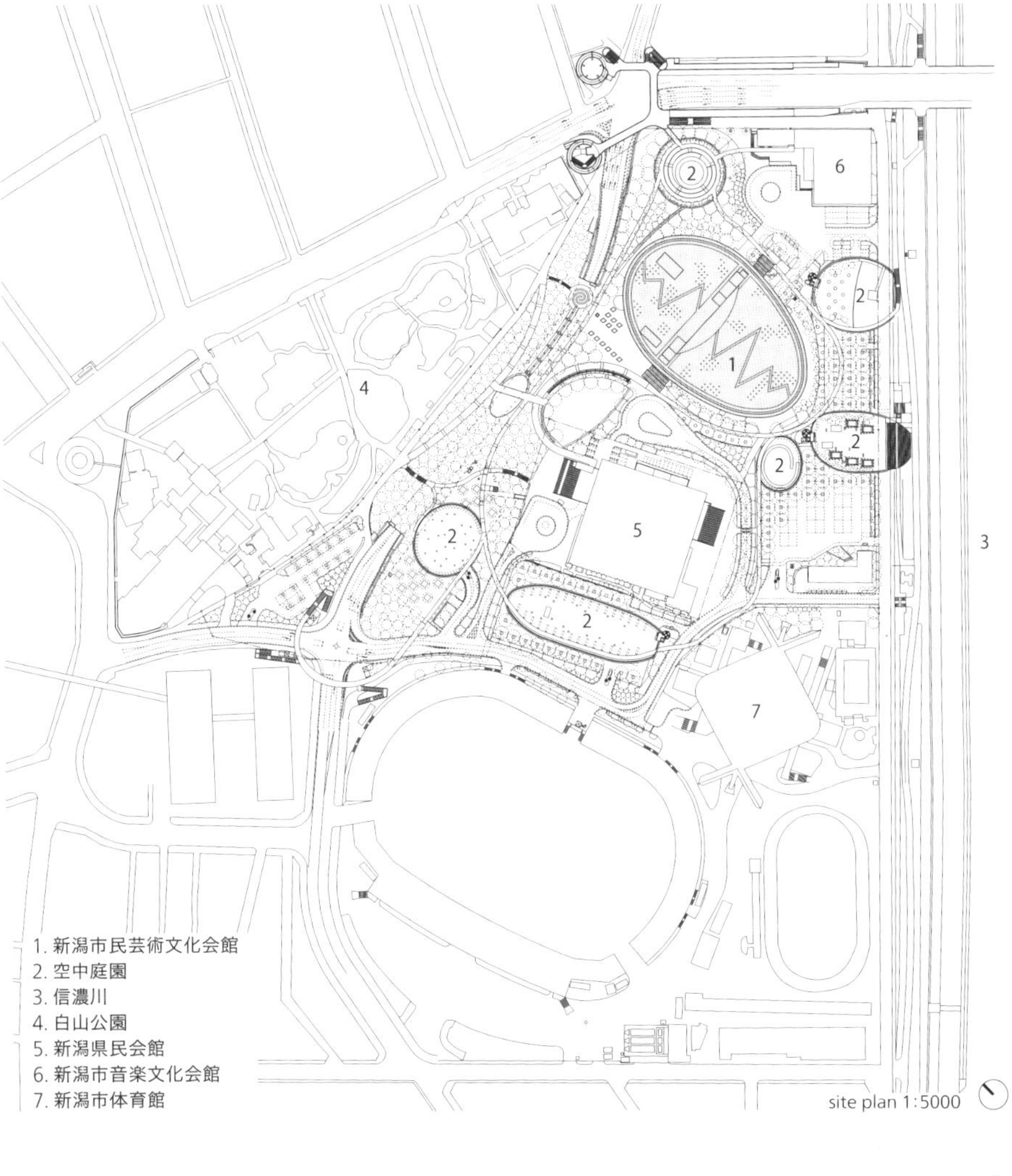

1. 新潟市民芸術文化会館
2. 空中庭園
3. 信濃川
4. 白山公園
5. 新潟県民会館
6. 新潟市音楽文化会館
7. 新潟市体育館

site plan 1:5000

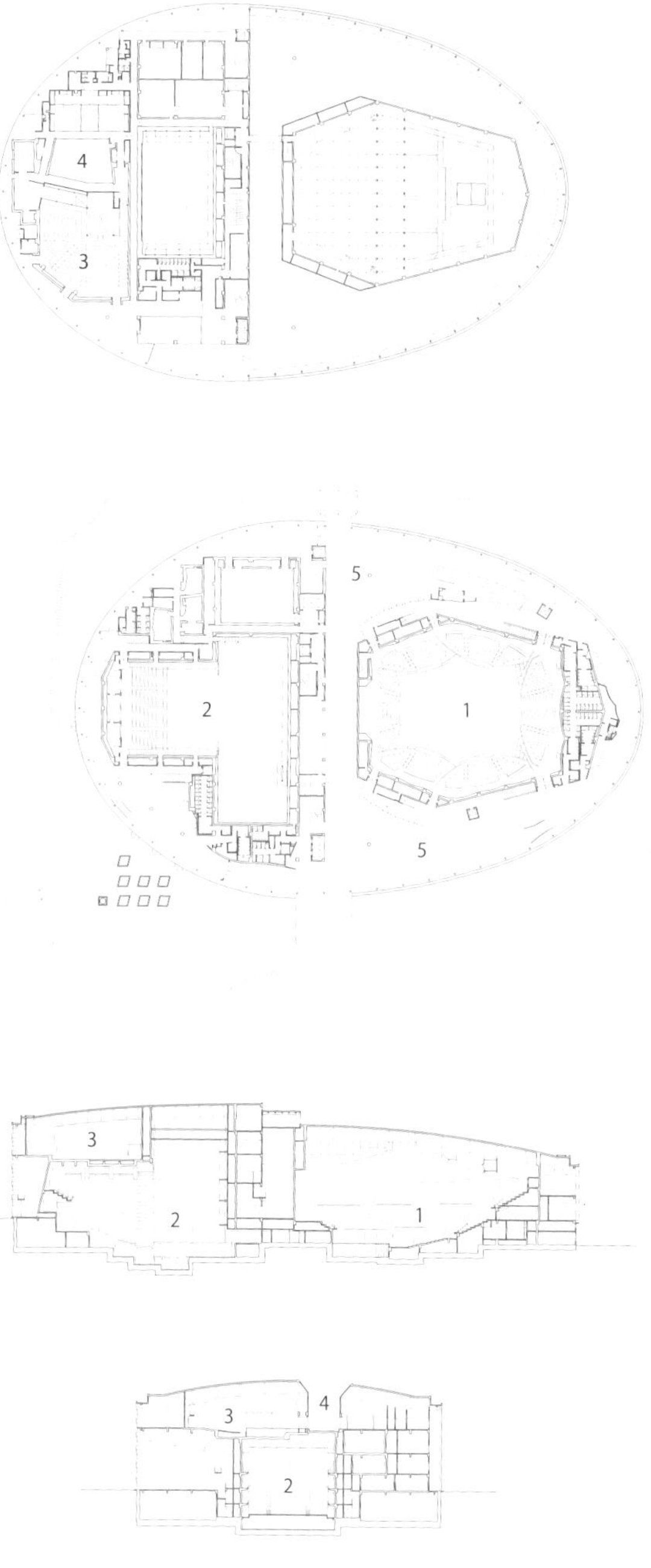

5F, 2F Plan & Section 1:2000

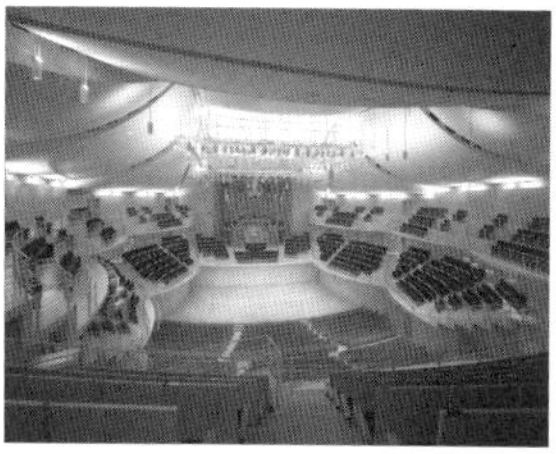

1

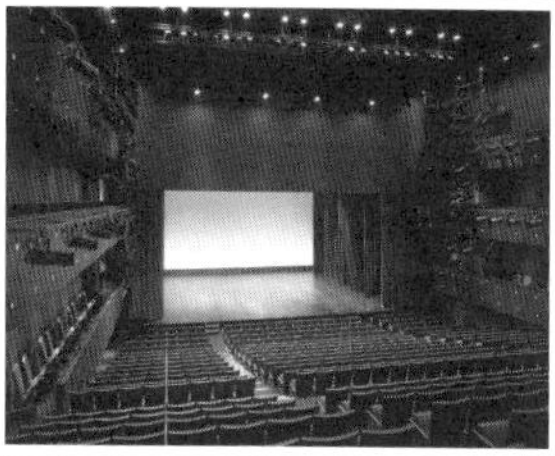

2

3

4

5

1. コンサートホール
2. シアター
3. 能楽堂
4. 能楽堂（鏡板を外したところ、中庭）
5. ロビー

袋井月見の里学遊館

静岡県袋井市上山梨4-3-7
2000年12月竣工
敷地面積:15,000㎡, 延床面積:6,724㎡
地上2階地下1階
Precast Concrete造, 一部S造, ホールRC造

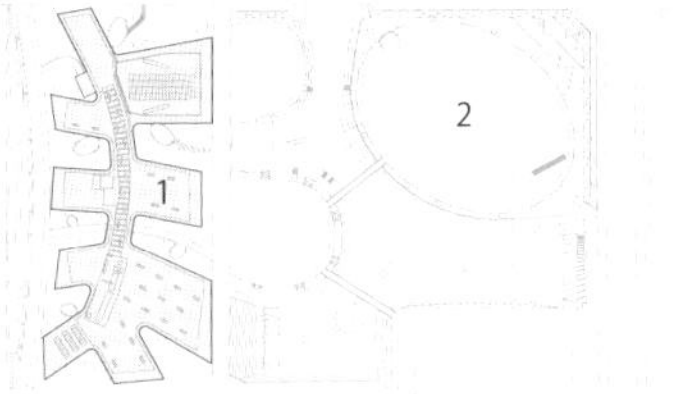

1. 月見の里学遊館
2. 市民公園

site plan 1:5000

1. 市民ホール
2. プール
3. 子供プール
4. トレーニング室
5. ワークショップ室(和室)
6. ワークショップ室
7. 市民サロン

1F plan 1:1000

珠州多目的ホール

石川県珠洲市飯田町1-1-8
2006年5月竣工
敷地面積:8,928㎡, 延床面積:3,511㎡
地上2階塔屋1階
S造, RC造

1. ホール
2. 市民サロン
3. ワークショップ室
4. 笛ギャラリー
5. ロビー
6. サウンド・プラザ(庭園)

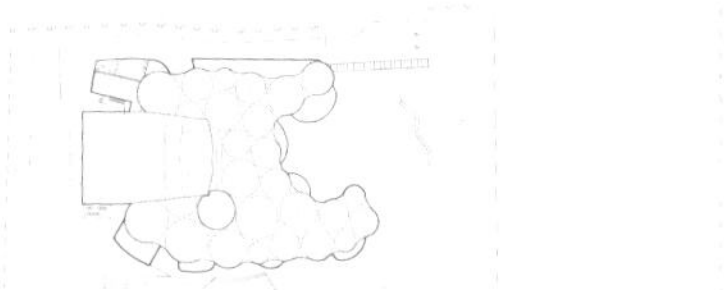

site plan 1:4000

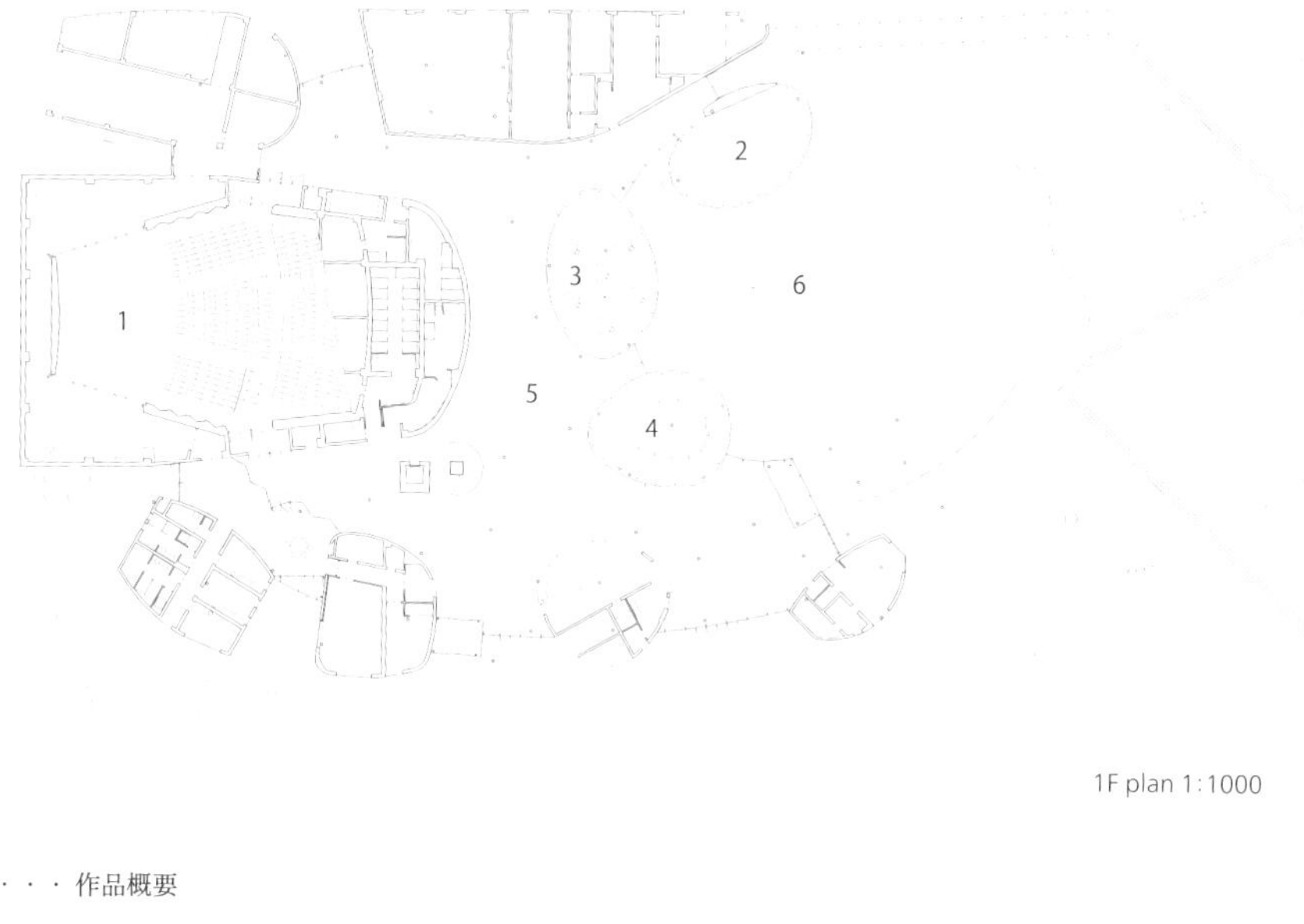

1F plan 1:1000

テクノプラザおおた

群馬県太田市本町29-1
2008年3月竣工
敷地面積:7,480㎡, 延床面積:7,160㎡
地上5階塔屋1階
S造

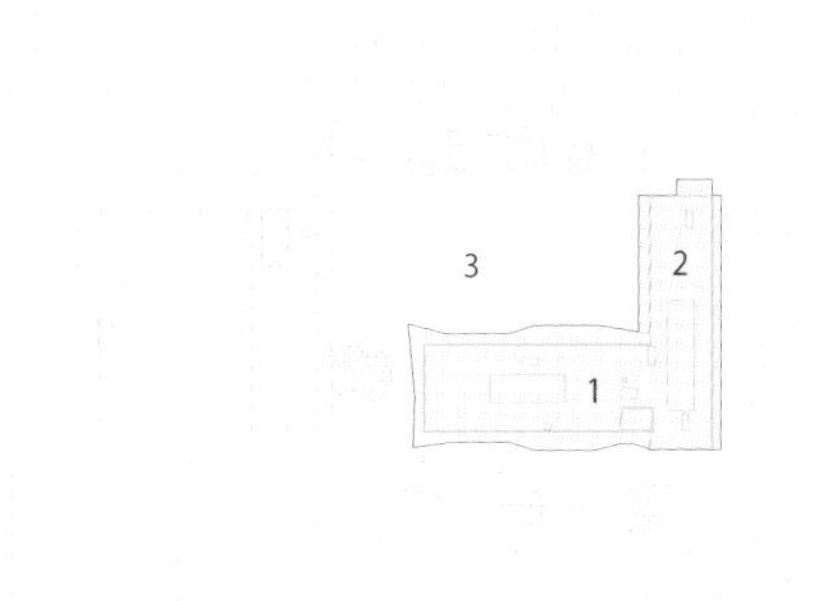

site plan 1:3000

1. 産学研究棟
2. 大学院研究棟
3. 公園(既存)

1. 市民テラス
2. 市民ワークショップ室
3. CAD/CAM室
4. 研究室

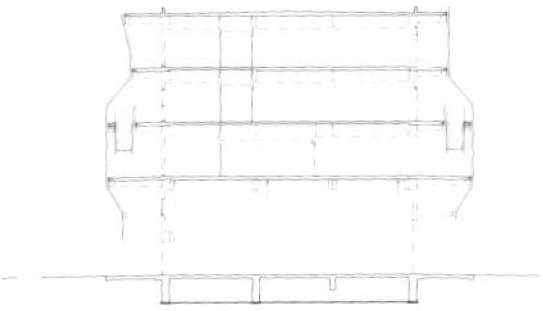

Section

3F plan 1:1000

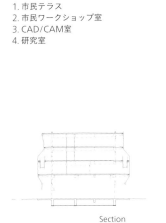

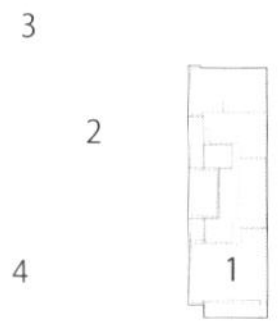

site plan 1:4000

1. 高校
2. 校庭
3. 中学校
4. 体育館

静岡大成高等学校

静岡県静岡市鷹匠2-4-18
2004年10月竣工
敷地面積:8,319㎡, 延床面積:9,502㎡
地上6階
S造

1. スチューデントホール
2. ライブラリー
3. サイエンス・ルーム
4. ライフサポート・ルーム
5. クラスルーム

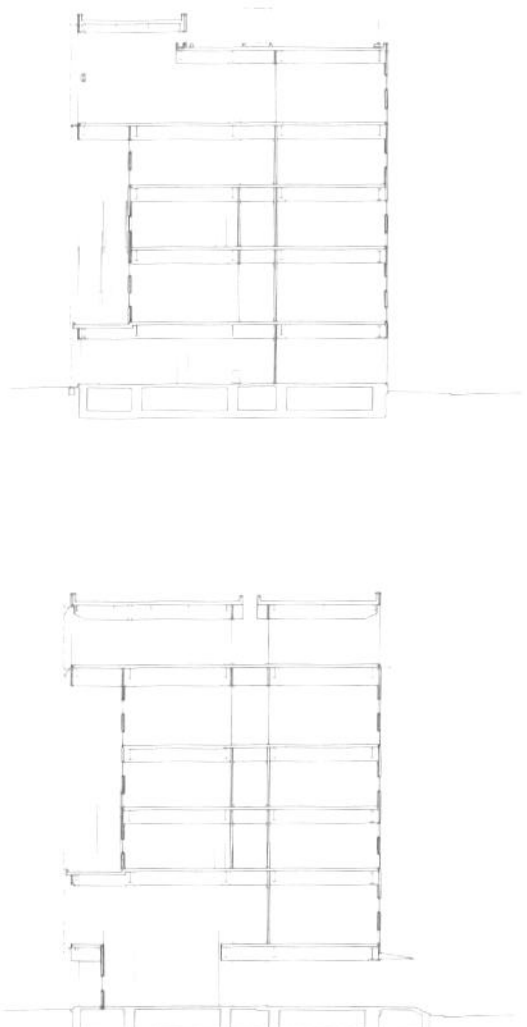

Section

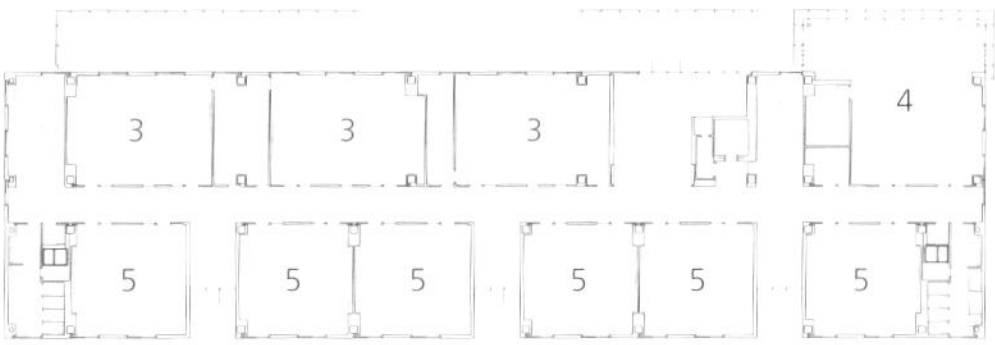

3F plan

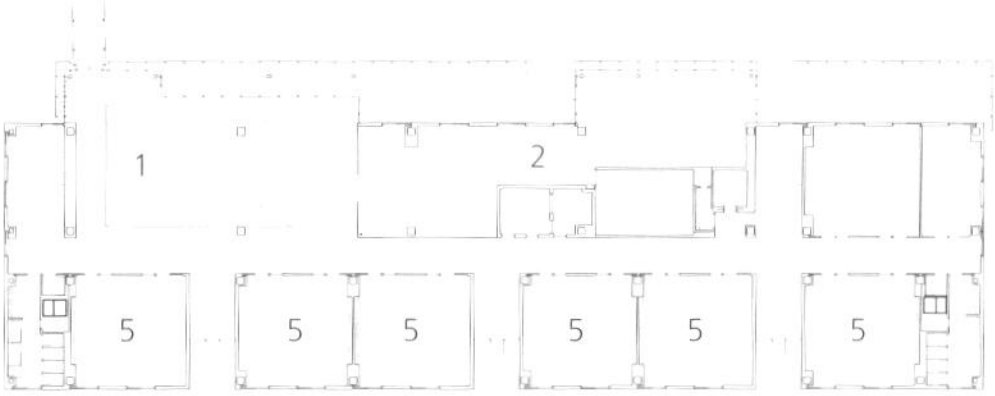

2F plan 1:1000

静岡ふじのくに千本松フォーラム

静岡県沼津市大手町1-1-4
2014年3月竣工
敷地面積:21,958㎡, 延床面積:40,575㎡
展示場地上3階, 会議場地上4階, ホテル11階
S造

1. 東駐車場
2. キラメッセぬまづ
3. コンベンションぬまづ
4. ダイワロイネットぬまづ
5. 西駐車場

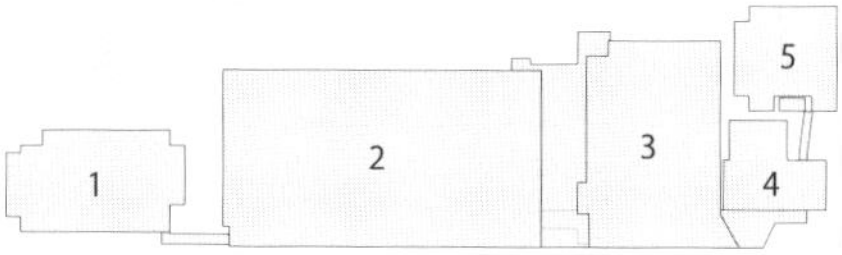

site plan 1:5000

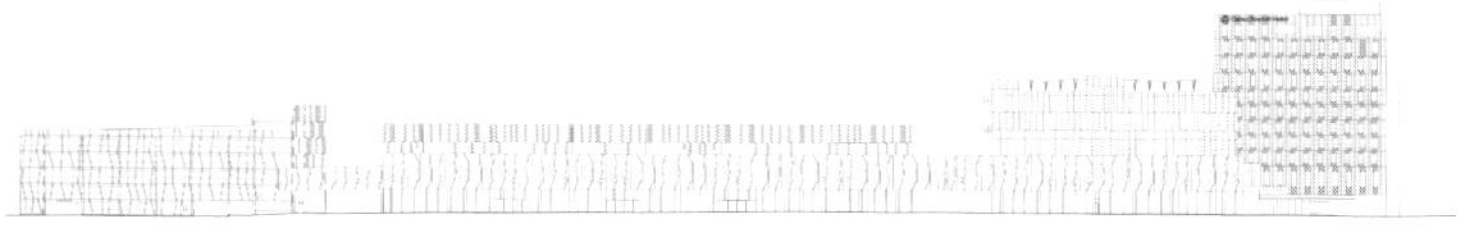

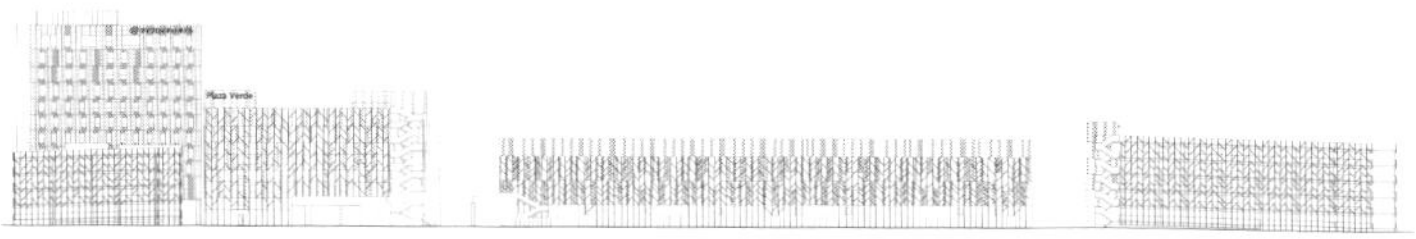

elevation 1:3000

1. 多目的ホール
2. コンベンションホールA
3. エントランスギャラリー
4. スチューデントラウンジ
5. コンベンションホールB
6. 屋上緑化花壇
7. 屋上庭園

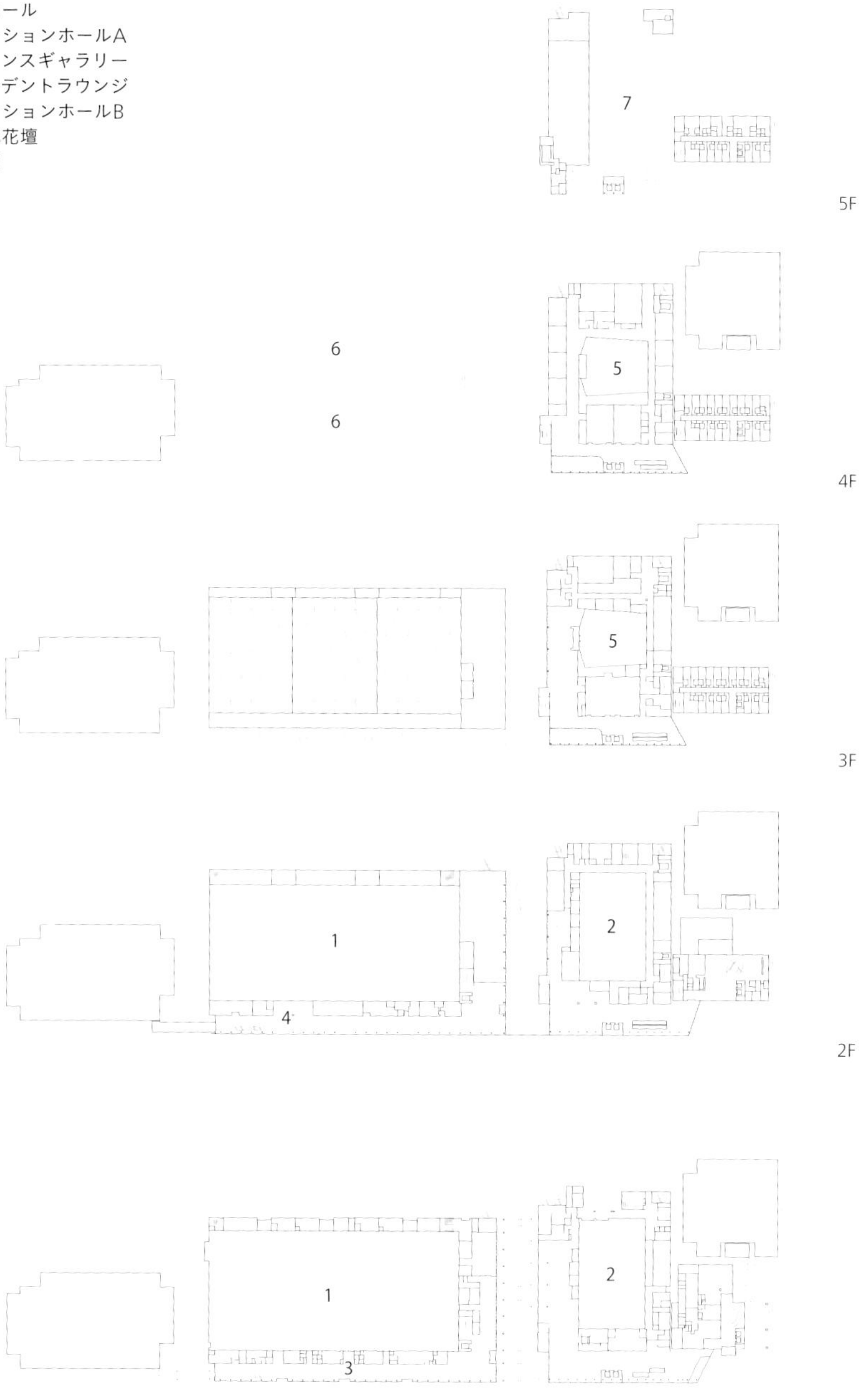

カーディフベイ・オペラハウス

イギリス, ウェールズ州カーディフ, カーディフ湾
1994年コンペ
敷地面積：14,947㎡, 延床面積：37,680㎡
地上4階地下1階

1. オペラハウス
2. シーサイドパーク
3. カーディフベイ

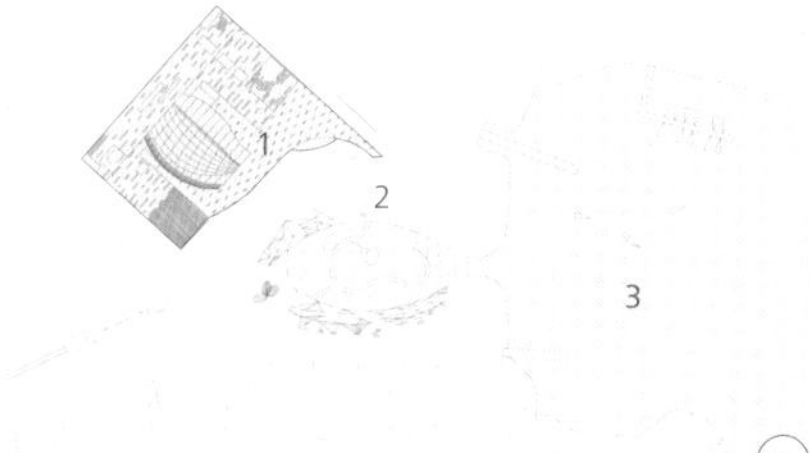

site plan 1:10000

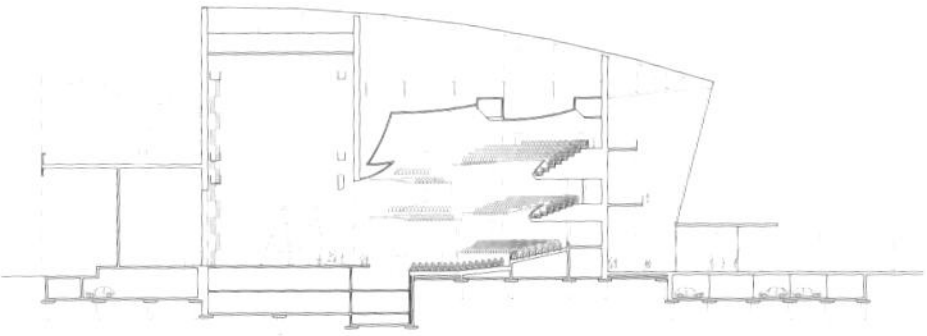

Section 1:3000

1. オペラハウス
2. ロビー
3. レストラン
4. スタジオ
5. リハーサル室
6. 楽屋
7. コスチューム・デザイン室
8. バー

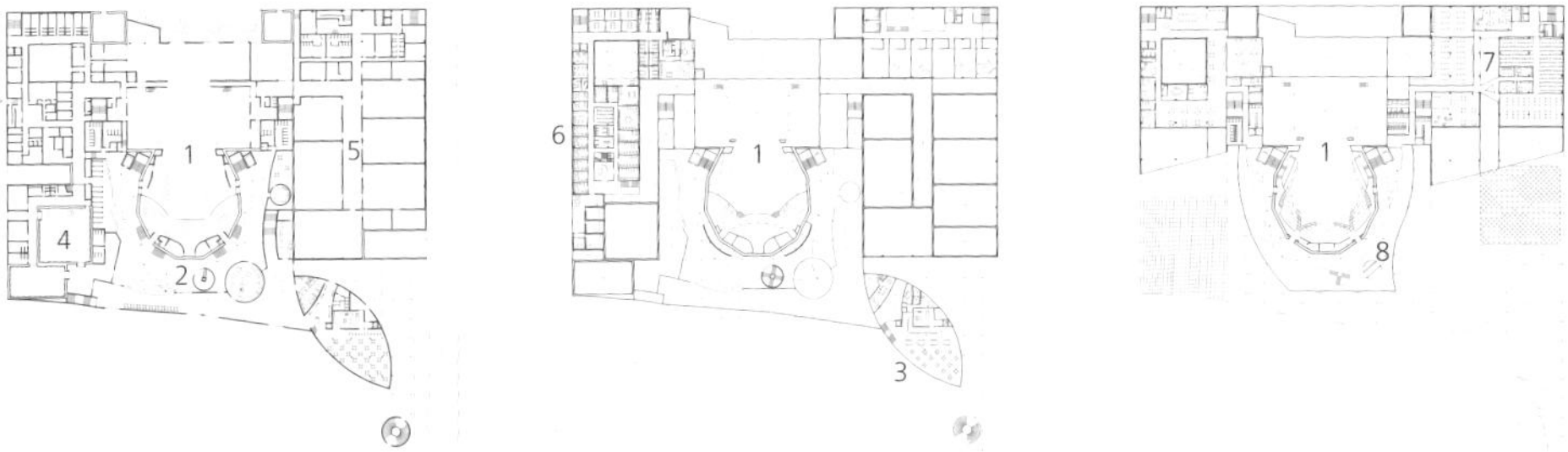

1F, 2F, 3F plan 1:3000

パチンコサーカス

敷地未定
2002年コンペ
地上1階地下1階

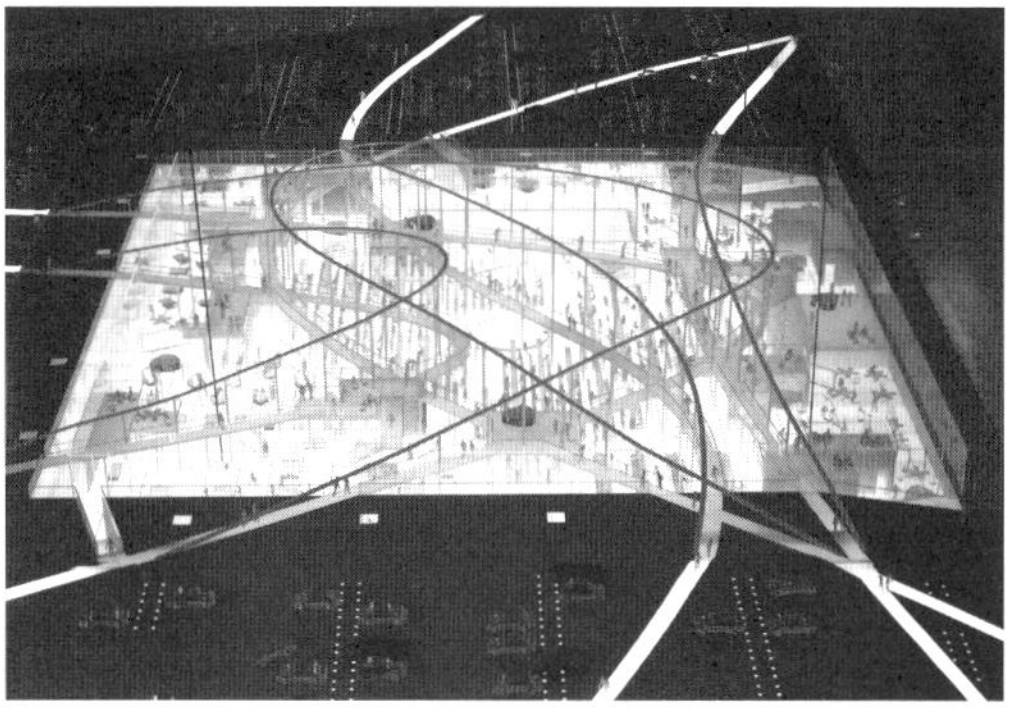

1. パチンコホール
2. ゲームコーナー
3. ビリヤード
4. 休憩コーナー
5. プール
6. インフォメーション

1F plan 1:2000

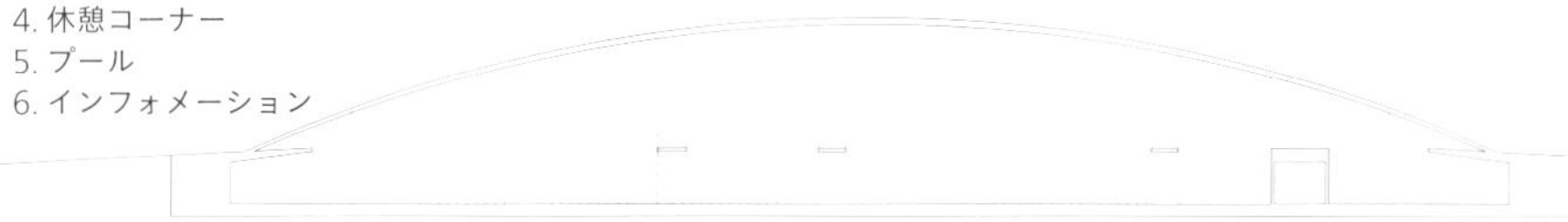

Section

イッシープロジェクト

フランス
オード・セーヌ県イッシー・レ・ムリノー市
2008年コンペ
地上50階地下6階

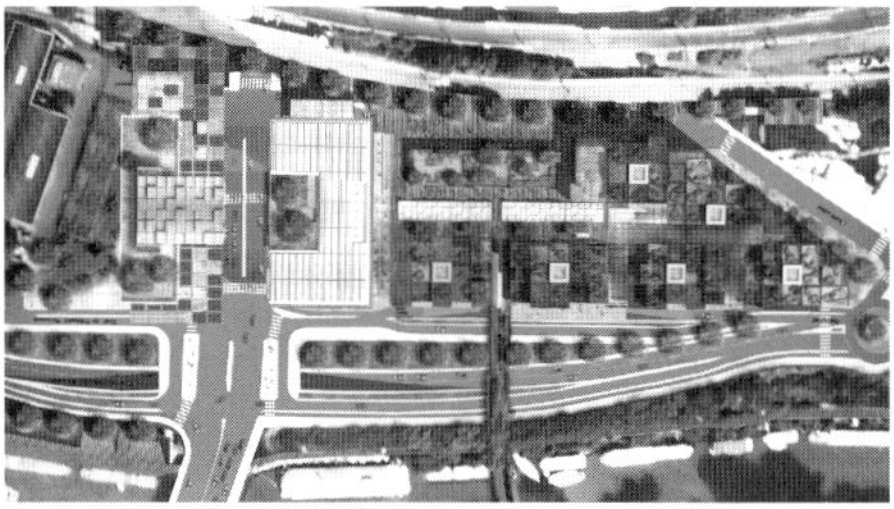

site plan 1:6000

1. オフィス棟
2. レジデンス棟
3. 商業ゾーン

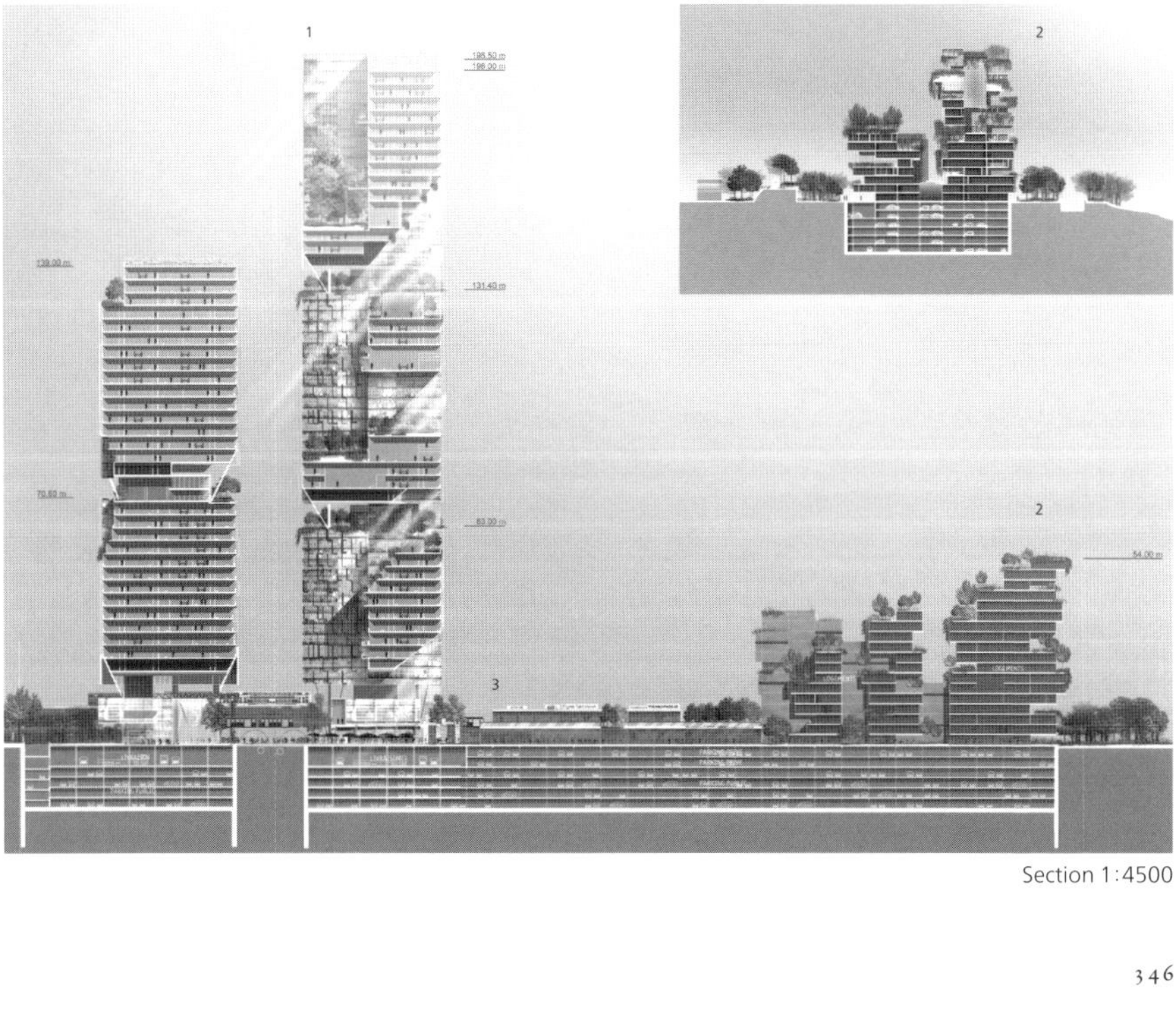

Section 1:4500

上海漕河経3号地オフィス

中華人民共和国上海市徐匯区漕河経
2014年6月竣工
敷地面積:51.811㎡, 延床面積:175,727㎡
地上17階地下2階
RC造, SRC造

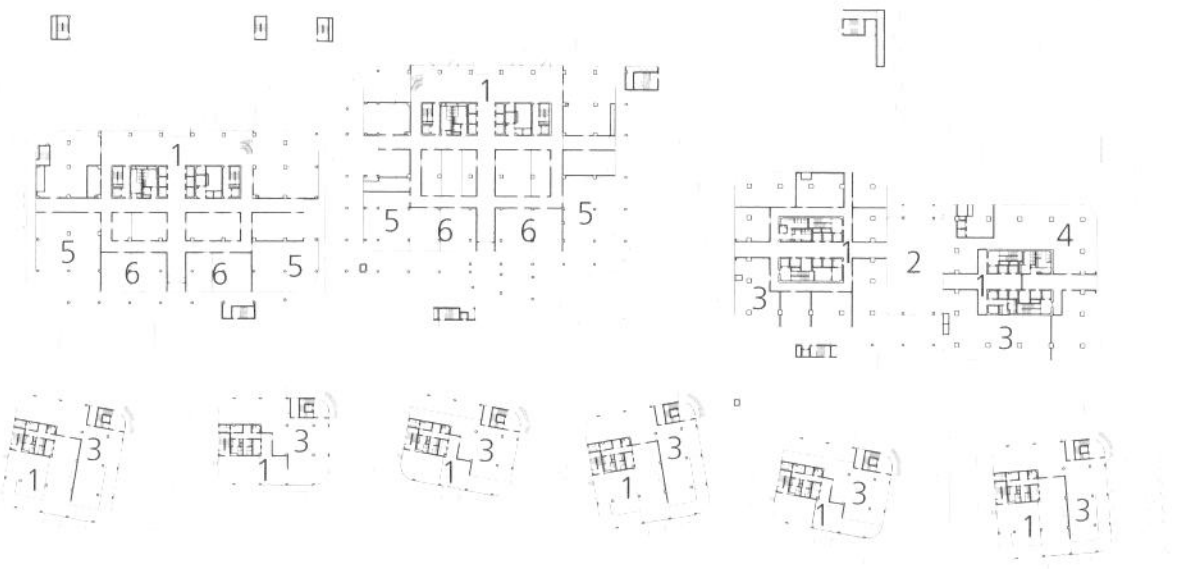

1F plan 1:4000

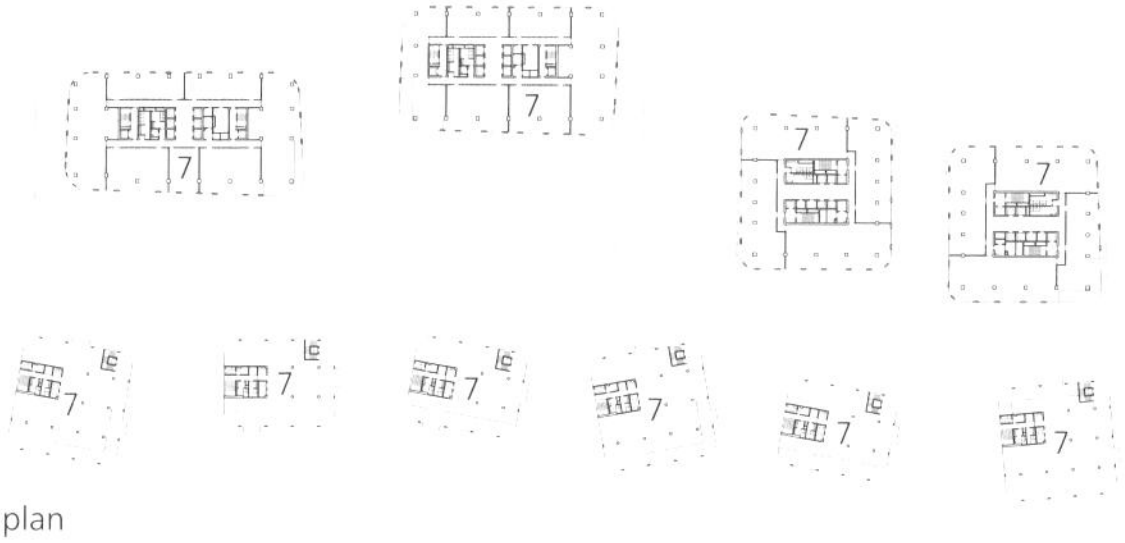

Tyopical floor plan

1. ロビー
2. 室内庭園
3. 展示室
4. レストラン
5. ショップ
6. 会議室
7. オフィス

South elevation

1998年3月　倉橋桂浜ふれあいセンター
1998年3月　茨城県営滑川アパート
1998年5月　新潟市民芸術文化会館
1998年7月　塩竈ふれあいセンター
1998年7月　長野市今井ニュータウン
2000年3月　黒部特別養護老人ホーム
2000年3月　オレンジフラット
2000年11月　東京都境浄水場事務所
2000年12月　袋井月見の里学遊館
2001年3月　宝塚ガーデンヴィレッジ
2001年5月　小豆島の住宅
2001年10月　YSハウス
2002年　パチンコサーカス*
2002年9月　SNハウス
2002年5月　竹内整形外科クリニック
2002年8月　沼津中央高等学校
2004年9月　三重の住宅
2004年10月　静岡大成高等学校・静岡大成中学校
2004年10月　広尾アパートメント
2005年3月　徳丸小児科2
2005年3月　太田市営本陣団地・太田地区行政センター
2005年5月　品川の住宅
2006年5月　珠洲多目的ホール
2006年8月　静岡福祉大学スチューデントホール
2007年　ストックホルム市立図書館増改築*
2008年　イッシープロジェクト*
2008年3月　テクノプラザおおた
2008年3月　徳丸三世帯住宅
2009年8月　赤堤の住宅
2009年5月　中井四の坂タウンハウス
2010年　上海漕河経区マスタープラン*
2010年3月　厚木はやし幼稚園
2010年5月　かほくの住宅
2011年9月　江陰の別荘
2013年2月　富士山静岡空港石雲院　展望デッキ
2013年6月　西馬込タウンハウス
2013年　ベトナムドイツ大学*
2014年　上海金橋臨港プロジェクト*
2014年3月　静岡ふじのくに千本松フォーラム
2014年6月　上海漕河経3号地オフィス
2014年7月　芦屋の住宅

——

菊竹清訓本書関連作品

1958年　旧島根県立博物館、スカイハウス
1963年　出雲大社の庁、館林市庁舎
1964年　東光園、浅川テラスハウス、鈴木邸
1965年　岩手教育会館、徳雲寺納骨堂、東亜レジン相模工場
1966年　都城市民会館、パシフィックホテル茅ヶ

長谷川逸子主要作品一覧

1972年4月　焼津の住宅1
1975年3月　鴨居の住宅
1975年12月　緑ヶ丘の住宅
1977年3月　焼津の住宅2
1977年3月　柿生の住宅
1977年5月　焼津の住宅3
1978年3月　焼津の文房具屋
1979年6月　徳丸小児科クリニック
1980年10月　松山・桑原の住宅
1982年6月　伊丹の住宅
1982年6月　AONOビル
1983年3月　金沢文庫の住宅
1984年7月　NCハウス
1984年9月　静岡精華高校眉山ホール
1984年12月　池袋の住宅
1985年4月　BYハウス
1985年4月　小山の住宅
1986年3月　熊本の住宅
1986年4月　練馬の住宅
1986年6月　黒岩の別荘
1986年7月　富ヶ谷のアトリエ
1986年9月　菅井内科クリニック
1987年3月　東玉川の住宅
1988年5月　自由ヶ丘の住宅
1988年6月　尾山台の住宅
1988年6月　なら・シルクロード博覧会浅茅原エリア
1989年　横浜グランモール*（*印はコンペ案）
1989年3月　世界デザイン博覧会インテリア館
1989年11月　不知火病院ストレスケアセンター
1990年2月　下馬アパートメント
1990年2月　コナヴィレッジ
1990年3月　下連雀の住宅
1990年3月　藤沢湘南台文化センター
1991年9月　STMハウス
1992年7月　Fコンピュータセンター
1993年8月　熊本市営託麻団地
1994年　カーディフベイ・オペラハウス*、横浜大桟橋国際旅客ターミナル*
1994年7月　大島絵本館
1994年9月　すみだ生涯学習センター
1994年9月　氷見市立仏生寺小学校
1995年　霧島アートの森*
1995年3月　滋賀県立大学体育館
1995年5月　氷見市海浜植物園
1995年8月　山梨フルーツミュージアム
1996年　国立国会図書館関西館*
1996年　メルボルン・フェデレーションスクエア*
1996年7月　氷見市立海峰小学校
1997年8月　松山ミウラート・ヴィレッジ

写真家一覧

上田宏　221, 345
内井昭蔵　296
大野繁　259, 339-R, 339-L
大橋富夫　043, 067-R, 094, 101-L, 195, 196, 200, 201-R, 238, 250, 251, 268-L, 269, 275, 282-L, 282-R, 306-L, 306-R, 335-D, 337-2, 340-L, 340-R, 342-U, 344-U, 344-D
加納永一　273
上山益男　049-L, 085, 169, 185
木田勝久　020-L, 021-L, 049-R, 076-L, 096, 115, 143, 162, 186, 227, 234-L, 234-R, 337-3, 337-4, 337-5
工藤宏仁（IHA）　257
解良信介　268-R, 342-D
篠澤裕　271, 272, 347
新潟市　129
長谷川逸子　073, 111, 144, 203, 303, 304, 322-L
長谷川逸子所蔵　294, 295, 299, 302
長谷川逸子・建築計画工房（IHA）所蔵
020-R, 021-R, 024, 025, 039, 103, 136, 139, 141, 146, 168, 173, 175, 180, 193, 255-L, 280-L, 280-R, 284, 285, 310, 315, 316, 319, 321-R, 321-L, 322-R, 325, 346-U, 346-D
藤塚光政　022, 048, 067-L, 071, 076-R, 083, 092-R, 095, 098, 152, 171, 184, 187, 191-L, 191-R, 192, 194, 197, 201-L, 231, 232, 278, 308, 320, 324, 335-U, 336, 337-1, 341-U, 341-D
山田脩二　051, 055, 080, 116, 134, 148, 149, 210, 211
六反田千恵　092-L, 101-R, 125, 228, 242, 338-U, 338-D

スケッチはすべて長谷川逸子

人物一覧

菊竹清訓（1928-2011、福岡）建築家。竹中工務店、村野・森建築設計事務所を経て、菊竹清訓建築設計事務所を主宰。川添登らとメタボリズムグループを結成し、「世界デザイン会議」（1960）で世界の注目を集めた。伝統論から「か・かた・かたち」論を導き、独創的な建築作品を次々に発表した。1960年代の菊竹事務所は、内井崎、佐渡グランドホテル
1967年　岩手県立図書館、国鉄久留米駅
1968年　萩市民館、島根県立図書館
1969年　久留米市民会館、エキスポタワー、『代謝建築論』
1970年　芹沢文学館、島根県立武道館
1971年～京都信用金庫シリーズ
1973年　ベルナール・ビュフェ美術館、井上靖文学館、柴又帝釈天鳳翔館
1975年　アクアポリス、黒石ほるぷ子供館
1976年　西武大津ショッピングセンター
1979年　学習院中等科・高等科本館、田部美術館
1980年　福岡市庁舎議会棟、熊本県伝統工芸館
1981年　セゾン現代美術館（軽井沢高輪美術館）
1985年　銀座テアトルビル
1992年　江戸東京博物館
1994年　旧ホテルCOSIMA、久留米市役所、飯能くすの樹カントリー倶楽部
1997年　K-OFFICE
1998年　北九州メディアドーム、昭和館、島根県立美術館
2000年　吉野ヶ里歴史公園センター
2004年　九州国立博物館
2011年　菊竹清訓歿

篠原一男本書関連作品

1954年　久我山の家
1957年　谷川さんの家
1959年　から傘の家
1963年　土間の家
1964年　『住宅建築』
1966年　朝倉さんの家、白の家、地の家
1970年　『住宅論』
1971年　直方体の森、同相の谷、海の階段、空の矩形
1972年　久が原の住宅
1973年　東玉川の住宅、成城の住宅
1974年　谷川さんの住宅、直角3角柱
1975年　軽井沢旧道の住宅
1976年　上原通りの住宅、糸島の住宅、『続住宅論』
1977年　花山第3の住宅、愛鷹裾野の住宅
1978年　上原曲がり道の住宅
1980年　花山第4の住宅
1981年　高圧線下の住宅
1982年　日本浮世絵博物館
1984年　ハウス・イン・ヨコハマ
1987年　東京工業大学百年記念館
1988年　ハネギコンプレックス、テンメイハウス、花山の病院
1990年　熊本北警察署、K2ビル
2006年　篠原一男歿

事務所で研修を積み、早稲田大学で教鞭をとりつつ、設計事務所であるNASCAを主宰。端正な造形のなかに親しみやすさのある作品群で高い評価を受けている。

昭蔵、仙田満、伊東豊雄、富永譲、長谷川逸子らの建築家を輩出した。

篠原一男（1925-2006、静岡）建築家。数学から建築へ転身して清家清に師事、東京工業大学で教鞭をとった。伝統建築研究を起点に、批評性の強い作品を発表。1960年代後半に「住宅は芸術である」と宣言し、「白の家」をはじめとする伝統住宅を抽象化した住宅作品で大規模近代建築を主流とする建築界に一石を投じた。1970年代の篠原研究室は多木浩二、磯崎新らが訪れ、多くの議論が交されていた。

多木浩二（1929-2011、兵庫）評論家。東京造形大学ほかで教鞭をとりつつ、演劇、写真、建築など幅広い評論活動を展開した。篠原一男との交流は、作品の撮影から論評に及ぶ。芸術と人間、芸術と社会の関係を問い続ける批評はモダニズムを超えていこうとする世代に響き、「篠原スクールとは多木スクールのことだ」という人もいるほど、伊東豊雄、坂本一成、長谷川逸子らとの交流も深かった。

第一部執筆者一覧

今村創平（1966-、神奈川）建築家。千葉工業大学創造工学部建築学科教授。AAスクール、長谷川逸子・建築計画工房を経て独立。建築設計事務所アトリエ・イマム主宰。建築作品として〈神宮前の住宅〉〈大井町の集合住宅〉〈ふたば幼稚園〉など。著書に『現代都市理論講義』ほか。

比嘉武彦（1961-、沖縄）建築家。長谷川逸子・建築計画工房で〈新潟市民芸術文化会館〉などを担当した。独立後、川原田康子とともにkw+hgを主宰する。市民に親しまれ活発な市民活動の場となっている〈むさしのプレイス〉（2011）ほか、公共建築分野で実績を築いている。

小嶋一浩（1958-2016、大阪）建築家。原広司研究室在籍中に設計集団シーラカンスを主宰し、横浜国立大学ほかで設計教育にも貢献した。〈千葉市立美浜打瀬小学校〉〈流山市立おおたかの森〉の一連の建築群など、学校建築の分野での実績が多い。

古谷誠章（1955-、東京）建築家。マリオ・ボッタ

長谷川逸子

一九八六年日本文化デザイン賞、日本建築学会賞を受賞。早稲田大学、東京工業大学、九州大学等の非常勤講師、米国ハーバード大学の客員教授など務め、一九九七年ＲＩＢＡ称号。二〇〇〇年第五十六回日本芸術院賞受賞。第七回、第九回公共建築賞受賞。二〇〇一年ロンドン大学名誉学位。二〇〇六年ＡＩＡ名誉会員称号。二〇一六年芝浦工業大学客員教授。二〇一八年英国王立芸術院（Royal Academy of Arts）より第一回ロイヤルアカデミー建築賞受賞。

長谷川逸子の思考①

アーキペラゴ・システム　新潟りゅーとぴあ（1993-2016）

二〇一九年十二月一日　第一刷発行

著　者・・・長谷川逸子
発行者・・・小柳学
発行所・・・株式会社左右社
一五〇-〇〇〇二東京都渋谷区渋谷二-七-六-五〇二
TEL 〇三-三四八六-六五八三　FAX 〇三-三四八六-六五八四
装　幀・・・松田行正＋杉本聖士
印刷所・・・創栄図書印刷株式会社

Printed in Japan. ISBN978-4-86528-258-0